Walter Ötsch

HAIDER LIGHT

Handbuch für Demagogie

GEGRÜNDET
1999

Walter Ötsch

HAIDER LIGHT

Handbuch für Demagogie

CZERNIN VERLAG, WIEN

Die Deutsche Bibliothek – CIP-Einheitsaufnahme
Ötsch, Walter:
Haider light – Handbuch für Demagogie/Walter Ötsch
Wien: Czernin Verlag, 2000
ISBN 3-7076-0047-5

Art Direction: Bernhard Kerbl
Cover-Fotos: Jacqueline Godany
Lektorat: Herbert Nikitsch
Herstellung: Die Druckdenker GmbH, Wien
Druck: Wiener Verlag, Himberg
ISBN 3-7076-0047-5

Inhalt

Vorwort

Viele Leute, nicht nur in Österreich, haben Angst vor Haider. Viele sind verunsichert und wissen nicht recht, wie man ihm begegnen kann. Andere wiederum lehnen seine Methoden ab, bewundern ihn aber insgeheim.

Vor einigen Jahren wurde ich gebeten, einen Vortrag über den Kommunikationsstil der FPÖ zu halten. Ich bin Universitätslehrer und habe mich intensiv mit Kommunikation beschäftigt, zuerst für den Unterricht und dann in anderen Bereichen. In der Vorbereitung auf den Vortrag gewann ich Interesse an einem Thema, das mir vorher unbekannt war. Ich sah Videos von Auftritten und TV-Debatten Haiders, las Broschüren der FPÖ und Zeitungsartikel über die FPÖ, studierte Analysen über Haider und seine Methoden und verfolgte im Detail, wie politische Debatten in den Medien geführt wurden.

Mit der Zeit schälte sich ein klares Bild über einige einfache Kommunikationsmuster heraus. Zugleich stieg meine Verwunderung. Ich war zunehmend erstaunt, wie leicht es Haider von seinen Kontrahenten gemacht wurde. Ich fand kaum einen Interviewer, Reporter oder Diskussionsteilnehmer, der Haider in der Öffentlichkeit einigermaßen Paroli bieten konnte. Auch die Aktionen der Parteien, die angaben, gegen Haider zu sein, verblüfften mich. Sie agierten, als ob sie kein Mittel gegen seine Kommunikations-Methoden in der Hand hätten, und machten in vielen Fällen unter kommunikativen Gesichtspunkten genau das Verkehrte. Immer mehr wurde mir verständlich, warum Haider wachsenden Zuwachs bekommen konnte.

Haider ist ein kompetenter Kommunikator. Er verdankt seinen Aufstieg auch der Anwendung einfacher und effektiver Methoden, die er seit Jahren einübt und immer wieder einsetzt. Heute wundere ich mich, mit welch einfachen, fast simplen

Mustern Haider seine Erfolge strickt und wie ungeschickt die anderen Parteien auf ihn reagieren. Haiders Erfolge haben viele Ursachen, sie sind zum Teil auch auf seine Kommunikations-Strategien zurückzuführen. Jeder, der Haider Widerstand leisten will, ist gut beraten, ihn auch als Kommunikator zu studieren und sich sachkundig zu machen, welche Methoden er mit Erfolg anwendet und wie man sie eindämmen kann.

Haider und viele Funktionäre in der FPÖ haben ein umfangreiches Wissen über kommunikative Prozesse. Im Unterschied zu anderen Parteien wird Politik in der FPÖ kaum als Sach-Politik verstanden. In der FPÖ finden sich viele Menschen, die in Politikbereichen agieren, über die sie inhaltlich wenig oder kaum Bescheid besitzen. Doch dieses Manko wird in vielen Fällen durch Kenntnisse darüber, wie man mit anderen wirkungsvoll kommuniziert, mehr als aufgewogen. Haider und seine Funktionäre werden, so kann vermutet werden, regelmäßig von Experten trainiert und auf die Inszenierung von Medienereignissen vorbereitet.

Es ist hoch an der Zeit, diesen Wissensvorsprung zu beenden. Die meisten Methoden im Umgang mit anderen sind nur dann wirksam, wenn der Adressat sie nicht kennt. Ein Kommunikationsprozess, dessen Muster bekannt ist, verliert in der Regel seine Wirkung. Man weiß, was einen erwartet, kann sich vorbereiten und aussichtsreiche Gegenstrategien entwickeln.

Die Politik gegenüber Haider ist von Reaktionen, weniger von Aktionen geprägt. Viele Menschen sind von Haider demotiviert und wissen nicht, wie man ihm Einhalt gebieten kann. Ich möchte Sie mit diesem Text motivieren, Haider und all den unzähligen Mini-Haiders des Alltags gezielt entgegenzutreten.

Danksagung

Dieses Buch habe ich geschrieben, weil ich im Frühjahr 2000 von vielen Menschen dazu aufgefordert wurde. Zur Fertigstellung leisteten mehrere dutzend Personen in vielfältiger Weise wertvolle Hilfe. Stellvertretend für viele andere bedanke ich mich bei Frederick Baker, Julia Dykiert, Albert Enthammer, Franz Krahberger, Bernd Matouschek, Julian Rauchdobler, Thomas Maurer, Florian Scheuba und Alexander Schneider. Franz Januschek (Universität Oldenburg), Klaus Ottomeyer (Universität Klagenfurt) und Ruth Wodak (Österreichische Akademie der Wissenschaften) haben mich in ihren Forschungsgebieten unterstützt. Anita Pointner hat das Manuskript zügig in elektronische Form gebracht und Ulrike Hemedinger die vielen Belege sorgfältig überprüft. David Haardt unterstützt dieses Projekt, indem er die Internetsite www.haiderlight.at betreut. In der Endphase hat Josef Mitterer (Universität Klagenfurt) viele wertvolle Anregungen eingebracht. Ihnen allen – und den vielen nicht Genannten – gilt mein herzlicher Dank.

Walter Ötsch
Linz, im Juli 2000

Demagogie

Demagogie ist:

die Kunst, andere durch leidenschaftliche Reden politisch zu verführen;
(abwertend) Volksaufwiegelung, Volksverführung, politische Hetze.
(Definition laut Duden)[1]

In „Frontal", dem politischen Magazin des ZDF, wurde Haider am 12.10.1999 als „skrupelloser Demagoge" bezeichnet. Haider klagte die Fernsehanstalt. In der Verhandlung vor dem Landesgericht Wien wertete der Richter diese Äußerung als „rein politische Kritik", worauf Haiders Anwalt die Klage zurückzog.[2]

1. Erfinden Sie ein einfaches Welt-Bild

Die einfache Botschaft

Demagogie benötigt Propaganda. Ein Demagoge sitzt nicht zu Hause in der warmen Stube, sondern geht hinaus und verkündet der Welt eine Botschaft. Diese Botschaft muss einfach, plakativ und eindeutig sein.

Muster 1: Predigen Sie etwas Einfaches.

Ihre Predigt als Demagoge handelt von der Politik. Natürlich wissen Sie, dass soziale und politische Prozesse außerordentlich vielschichtig sind – wie ein Dschungel, in dem die seltsamsten Pflanzen in alle Richtungen wuchern. Neue Triebe drängen nach oben und alte sterben ab – ein Chaos, das keiner durchschaut. Das kunterbunte Durcheinander kann Angst einjagen. Hinter jedem Baum lauert ein Raubtier und droht, einen zu verschlingen.

Im Dschungel wächst die Sehnsucht nach einem einfachen, klaren, überschaubaren Garten: ein paar Beete, einige Blumen und Bäume und ein großer Zaun, der alles schützt. Ihre Aufgabe als Demagoge ist, den Dschungel wegzureden und den Garten zu predigen.

Eine einfache Predigt erfordert kein einfaches Denken. Auch intelligente Personen sind für Demagogie geeignet. Sie müssen scharfsinnig so tun, als ob alles unkompliziert wäre. Ihre Klugheit zeigt sich daran, wie glaubwürdig ihnen das Als-ob-es-so-einfach-wäre-Spiel gelingt.

Noch besser ist es allerdings, an leichtverdauliche Ideen wirklich zu glauben und Schlichtheit nicht nur als Show zu inszenieren. Manche Menschen besitzen einen Startvorteil. Sie sind in einem einfachen Denken aufgewachsen und lassen sich von schwierigen und bohrenden Fragen nur selten wirklich berühren. Vielleicht ist es für Sie bereits zu spät – und Sie können dieses Buch nur als Parodie genießen.

Haiders Wurzeln

Für Haider trifft dies nicht zu. Seit seiner Kindheit lebt er in einem simplen Bild von der Welt. Es ist die Basis seines politischen Lebens, sein grundlegendes Überzeugungs-System. Haider predigt es seit vielen Jahrzehnten und hat es im Kern niemals verlassen. Haider besitzt nicht nur, wie er einmal sagte, *„die Gnade der späten Geburt“*,[3] sondern auch die Gnade der richtigen Eltern. Mit ihrer Hilfe konnte Haider schon als Kind jenes einfache Schema erlernen, das wir heute bei fast all seinen Aktionen bewundern können.

Haiders Eltern waren bekanntlich überzeugte Nationalsozialisten, vielleicht sind sie es noch heute. Haiders Eltern sagen, von den Greueln des Nationalsozialismus hätten sie *„nichts gewusst“*. Haiders Mutter: *„Aber die haben uns alle zu Verbrechern gestempelt, weil wir immer nur unsere Pflicht getan haben“*. Einer amerikanischen Besucherin soll Robert Haider vor mehreren Jahren gestanden haben: *„Ich bereue nichts. Ich würde der Sache wieder dienen.“*[4]

Haider hat sich gegen die Denkweise seiner Eltern, soweit ersichtlich, niemals aufgelehnt oder sie hinter sich gelassen:[5] *„Mein Vater hat immer einen korrekten Standpunkt eingenommen. Er war immer Soldat, der viel mitgemacht hat. […] Ihm ist nichts vorzuwerfen.“*[6] Wie seine Eltern glaubt Haider an ein demagogisches Bild von der Welt. Dieses Bild ist nicht mit dem der Nationalsozialisten ident. Haider ist kein altmodischer, sondern ein zeitgenössischer Demagoge. Haider unterscheidet sich in vielen Punkten vom Nationalsozialismus. Haiders Welt-Bild bezieht sich auf eine Basis, die tiefliegender und grundsätzlicher ist. Aus ihr entspringen die nationalsozialistische wie viele andere Arten von Demagogie.

Die zweigeteilte Welt

Ein demagogisches Welt-Bild beschreibt die Welt als zweigeteilt. Sie zerfällt in zwei vollständig getrennte Bereiche.

> Muster 2: Teilen Sie die (soziale) Welt in zwei Teile:
> in DIE WIR und in DIE ANDEREN.

Demagogen aller Schattierungen unterteilen die Menschen in zwei Gruppen: in eine In-Gruppe, das sind DIE WIR, und in eine Out-Gruppe, das sind DIE ANDEREN. Hutus gegen Tutsi, Kroaten gegen Serben, Russen gegen Tschetschenen, Weiße gegen Schwarze, Arier gegen Juden, Inländer gegen Ausländer – unzählige Beispiele für ein Denken, das weltweit Anerkennung genießt.

Das Demagogische ist nicht die Einteilung als solche. „Wir" und „andere" sind Alltags-Begriffe, jeder verwendet sie. Wir benötigen sie, um zu wissen, wer wir sind und zu wem wir gehören: zu den Männern oder zu den Frauen, zu den Jungen oder zu den Alten, zu dieser Firma oder zur Konkurrenz.

Demagogische Politik verwendet die Einteilung nach „wir" und „anderen" in einer spezifischen Weise. Merkmale sind:[7]

- DIE WIR und DIE ANDEREN werden radikal getrennt. Es gibt (fast) keine verbindenden Merkmale. DIE ANDEREN sind völlig anders.
- DIE ANDEREN werden mit einer aggressiven und ausgrenzenden Sprache belegt.
- DIE WIR erscheinen nur als GUT, DIE ANDEREN ausschließlich als BÖSE.

- Die Beziehung zwischen DEN WIR und DEN ANDEREN ist ein Kampf zwischen FEINDEN.
- In der politischen Werbung überwiegen Negativ-Themen. Es geht gegen DIE ANDEREN.
- Demagogische Politik aktiviert gezielt Ängste und nützt sie für politische Absichten.
- Die demagogische Bewegung steht unter autoritärer Leitung einer Gruppe oder eines Führers.
- Demagogische Politik drängt nach radikaler Umgestaltung des politischen Systems.

Diese Liste wird im Folgenden durch weitere Merkmale ergänzt.

Die Kern-Botschaft

Demagogen leben in einer Welt voller FEINDE: DIE ANDEREN sind FEINDE. DIE WIR und DIE ANDEREN sind in einen Kampf verstrickt. DIE ANDEREN sind ungemein mächtig. SIE bedrohen UNS. WIR haben Angst vor IHNEN. WIR müssen UNS gegen DIE ANDEREN wehren.

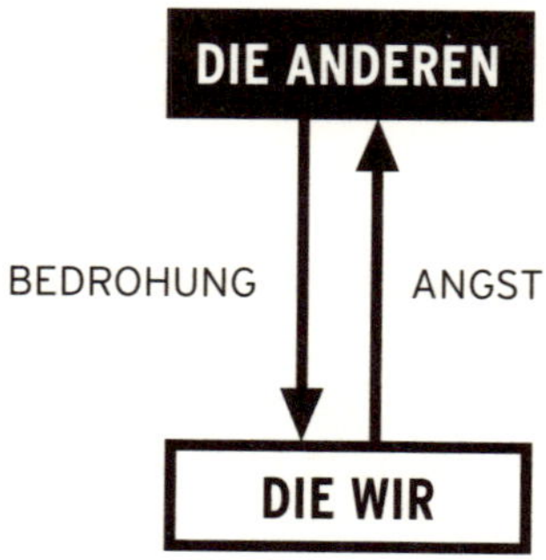

Dieses Schema ist der Kern des demagogischen Welt-Bildes. Es nimmt im Denken Haiders einen zentralen Stellenwert ein. Fast alle seine Botschaften folgen dem einfachen Muster einer zweigeteilten Welt, in der DIE WIR und DIE ANDEREN einander bekämpfen. Haiders Welt ist voller Schrecken, eine ideale Vorlage für die Aktivierung von Ängsten. In diesem Schema reduziert sich die politische Propaganda auf eine Kern-Botschaft.

Muster 3: Reduzieren Sie alles auf eine Kern-Botschaft.

Die Kern-Botschaft der Demagogie enthält drei zentrale Aussagen:

1. DIE ANDEREN sind eine Gefahr für DIE WIR. SIE bedrohen UNS.[8]
2. DIE WIR haben Angst vor DEN ANDEREN.
3. DIE WIR müssen sich gegen DIE ANDEREN wehren.

Haiders ‚innere Welt' ist voll von FEINDEN. Haider spricht Menschen an, die in einem Grundgefühl von Angst und Bedrohung leben, die z.B. fürchten, ihren Arbeitsplatz oder ihren Status zu verlieren, oder Angst haben, Opfer eines Verbrechens zu werden.[9] Haider aktiviert und verstärkt diese Ängste und lenkt sie auf die FEINDE um. Haiders Erfolg beruht auf der Umlenkung von Angst.[10]

DIE WIR

DIE WIR sind die Bezugsgruppe der Agitation, die Ziel-Gruppe, an die sich die Botschaft richtet. In der Regel ist es die Gruppe, vor der Haider spricht oder um die er wirbt. Haider möchte bei seinen Zuhörern ein WIR-Gefühl schaffen, indem er ihre Ängste aktiviert und sie auf einen gemeinsamen FEIND lenkt.

Muster 4: Definieren Sie DIE WIR als bedroht.

DIE WIR sind immer in Abgrenzung zu DEN ANDEREN definiert.

- Im Kampf gegen das Sozialversicherungssystem sind es die Patienten.
- Im Kampf gegen die Ärztekammer sind es die Ärzte.
- Im Kampf gegen die *„falsche Geschichtsschreibung"* ist es die ganze *„Soldatengeneration"*.[11]
- Im Kampf gegen die *„bösen slawischen Feinde"* sind es die *„guten Deutschkärntner"*.[12]
- Im Kampf gegen die *„Schwarzen, Gelben und Braunen"* ist es die *„weiße Rasse"*.[13]
- Im Kampf gegen den *„Kartell-Kapitalismus, beherrscht von Monopolisten und Bankiers"* ist es das *„freie Unternehmertum"*.[14]
- Im Kampf gegen das Sozialsystem sind es *„leistungsorientierte Bürger"*.
- Im Kampf gegen die *„Bürokratie der großen Koalition"* sind es die *„erfolgreichen Betriebe"*.[15]
- Im Kampf gegen den *„schwarz-roten Filz"* im öffentlichen Dienst sind es die Beamten *„die nicht länger als die Buhmänner der Nation dastehen"* dürfen.[16]
- Im Kampf gegen *„das System"* sind es allgemein die *„ehrlichen, arbeitsamen, kleinen Leute / Österreicher / Arbeiter"*, *„die von sechs- bis siebentausend Schilling leben müssen oder die eine Pension bekommen, die nicht höher ist."*[17]
- Im Kampf gegen *„die herrschende Klasse"* ist es *„das Volk"*.[18]

Die Liste kann beliebig verlängert werden.

DIE ANDEREN

DIE ANDEREN sind jene Leute, gegen die Haider auftritt. Sie sind die Ursache der Ängste DER WIR. DIE ANDEREN sind die, unter denen DIE WIR zu leiden haben. DIE ANDEREN sind die Täter. DIE WIR sind die Opfer.

Muster 5: Definieren Sie DIE ANDEREN als Bedrohung.

DIE ANDEREN kann man in unterschiedliche Gruppen einteilen, z.B. in:

- DIE DA OBEN,
- DIE DA DRAUSSEN und
- DIE DA UNTEN.[19]

Stets handelt es sich um eine gleichartige Gruppe von Menschen, die DIE WIR bedrohen.

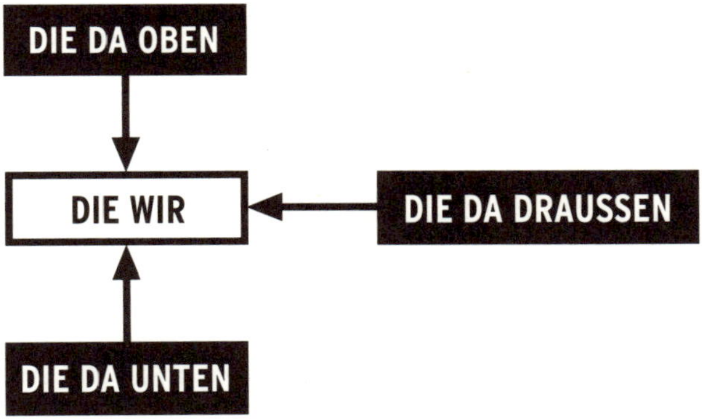

DIE DA OBEN:

Das sind die Leute, denen politische Macht zugesprochen wird:

- die Politiker schlechthin
- *„die Altparteien"*
- *„das System"*
- *„die Pfründewirtschaft gewissenloser Funktionäre"*
- *„Kommunisten und Linksgruppierungen in der Regierung"*[20]
- *„die Privilegienritter in den Interessenvertretungen"*
- *„Korruptionisten"*, *„Sozialschmarotzer"* und *„parasitäre Elemente"*

- die *„Gauner der Republik* [...], *die unter dem Deckmantel der Universität und Wissenschaft oder sonstiger Institutionen"* agieren[21]
- die von den Linken kontrollierten Medien: die *„mediale Vernichtungsmaschinerie"* eines *„linken Pöbels"*,[22] bei der von *„alt-linken Zellen* [...] *Hinterfotzigkeiten"* gegen die FPÖ begangen werden[23]
- namentlich genannte Wissenschaftler, Literaten, Künstler, Journalisten

DIE DA DRAUSSEN:

Das sind die Leute im Ausland, die Österreich bedrohen (man kann sie auch DENEN DA OBEN zuzählen):

- ausländische Geheimgesellschaften wie *„die Freimaurer"* oder *„die Bilderberger"*[24]
- *„kommunistische Geheimdienste, der KGB und der Staatssicherheitsdienst"*[25]
- *„das Auslandskapital"*[26]
- alle *„Ausländer"*, sofern sie nicht *„Angehörige von deutschen Minderheiten"* sind,[27] insbesondere Slawen und Schwarze
- die EU: *„In Wirklichkeit ist diese ganze Vereinigung genauso unmoralisch und politisch dekadent wie das alte Rom."*[28]

DIE DA UNTEN:

Das sind die sozial verachtenswerten Leute, die sich Rechte und Privilegien herausnehmen, die IHNEN nicht zustehen:

- Minderheiten wie Slowenen oder Roma
- *„Ausländer"*
- *„Sozialschmarotzer"* und *„Drückeberger"*[29]
- *„politische Opportunisten"*[30]

- *„subventionsabhängige Lemminge“* [31]
- *„geistig heimat- und vaterlandslose Gesellen“* [32]
- *„ein Bodensatz an Menschen, […] die faul, arbeitslos und dumm sind.“* [33]
- *„schreiendes Gesindel“* und *„versprengte Chaoten“* [34]

Haider als Sprach-Schöpfer

Ein erfundenes Welt-Bild ist ein kunstvolles Produkt mit eigenen Begriffen.

Muster 6: Erfinden Sie neue Begriffe für DIE WIR und DIE ANDEREN.

Haider ist in dieser Beziehung ungemein kreativ. Er hat die politische Diskussion mit Begriffen bereichert, die vorher nicht bekannt waren oder nicht verwendet wurden.

Kleines Haider-ABC:[35]

A *Altparteien, Ausgrenzung*
B *Bankrottminister, Bettlerrepublik, Betonierer, Bonzen*
C *Chaosregierung*
D *Diebsgesindel, Diskutantenstadel, Dritte Republik*
E *(rot-schwarze) Einheitspartei, Entwicklungsdemokratie*
F *Funktionärsparadies*
G *Gaunerrepublik, Gehirnwäsche, Gesindel, Gruselkabinett*
K *Korruptionäre, Korruptionisten*
L *Lizenzparteien*
N *Nachtwächterregierung*
O *Operettenstaat, Ostblockmethoden*
P *Packelei, Parasiten, Parteibuchterror, Parteibonzen, Parteifilz, Pfründenwirtschaft, Politbonzen, Postenschacher, Privilegien-*

schwein, Privilegienritter, Privilegiensumpf, Privilegienwirtschaft, Proporzminister

R *Raubritter*

S *Skandalbrüder, Skandalparteien, Sozialschnorrer, Sozialschmarotzer, Sozialmissbrauch, Staatszirkus, Systemparteien*

Z *Zwangskammernsystem.*

Eigenschaften DER WIR und DER ANDEREN

Im sozialen Dschungel ist nichts eindeutig. Alles geht durcheinander. Menschen haben viele Eigenschaften und verhalten sich manchmal auf diese und manchmal auf jene Weise.

Beenden Sie dieses Durcheinander, schaffen Sie Ordnung. Reihen Sie die Menschen in jeweils zwei Lager, mit einer eindeutigen Grenze. Vermitteln Sie diese Einteilung in Ihrer Predigt. Ihre Zuhörer sollen genau wissen, welche Art von Menschen DIE WIR und DIE ANDEREN sind.

> Muster 7: Belegen Sie DIE WIR und DIE ANDEREN mit eindeutigen Eigenschaften.

Die Grundregel ist einfach:

- DIE WIR sind die GUTEN, die POSITIVEN, die FREUNDE.
- DIE ANDEREN sind die BÖSEN, die NEGATIVEN, die FEINDE.

  Diese Richtschnur wird von Haider und seinen Mit-Streitern streng befolgt. Zwischentöne sind kaum zu hören.
- DIE WIR werden mit positiven Eigenschaften versehen. Sie sind *„brav“*, *„anständig“*, *„ehrlich“*, *„fleißig“*, *„arbeitsam“*, *„charaktervoll“*. Die Motive DER WIR sind immer GUT. Sie sind prinzipiell friedfertige Menschen. Wenn sie gewalttätig werden, dann nur, weil sie von DEN ANDEREN provoziert wurden.

- DIE ANDEREN werden mit negativen Merkmalen belegt. Sie sind *„kriminell"*, *„faul"*, *„unmoralisch"*, *„gewissenlos"*, *„charakterlos"*. Die Motive DER ANDEREN sind immer SCHLECHT. Sie sind prinzipiell aggressive Menschen. Wenn sie gewalttätig werden, dann ist dies der augenscheinliche Beweis ihrer wahren Natur.

Schlüssel-Begriffe

Haider predigt sein Welt-Bild seit vielen Jahren und ein Teil der österreichischen Bevölkerung ist ihm dabei gefolgt. Haider hat systematisch ganze Assoziations-Ketten aufgebaut und hunderte Male wiederholt. Das Ziel ist eine automatische und unbewusste Verbindung beim Zuhörer. Wenn Haider einen Begriff nennt, dann soll beim Zuhörer wie von selbst ein ganzes Begriffs-Feld aktiviert werden. Wenn er *„System-Partei"* sagt, dann sollen die Leute an *„Privilegien"*, *„Postenschacher"* und *„Funktionäre"* denken.

Sabine Platzer hat 50 Interviews von Haider aus den Jahren 1985 bis 1990 analysiert. Sie konnte um die Begriffe *„Große Koalition"*, *„Alte Parteien"* folgende Begriffs-Ketten erkennen.[36]

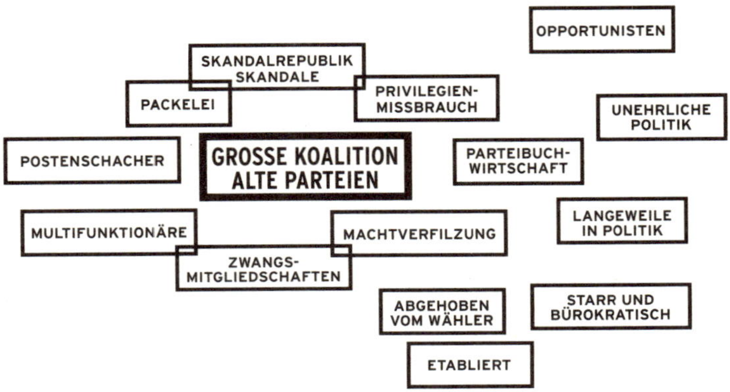

Keine Ausnahme!

Demagogie braucht Klarheit und Eindeutigkeit. Verwirren Sie Ihre Gefolgs-Leute nicht durch unklare Zuordnungen!

Muster 8: Bleiben Sie konsequent: keine Ausnahme im Schwarz-Weiß-Spiel!

- Vermischen Sie niemals:
  - die Zuordnungen (DIE WIR, DIE ANDEREN),
  - die Begriffe (wie *„System-Parteien"*, *„Sozialschmarotzer"*) und
  - die Eigenschaften (wie *„anständig"* und *„Gauner"*).

- Vermeiden Sie jede positive Aussage über DIE ANDEREN. Loben Sie keinen von DEN ANDEREN. Zeigen Sie keinen Respekt vor IHNEN. Missachten Sie die Würde DIESER Menschen. Ignorieren Sie DEREN Motive.

- Vermeiden Sie jede negative Aussage über DIE WIR. Hinterfragen sie niemals DEREN Absichten, Handlungen, Taten. Kritisieren Sie niemals IHRE Motive und Wünsche.

Die Strategie der Vereinfachung

Ihre Kern-Botschaft erfordert Beherztheit. Haben Sie Mut, vielschichtige Themen extrem zu vereinfachen.

Muster 9: Vereinfachen, vereinfachen, vereinfachen!

Üben Sie sich in der Kunst komplexe Zusammenhänge in ein leicht verständliches Welt-Bild zu pressen. Sehen wir uns dazu ein Beispiel an. Es betrifft das Thema Arbeitslosigkeit.

Jeder von uns kennt Menschen, die arbeitslos sind. Sie sind aus unterschiedlichen Gründen ohne Job: Die Firma wurde geschlossen, sie hatten einen unfähigen Chef, sie wurden krank, sie hatten Streit mit Kollegen, sie begannen zu trinken, die Nachfrage nach den Produkten ihrer Firma ging plötzlich zurück, die Firma wurde verkauft usw.

Arbeitslose stellen das einfache Welt-Bild Haiders vor ein Problem: Wie kann die bunte Schar der Arbeitslosen in ein primitives Schema gezwängt werden?

Zu welcher Gruppe gehören die Arbeitslosen?
- Handelt es sich um GUTE, die das Pech hatten, einem unfähigen Chef oder einer schlechten Konjunktur zum Opfer zu fallen?
- Oder um SCHLECHTE, die selbst an ihrer Arbeitslosigkeit schuld sind?
- Sind Arbeitslose *„brave, anständige"* WIR oder *„faule, undisziplinierte"* ANDERE?

Allgemein:
- Wie bringe ich Menschen mit Fleisch und Blut in ein abstraktes Welt-Bild mit GUTEN und BÖSEN?
- Gibt es mehrere Gruppen von Arbeitslosen?
- Wer sind die GUTEN und wer sind die BÖSEN Arbeitslosen?
- Nach welchen Kriterien fällt jemand in die eine oder in die andere Klasse?

Fragen dieser Art verwirren. Sie führen zu dem Schluss, dass Arbeitslose für Haiders Welt-Bild nicht geeignet sind. Sie sind ein zu buntes Gemisch für ein einfaches Schwarz-Weiß-Bild.

Komplexe Themen sind aber kein Hindernis für einen Demagogen. Alles kann vereinfacht werden. Werfen Sie Ihre Zweifel über Bord. Es geht nicht darum, Verständnis für die Ursachen von Arbeitslosigkeit zu wecken und echte Lösungen vorzuschlagen. Überlassen Sie das DEN ANDEREN. Als

Demagoge wollen Sie Emotionen wecken und FEIND-Bilder propagieren. Dazu ist jedes Thema geeignet.

Das komplexe Thema Arbeitslosigkeit ist kein Hindernis, sondern eine hervorragende Möglichkeit, für das eigene (demagogische) Welt-Bild zu werben. Haider im Originalton:

(1) *„Ich repräsentiere den politischen Vertreter, den das auch ärgert, was die Leute ärgert.*

(2) *Ich bin deshalb auch glaubwürdig gegen Privilegien, für Gleichberechtigung der Bürger.*

(3) *Niemand versteht, wenn der Arbeiter zwölf Monate arbeiten geht, ist er falsch beraten.*

(4) *Wäre gescheiter, er würde sechs Monate arbeiten, den Rest geht er stempeln, Steuer holt er sich über Jahresausgleich.*

(5) *Mit der Arbeitslosenunterstützung hat er um dreißig Prozent mehr verdient gegenüber dem, der ein Jahr tätig ist.*

(6) *Das spüren die Leut. Die Masse ist diszipliniert, geht ein Jahr arbeiten, mit den hohen Steuerleistungen muss sie das alles mitfinanzieren, fühlt sich vom Staat betrogen."*

Haider übersetzt Arbeitslosigkeit in sein Welt-Bild. Er geht so vor:

(1): Er baut ein WIR-Gefühl auf, indem er einen gemeinsamen Ärger anspricht. (DIE WIR sind hier *„die Leute"*.)

(1), (2): Er definiert daraus seine eigene Rolle: Weil er zu DEN WIR, den *„Bürgern"*, gehört, sei er berechtigt, politische Forderungen zu erheben.

(3): Er beschreibt DIE WIR als Arbeiter, die das ganze Jahr brav arbeiten.

(4): Aus der bunten Masse der Arbeitslosen pickt Haider ein Bruchstück heraus: Personen, die nur sechs Monate arbeiten gehen und das Sozialsystem ausnützen. Sie sind DIE ANDEREN.

(5): Jetzt wird gerechnet: der Vorteil, den DIE ANDEREN aus dem Sozialsystem beziehen, kontra dem Verdienst DER WIR, die das Sozialsystem finanzieren.

(6): Das empört die *„disziplinierten"* WIR zu Recht. Diese Gefühle werden angesprochen und pauschal gegen *„den Staat"* gewendet.

DIE ANDEREN sind eine Erfindung

Ein Demagoge definiert DIE ANDEREN so: Er nimmt sich aus einem bunten Haufen (z.B. Arbeitslose) ein Teilchen heraus (Arbeitslose, die das Sozialsystem ausnützen) und formt daraus DIE ANDEREN. Demagogie ist die kunstreiche Erfindung einer Gruppe von Menschen, die es im wirklichen Leben nicht gibt. DIE ANDEREN sind ein Kunstprodukt. Im demagogischen Denken wird ein kleiner Teil für eine ganze Gruppe genommen (alle Arbeitslosen nützen das Sozialsystem aus).[38] Dabei spielt keine Rolle, wie zahlreich die Problem-Fälle wirklich ist: Nützt ein Prozent der Arbeitslosen das System aus – oder drei oder fünf oder zehn oder dreißig?

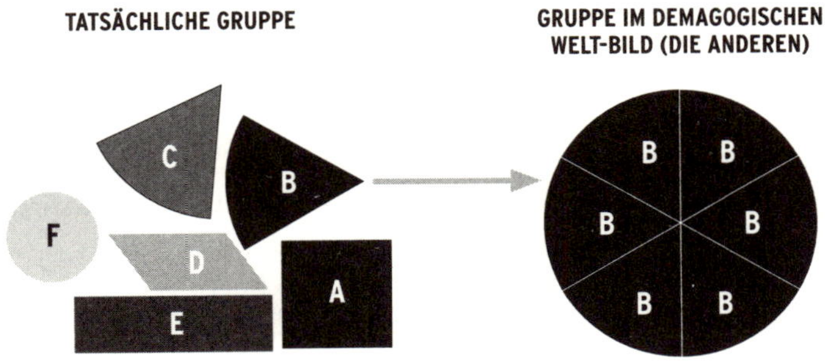

Demagogen sind einfallsreiche Leute. Ihre kreative Gestaltungs-Kraft kümmert sich nicht um „Fakten". Demagogen sind viel zu erfindungsreich, um sich von der „Realität" beeindrucken zu lassen. Sie sind die Realitäts-Dealer einer Welt, die nur in Gedanken existiert (und nur dann real werden kann, wenn Demagogen die Macht haben, die Realität so zu verändern, wie es ihrem Bild entspricht.)

Welche Vereinfachungen macht Haider, wenn er von

- *„den Politikern"*
- *„den System-Parteien"*
- *„den Drückebergern"*
- *„den Ausländern"*

spricht?

Vereinfachung und Polarisierung

Demagogen vereinfachen und polarisieren. Für Haider und die FPÖ sind *„die Ausländer" „kriminell", „die Politiker"* (außer den eigenen) *„korrupt", „die Beamten" „faul"* usw. Wenn Haider nicht vereinfacht, kann er nicht polarisieren und sein Welt-Bild bleibt eine leere Hülle, die sich mit konkreten Menschen nicht auffüllen lässt.

Polarisierung und Vereinfachung bedingen einander. Polarisierung bedeutet das Ansprechen negativer Gefühle, das Aktivieren von Ängsten. Sind die Zuhörer in diesem Zustand, dann gelingt es erfolgreichen Demagogen, ihnen ein Programm zu verkaufen – auch eines, das ihnen zum Nachteil gereichen kann.

Die zitierten Aussagen von Haider zum Thema Arbeitslose sind Teil einer Debatte, in der Haider eine deutliche Reduzierung des Arbeitslosengeldes fordert. Haider sagt nicht:

„Liebe Leute, Arbeitslosigkeit ist kein Spaß. Wer arbeitslos wird, kann in Schwierigkeiten geraten. Er kommt mit seinen Zahlungen in Verzug, die Ehe kann leiden, sein Selbst-Wert ist gestört. Auch ihr, meine lieben Zuhörer, könnt einmal arbeitslos werden, wie die Statistik zeigt. Für diesen Fall bin ich für einen kräftigen Sozial-Abbau. Ich bin dafür, dass euch dann das Arbeitslosengeld um dreißig Prozent gekürzt wird."

Haider und die FPÖ wählen eine andere Strategie, die die tatsächlichen Wirkungen ihrer Forderungen vernebelt. Die Bevölkerung wird in GUTE und in BÖSE eingeteilt. Die Zuhörer – im Banne ihrer Gefühle – glauben, bei den GUTEN zu sein. Ihnen wird suggeriert, sie seien von den BÖSEN bedroht. „Bedrohte" und „Bedroher" sind auf wundersame Weise vertauscht. Die Zuhörer, DIE WIR (*„der kleine Mann"*), sind nicht von Arbeitslosigkeit, sondern von den Arbeitslosen bedroht. Die Arbeitslosen sind ANDERE. SIE leben auf UNSERE Kosten. Die Forderung nach Kürzung des Arbeitslosengeldes betrifft nur DIE ANDEREN, aber nicht UNS. Sie ist ein Akt der Gerechtigkeit, kein Schaden für UNS (sollten wir arbeitslos werden).

DIE WIR sind eine Erfindung

Dies bedeutet, dass auch DIE WIR eine erfundene Gruppe sind. Es gibt keine DIE WIR in der Art, wie Demagogen das predigen. Um beim Beispiel der Arbeitslosen zu bleiben: Arbeitslosigkeit ist für viele ein vorübergehender Zustand. Im Haiderschen Menschen-Katalog müssten Arbeitslose, die wieder beschäftigt sind, auf geheimnisvolle Weise ihren Charakter ändern: Als Arbeitslose sind sie *„faul"* und *„dumm"*, sie gehören zu DEN ANDEREN. Als Beschäftigte sind sie *„fleißig"* und *„intelligent"*, sie gehören zu DEN WIR.

Als Demagoge ist es leichtsinnig, solche Überlegungen öffentlich anzustellen. Behalten Sie Ihre Zweifel für sich. Geben Sie sich eindeutig. Sprechen Sie öffentlich immer in einfachen und klaren Bildern.

Muster 10: Ihre Ziel-Gruppe gehört immer zu DEN WIR.

Haider definiert seine WIR je nachdem, vor wem er spricht. Wenn er vor Arbeitern der Verstaatlichten spricht, dann sind die Arbeiter DIE WIR. Wenn er vor anderem Publikum spricht, dann befinden sich genau dieselben Arbeiter – welch ein Wunder! – in der Gruppe DER ANDEREN:

Vor Donawitzer Arbeitern wettert Haider *„gegen die Politik des Zusperrens"* durch die Bundesregierung und beteuert sein Anliegen, die Arbeitsplätze in diesem Gebiet sichern zu wollen. Nur wenig später schlägt er vor einem anderen Publikum vor, *„zum Zweck der Sanierung der Verstaatlichten das Werk Donawitz zu schließen."* [39]

Haider ist in Bezug auf DIE WIR vollkommen flexibel. Jede Gruppe bekommt das zu hören, was sie hören will. Haider identifiziert sich oft mit seinen Zuhörern. Bei einer Rede vor Veteranen der Waffen-SS rief er (Großschreibung von mir): *„Nachdem WIR aber eine Zukunft haben wollen, werden WIR jenen Linken […] beibringen, dass WIR nicht umzubringen sind und dass sich Anständigkeit in unserer Welt allemal noch durchsetzt, auch wenn WIR momentan nicht mehrheitsfähig sind. Aber WIR sind DEN ANDEREN überlegen […]"* [40]

DIE WIR im demagogischen Welt-Bild sind eine reine Erfindung, ein Märchen, eine Fiktion. DIE WIR sind keine Menschen, die tatsächlich existieren. DIE WIR sind ideale Menschen, die nirgendwo anzutreffen sind. Sie sind nur *„brav"*, *„arbeitsam"*, *„bürgerlich"*, *„modern"*, *„tüchtig"* etc. DIE WIR sind ohne Zwiespalt, Schuld oder Schatten. Innerhalb DER WIR gibt es keine Konflikte, keine Spannungen, keine Probleme.

Welche Vereinfachungen macht Haider, wenn er von

- *„den braven Bürgern"*
- *„den Leuten, die sich anstrengen"*
- *„den kleinen Leuten"*
- *„den Inländern" etc.*

spricht?

Starres Schema, flexible Anwendung

Im Dschungel kann es jederzeit zu Veränderungen kommen. Alles unterliegt dem Wandel. Pflanzen blühen und verdorren, ein Unwetter zieht vorbei. Die Sonne bricht hervor und unerwartet tritt eine Dürre auf.

Ein Welt-Bild mit erfundenen Gruppen kann nur überleben, wenn DIE WIR und DIE ANDEREN immer neu festgelegt werden. Die FREUNDE von heute sind die FEINDE von morgen. Wer heute bei DEN WIR ist, kann morgen bei DEN ANDEREN sein, und DIE gestrigen ANDEREN sind DIE heutigen WIR, wenn es darum geht, eine neue Ziel-Gruppe zu umwerben oder ein taktisches Manöver zu machen.

> Muster 11: Ändern Sie je nach Bedarf die Zuordnung zu DEN WIR und DEN ANDEREN.

Erfolgreiche Demagogie verlangt hohes taktisches Geschick. Permanent muss die Grenze zwischen DEN WIR und DEN ANDEREN neu gezogen werden. Immer ist die Welt eine zweigeteilte Welt mit einer klaren Trennungslinie. Die Grenzlinie von gestern interessiert heute nicht.

Dieser Anpassungsprozess verlangt eine autoritäre Instanz. Es macht keinen Sinn, ernsthaft über eine neue Trennungslinie zwischen DEN WIR und DEN ANDEREN zu diskutieren. Diese Debatte würde die Grenzziehung stören. Die scheinbar klare Barriere könnte fragwürdig werden. In demagogischer Politik wird nicht diskutiert, sondern agiert. Die Abgrenzung wird dogmatisch verordnet – durch eine Gruppe oder eine Person. Dazu wird ein Leader benötigt, ein Führer, ein Guru – der SUPER-WIR.

Der SUPER-WIR

Ein demagogisches Welt-Bild besteht nicht nur aus DEN WIR und DEN ANDEREN, sondern aus einer weiteren Person, dem Führer der demagogischen Bewegung selbst. Im zweigeteilten Welt-Bild ist eine Erfindung versteckt, die von großer Bedeutung ist. Sie ist der springende Punkt für den tonangebenden Demagogen. Sie treibt ihn an und verleiht ihm Kraft. Es ist die Rolle, die er sich selbst zuspricht, die Rolle des SUPER-WIR.

Muster 12: Geben Sie sich selbst die Rolle des SUPER-WIR.

Das Wunschbild vom SUPER-WIR folgt aus dem Trugbild DER WIR. DIE WIR, eine Gruppe erfundener Menschen, die ausschließlich GUT sind, bedingen einen SUPER-WIR, eine erfundene Person, die ausschließlich SUPER-GUT ist. Wahre Demagogen schreiben sich diese Rolle selber zu.

Der führende Demagoge gibt sich als jemand, der über allen Menschen steht, dem besondere und überragende Eigenschaften zukommen, dem alle Macht anvertraut werden soll. SUPER-WIR verkörpert die Hoffnung DER WIR, ihre Sehnsucht nach Befreiung, ihren Wunsch nach GUT-Sein, ihren Hass auf DIE ANDEREN, ihre Hoffnung auf den Endsieg. SUPER-WIR ist der Rebell, der Held, der Oberkämpfer, der Befreier, der Messias. SUPER-WIR ist die Verkörperung einer Sehnsucht nach Erlösung.

SUPER-WIR ist die Personifikation der Gefühle DER WIR. SUPER-WIR ist ein Schau-Spieler, der dem Publikum zwei Arten von Gefühlen vorspielt: Ohn-Macht und Größen-Wahn. SUPER-WIR ist der Gefühls-Manager seiner Gefolgschaft. Er aktiviert die Ängste und Bedrohungs-Gefühle des *„kleinen Mannes"* und zugleich seine Hoffnung und Größen-Fantasien. SUPER-WIR spielt andauernd diese beiden Rollen. Kleinheit und Größe sind seltsam vermischt.[41]

In der Bedrohungs-Rolle ist SUPER-WIR ein Opfer, das unter den Attacken DER ANDEREN leidet. In der Größen-Rolle ist SUPER-WIR der bejubelte Held, der DENEN DA OBEN, den Chefs, den Vorgesetzten, den Lehrern, den Macht-Habern, endlich einmal seine Meinung sagt.[42] SUPER-WIR handelt stellvertretend für die *„kleinen Leute"*. Er leidet wie sie und bäumt sich gegen ihr Unglück auf. Er macht das, was der *„kleine Mann"* nicht tut: gegen Ungerechtigkeiten aufzustehen, auf den Tisch hauen und reinen Tisch machen. SUPER-WIR ist ein stellvertretender Rebell, das Idol ängstlicher Menschen.

SUPER-WIR ist SUPER-GUT

SUPER-WIR ist eine Kunst-Figur. Sie hat wenig mit dem realen Menschen zu tun, der diese Rolle übernommen hat. SUPER-WIR ist ein Propaganda-Produkt, eine Marketing-Marke. Er vereinigt und bündelt alle Eigenschaften, die DEN fiktiven WIR zugeschrieben werden. SUPER-WIR ist ein Exzess von GUTHEIT. SUPER-WIR ist SUPER-GUT.

Muster 13: Für SUPER-WIR nur die besten Eigenschaften

Bleiben Sie nicht auf halbem Wege stecken! Schreiben Sie sich selbst die besten Eigenschaften zu, die Sie ausdenken können. In einem Land mit einer religiösen Tradition ist das höchste an GUT mit Gott, mit dem Heiligen verbunden. Als SUPER-WIR steht es Ihnen zu, sich mit dem Übermenschlichen in Kontakt zu bringen. Verwenden Sie in Ihrer Wahl-Werbung religiöse Symbole!

Haider preist sich selbst in höchsten Tönen. Er spricht oft von sich in der dritten Person. Er nennt sich *„unbestechlich"*, *„treu"* *„ehrlich"*, *„anständig"* und *„einen, der unsere Kinder schützt"*. Haider als der österreichische SUPER-WIR präsentiert sich gerne als *„Beschützer des kleinen Mannes"*, als *„Anwalt* *der Ohnmächtigen".*[43] Die FPÖ macht in Anzeigen unverhohlen Anspielungen auf religiöse Themen. Beim *„Verrat"* Zernattos (die Vereinbarung mit der ÖVP zur Wahl des Landeshauptmanns war geplatzt) vergleicht Haider sich mit Jesus. Am 1.5.1994 wird in großen Anzeigen mit einem Haider-Porträt propagiert:

„ ... ehe der Hahn das zweitemal kräht, wirst du mich dreimal verleugnen (Markus Evangelium 14,26-33).
Bevor der Hahn krähen konnte, hat Zernatto mich verraten!
Rot und Schwarz sollen sich aber nicht zu früh freuen.
Ich komme wieder."[44]

Im Wahlkampf 1995 hat Haider sich als *„Schutzpatron"* gerühmt.[45] Ein Schutzpatron ist eine religiöse Figur, ein Wesen nicht von dieser Welt. Seine Schutz-Befohlenen blicken hoffnungsvoll zu ihm auf. 1999 lässt Haider sich, so die Literatin Marlene Streeruwitz, mit einem Heiligenschein plakatieren: „Er lässt farbige Lichtschimmer hinters Haupt setzen oder das Licht auf dem Kopf aufglänzen. Und er trägt auf manchen Fotos weiße Unterleiberln. Die blitzen unter dem Kragen heraus und eine Erinnerung an das Kolar des katholischen Priesters steigt auf. Jedenfalls für alle, die auf katholische Priester dressiert sind. Und das sind doch die meisten Österreicher. Immer noch."[46]

Haider wendet große Mühe darauf, sich als Superman, als Held mit einem Image von Fitness und Unzerstörbarkeit zu präsentieren – in Gegensatz zu ANDEREN Politikern.

Muster 14: Propagieren Sie ein Selbst-Bild in Kontrast zu DEN ANDEREN.

Ein guter Teil von Haiders Wirkung beruht auf einem sorgsam gepflegten Image. Haider spielt in raschem Wechsel mehrere Image-Rollen (siehe Kapitel 3). Haider ist auf sein Äußeres äußerst bedacht. Peter Pelinka hat ihn einmal so angetroffen:

„Schwarze Lederjacke, blaues Jeanshemd, weißes T-Shirt, Blue Jeans, hellbraune Stiefletten. Alles jeweils vom Feinsten, genau aufeinander abgestimmt.“ [47]

Haider präsentiert sich gerne mit seinem Porsche und schwebt zu Wahlkampf-Veranstaltungen mit dem Hubschrauber nieder. Aus Interviews ist bekannt, dass Haider von seinen Fans überhöht wahrgenommen wird.[48] Seine Anhänger sehen in Haider nicht einen realen Menschen aus Fleisch und Blut, mit Fehlern und Schwächen. Haiders Bewunderer kennen Haider nicht. Was sie sehen ist ein Idol, eine Kunstfigur, ein Pop-Star, ein Mensch, den es nicht gibt: der SUPER-WIR.

SUPER-WIR steht außerhalb

SUPER-WIR steht jenseits der Welt DER WIR und DER ANDEREN. Er nimmt eine Außen-Position ein. SUPER-WIR ist kein Teil des politischen Systems, weil er über das System richtet. Er hat besondere Fähigkeiten und erkennt den Kampf zwischen DEN WIR und DEN ANDEREN in voller Schärfe. Er alleine hat den notwendigen Durch-Blick (vgl. Muster 61). SUPER-WIR scheidet die Schafe von den Böcken, DIE WIR von DEN ANDEREN.

Muster 15: Geben Sie SUPER-WIR eine Außen-Position.

SUPER-WIR ist nicht von dieser Welt. SUPER-WIR ist allen Menschen, DEN WIR und DEN ANDEREN, entrückt. Als jemand, der außerhalb steht, ist er auch frei, sich seine eigenen Spiel-Regeln zu geben. Seine Meinungen, egal in welcher Form er sie vorbringt, sind immer SUPER-GUT. Andere Meinungen sind SUPER-BÖSE: sie sind *„Greuelpropaganda,“*[49] *„Meinungsterror“*,[50] *„Gehirnwäsche“*[51] und *„Psychoterror“*.[52]

Übliche Umgangsformen gelten für einen SUPER-WIR nicht. Haider darf anderen Parteien Mord-Absichten unterstellen, wie im Zusammenhang mit den Brief-Bomben im Oktober 1995, oder dem Staatsoberhaupt Landesverrat vorwerfen, wie im Februar 2000.[53] SUPER-WIR ist gegen Kritik aus den eigenen Reihen immun. Kritik aus der „eigenen" Partei ist Hochverrat. Sie wird in der Regel mit Partei-Ausschluss geahndet.

SUPER-WIR ist unfehlbar

Weil Haider außerhalb steht, setzt er die Maßstäbe, mit denen ANDERE beurteilt werden. DIE ANDEREN werden vom SUPER-WIR mit einem Perfektions-Anspruch überzogen. Was immer sie tun, ist BÖSE. Haider legt übertriebene, fast irreale Maßstäbe an DIE ANDEREN. Für ihn selbst haben diese Maßstäbe, weil er außerhalb steht, keine Geltung. Der irreale SUPER-WIR ist nicht an die wirklichkeitsfremden Maßstäbe gebunden, die er selbst für die erfundenen ANDEREN aufstellt. SUPER-WIR ist die einzige Person, die immer und jederzeit GUT ist. Jede andere Person kann zum Feind, zum ANDEREN, werden.

> Muster 16: Geben Sie sich unfehlbar. Geben Sie niemals einen Fehler zu.

Haider ist ein privilegierter Berufs-Politiker. Er nimmt selbstverständlich Privilegien in Anspruch, die er bei DEN ANDEREN anprangert, wie ein zweites, vom Bund finanziertes Dienstauto als Landeshauptmann (entspricht einem Ministerpräsidenten in Deutschland).[54] Haiders Image als „Sauber-Mann" ist das Ergebnis seiner Propaganda. Sie hat mit seinem Lebensstil nichts gemein. Werden Haider Privilegien nachgewiesen, dann ist Haider schnell mit Um-Interpretationen zur Hand (vgl. die Muster 42 und 89):

„Wenn es sich herausstellt, dass ich der einzige Politiker bin,

dem unter solchen Umständen eine Abfertigung ausbezahlt wurde, dann muss ich annehmen, dass man mich kurz vor der Landtagswahl in Vorarlberg in Misskredit bringen wollte."[55]

Muster 17: Bei Angriffen: Wechseln Sie blitzschnell in die Opfer-Rolle.

SUPER-WIR ist kein *„Privilegienritter"* – egal, was er tut. *„Privilegienritter"* sind Personen mit folgenden Merkmalen: Es sind ANDERE (und nur ANDERE), die privilegiert sind und gesetzliche Möglichkeiten für ihren eigenen Vorteil ausnützen.

Haider fällt nicht in diese Kategorie, auch wenn er in vieler Hinsicht eine Sonderstellung genießt. Ihm gehört ein riesiger Grundbesitz, auf gut 25 Millionen Euro geschätzt. In einem Jahr hat er dafür nur einen Euro Vermögenssteuer bezahlt. Doch dies war lediglich *„eine legale Ausnutzung steuerlicher Bestimmungen. Ich bin Opfer einer politischen Aktion. [...] Bei dem Ganzen wird ja nur der Neidkomplex geschürt.*"[56] Heide Schmidt, damals noch His-Masters-Voice, zu diesem Vorwurf: *„Ich weiß schon, dass es so aussieht, als wäre das geschönt. Aber er hat nur alle gesetzlichen Möglichkeiten ausgeschöpft. Darin kann doch nichts Böses liegen"*.[57]

Wenn SUPER-WIR gesetzliche Möglichkeiten ausnützt, so kann das nicht BÖSE sein, weil nur DIE ANDEREN BÖSE sind. Dass DIE ANDEREN BÖSE sind, erkennt man daran, dass sie privilegiert sind und gesetzliche Möglichkeiten ausnützen. Wenn SUPER-WIR dies tut, ist dies nicht BÖSE, weil SUPER-WIR kein ANDERER ist. SUPER-WIR ist außerhalb der Norm. Er kann nicht BÖSE sein, weil er (und nur er) darüber entscheidet, wer zu DEN WIR und wer zu DEN ANDEREN gehört.

Haiders Welt-Bild beinhaltet einen Frei-Spruch für alles, was Haider tut.

Sünden-Böcke braucht das Land

SUPER-WIR hat eine wichtige Aufgabe. Er muss Ängste ansprechen und Schuldige nennen. Weil SUPER-WIR an ein erfundenes Bild von der Welt glaubt, kann er nicht von (komplexen) ursächlichen Faktoren, sondern nur von konkreten persönlichen Schuldigen sprechen. SUPER-WIR verwandelt Sach-Probleme in Personen-Probleme. SUPER-WIR ist der Schuld-Zuschreiber der Nation. Jedes Problem beruht im demagogischen Welt-Bild auf persönlicher Schuld. Dazu müssen Sünden-Böcke erschaffen werden – eine uralte und vielfach bewährte Denk-Figur.

Muster 18: Erfinden Sie Sünden-Böcke.

Sünden-Böcke sind eine wunderbare Erfindung. Man kann mit ihnen jedes Problem erklären:

Frage:	Antwort aus einem demagogischen Welt-Bild
Warum gibt es Arbeitslose?	Weil die Ausländer den Inländern Arbeitsplätze wegnehmen.
Warum gibt es zu wenig Wohnungen?	Weil die Ausländer den Inländern die Wohnungen wegschnappen.
Warum gibt es eine Budgetkrise?	Weil es zu viele Sozialschmarotzer gibt, weil es zu viele Privilegien gibt, weil die SPÖ den Staat ruiniert hat.
Warum gibt es so viele Gewalt-Verbrechen?	Weil es zu viele Ausländer gibt, weil es die internationale Mafia gibt, weil die Politiker zu ausländerfreundlich sind.
Warum haben private Firmen Schwierigkeiten?	Weil staatliche Bürokraten die Betiebe durch unsinnige Bestimmungen und willkürliche Kontrollen knebeln.
Warum wird Haider	Weil er so mannhaft die Interessen des

so angefeindet?	kleinen Mannes vertritt, weil DIE DA OBEN Angst um ihre Privilegien haben.
(vor ihrer Aufdeckung:) Warum gab es die Brief-Bomben-Welle in Österreich?	Weil ausländische Geheimdienste Österreich destabilisieren wollen, weil (so der Verdacht) die Regierung das inszeniert, um von ihren Misserfolgen abzulenken.

Grundschema

- Nehmen Sie irgendein politisches Problem. Formen Sie das Problem in eine Warum-Frage um. Geben Sie darauf eine Antwort: die Ursache sind DIE ANDEREN. Nennen Sie namentlich Sündenböcke.
- Üben Sie, komplexe soziale Probleme in Schuld-Zuweisungen an ANDERE zu übersetzen. Akzeptieren Sie keine anderen Erklärungen. So denken nur DIE ANDEREN.

„*Ausländer*": die idealen Sünden-Böcke

„*Ausländer*" sind ideale Sünden-Böcke.[58] Sie kombinieren in geeigneter Weise DIE DA DRAUSSEN mit DENEN DA UNTEN. „*Ausländer*" sind die perfekten ANDEREN. Sie sind vollkommen SUPER-BÖSE: „*[...] zu uns kommt der ganze Abschaum, die z'Haus nicht arbeiten wollen, die kommen zu uns und wollen hier auf unsere Kosten gut leben.*"[59]

Die „*Ausländerfrage*" nimmt in der FPÖ-Propaganda einen großen Stellenwert ein.[60] In einem Vortrag am 19.11.1992 vor Polizeibeamten des Wiener Gemeindebezirkes Rudolfsheim-Fünfhaus, einem Bezirk mit hohem Ausländeranteil, hat Haider sein Ausländer-Bild so dargelegt:

„*Wir haben also die südamerikanischen Mafiosi bei uns, die sich auf Taschendiebstahl spezialisiert haben und in eigenen [...] Ausbildungscamps in Italien bei der Mafia den Grundkurs A bekommen, bevor sie nach Österreich entlassen werden. Wir haben Polen, die sich auf den Autodiebstahl organisiert konzentrieren. Wir haben die Bürger aus dem ehemaligen Jugoslawien, die bei Wohnungseinbrüchen Experten sind, und sollten Sie einmal einen Schlüssel verlieren, holen Sie die, damit Sie rasch in die Wohnung hineinkommen. Wir haben Türken, die im Heroinbereich hervorragende Organisationen aufgezogen haben und wir haben Russen, die in Fragen [...] der Erpressung und [...] der Raubüberfälle nachweislich die Experten heute darstellen.*"[61]

Im Wahlkampf 1999 wurde von der FPÖ plakatiert: „*Keine Gnade für Drogendealer*", „*Stopp dem Asylmissbrauch*" und „*Stopp der Überfremdung*". In einem Werbefolder, der auch zu einer Großkundgebung mit Haider und dem Spitzenkandidaten Prinzhorn einlädt, wurden „*zwölf Enthüllungen*" präsentiert.[62] Acht von ihnen mobilisieren gegen „*die Ausländer*" (im Original sind die wichtigen Passagen fett hervorgehoben):

„Wussten Sie, dass ...

- *... in den Deutsch-Lesebüchern unseren Wiener Kindern bereits seitenweise türkische und serbokroatische Texte aufgezwungen werden?*
- *... es nur unter der SPÖ in Wien möglich ist, dass schwarzafrikanische Asylwerber mit Designeranzug und Luxushandy ihren Drogengeschäften nachgehen können?*
- *... die Grünen in Wien meinen, man brauche die heimischen Familien nicht zu fördern, weil an unseren Grenzen ohnehin tausende ausländische Familien mit ihren Kindern warten?*
- *... eine SPÖ-Gemeinderätin gesagt hat, dass sich die Ausländer in Wien nicht anzupassen brauchen, weil die Österreicher ohnehin nur viel Alkohol trinken und fettes Fleisch essen?*
- *... SPÖ-Bundeskanzler Klima meint, die „Lendenarbeit" der Wiener sei schlecht und daher Zuwanderer hereingeholt werden müssen?*

- *… die SPÖ-Wien 9300 Ausländern pro Jahr vorzeitig die österreichische Staatsbürgerschaft verleiht und diese dadurch in den Genuss des Wahlrechtes kommen und den Zugang zu den Gemeindewohnungen erhalten?*
- *… ausländische Jugendliche Gratiskarten für ein Fitness-Studio erhalten, die heimischen Jugendlichen jedoch nicht?"*

Haider und die FPÖ vermitteln drei große Botschaften:[63]

- *„Die Ausländer"* sind kriminell.
- *„Die Ausländer"* nehmen Österreichern den Arbeits- und Wohnplatz weg.
- *„Die Ausländer"* werden durch das österreichische Sozialsystem privilegiert.

Haider wendet in allen Fällen seine Strategie der Vereinfachung an. Bewusst werden einzelne Personen herausgenommen und für *„die Ausländer"* generell gesetzt.

Die sogenannten Fakten sprechen eine andere Sprache:[64]

- Die Kriminalität der Gastarbeiter ist deutlich geringer als die der Inländer.
- Einwanderer sind am österreichischen Arbeitsmarkt im Vergleich zu Inländern schwer benachteiligt.
- Immigranten sind Netto-Einzahler in das österreichische Sozialversicherungssystem: Sie zahlen in Summe mehr ein, als sie bekommen.

Diese Befunde sind durch eine Vielzahl von Studien belegt. Die FPÖ kümmert sich nicht um sie und versucht weiterhin, die Menschen mit falschen Behauptungen zu emotionalisieren.

Der Verkauf des Welt-Bildes

Als Demagoge ist es Ihre Pflicht, das einfache Bild von der zweigeteilten Welt Ihrem Publikum zu predigen. Sie müssen Ihre Zuhörer überzeugen, dass Ihr Modell keine Erfindung ist, sondern ,Realität'. Wie kann man ein solches Modell beweisen?

Im sozialen Dschungel erscheint diese Aufgabe unlösbar: Wie will man jemandem allen Ernstes weismachen, dass es nur zwei Arten von Pflanzen gibt?

Verzweifeln Sie nicht: Ein Teil der Bevölkerung denkt bereits auf Ihre Weise. Sie müssen lediglich vorhandene Vorurteile, Ressentiments, Ängste und Halbwissen auf kraftvolle Weise zum Ausdruck bringen und in eine Geschichte kleiden.

Die Methode ist einfach:

- Aktivieren Sie negative Gefühle und vorhandene Vorurteile, indem Sie einen empörenden Einzel-Fall aus der Gruppe DER ANDEREN schildern. Irgend etwas werden Sie schon aufspüren. Wenn Sie nichts bei der Hand haben: Erfinden Sie etwas.
- Verallgemeinern Sie Ihren Einzel-Fall für die gesamte Gruppe. Alle ANDEREN sind so! Voilá: Ihr Welt-Bild ist „bewiesen".

Muster 19: Erklären Sie Ihr Welt-Bild durch (erfundene) Einzel-Fälle.

Demagogen sind begnadete Märchen-Erzähler. Sie erläutern ihre Botschaft an anschaulichen Geschichten. Sie greifen einzelne Personen aus der FEIND-Gruppe heraus und stellen sie exemplarisch für die gesamte Gruppe an den Pranger. Konkrete Personen dienen als ,Beweis', dass das abstrakte Welt-Bild wirklich stimmt.

Kochrezept zur Konstruktion eines Privilegien-Falls –
hier am Beispiel der behaupteten Privilegien *„der Ausländer"*.

1. Man nehme einen Einwanderer, der Zahlungen aus dem Sozialsystem bezieht und berechne daraus ein möglichst hohes Einkommen.

MERKE: Die präsentierten Zahlen dürfen frei erfunden sein. Sie sind meist schwer oder nicht überprüfbar. In Zweifelsfällen kräftig nach oben runden!

2. Erklären Sie dieses Einkommen als *„Privileg der Ausländer"*. Verschweigen Sie vornehm, dass auch Inländer aus diesen Titeln (z.B. Pflegegeld, Trennungszulagen) Zahlungen beziehen.

MERKE: Es geht um die Konstruktion plakativer „Fälle", nicht um Aussagen zu komplizierten arbeits- oder sozialrechtlichen Bestimmungen, die ohnehin niemand versteht.

3. Stellen Sie das hohe Einkommen *„der Ausländer"* einer völlig anderen Gruppe DER WIR gegenüber, die weit weniger Einkommen bezieht.

MERKE: Einwanderer verdienen im Durchschnitt deutlich weniger. Die Hetz-Botschaft kommt nur an, wenn Birnen aus dem Ausland mit Äpfeln aus dem Inland verglichen werden.

4. Präsentieren Sie diese Gegenüberstellung zum geeigneten Zeitpunkt als „Beweis" für die Berechtigung Ihrer Ausländer-Hetze.

MERKE: Es geht um Stimmungsmache, nicht um „Fakten".

> Muster 20: Vergleichen Sie die Birnen DER ANDEREN mit den Äpfeln DER WIR.

Dieser Vergleich macht Sie und Ihre Zuhörer sicher!

Ein Beispiel für die Umsetzung des Kochrezeptes

Ende September 1995 war der FPÖ-Parteitag in Oberösterreich. Der Spitzenkandidat, Hans Achatz, musste das Publikum auf die Wahlen einstimmen. Dazu diente in bewährter

Manier ein ganzseitiges Inserat in der „Kronenzeitung".[63] Hier wurden „Fakten" präsentiert, die sich dadurch auszeichnen, dass sie samt und sonders fragwürdig, halbwahr oder erwiesenermaßen falsch sind. Unter anderem wurden in einem umrahmten Fenster die *„Pensionen"* von *„Ausländern"* angeprangert, die auch aus Pflegegeldern stammen.

Bemerkenswert ist die Auswahl, die hier getroffen wurde. In Oberösterreich bezogen zu diesem Zeitpunkt rund 55.000 Personen Pflegegeld, 6.900 von ihnen wurden vom Land Oberösterreich ausbezahlt. Davon waren 144 Personen ausländischer Herkunft. Von diesen 144 sind 73 aus Deutschland, 19 aus Ex-Jugoslawien, 15 aus der Türkei, fünf aus Ungarn und zwei aus Polen.[66] Die 73 Personen aus Deutschland sind für die Ausländer-Hetze ungeeignet: Deutsche kann man nicht als ANDERE bezeichnen! Sie scheiden als „Fälle" aus. Es blieben also noch 71 Personen übrig. Die zugkräftigste Gruppe für DIE ANDEREN waren zu diesem Zeitpunkt Personen aus dem ehemaligen Jugoslawien. Von diesen 19 Personen wurden drei als „Fall" präsentiert, darunter ein pflegebedürftiges Ehepaar.

Im Original liest sich das aussagekräftige Dokument so (rechts der Originaltext, links mein Kommentar):

	Pensionen, von denen viele Österreicher nur träumen können!
Nennung des Themas; Nennung der FEINDE: „DIE DA OBEN"; Verknüpfung mit einem anderen emotional besetzten Thema	*Für Resolutionen über bessere Pensionszahlungen sind SPÖ und ÖVP nicht zu haben, aber bei haarsträubenden Pensionsskandalen sehen sie zu!*
Nennung der FEINDE: „DIE DA UNTEN"; Verallgemeinerung	*Ausländer, die nur wenige Monate bei uns gearbeitet haben, bekommen an die 20.000 Schilling ‚Pension' und bilden nicht einmal mehr ‚Einzelfälle'.*

Nennung DER WIR als Vergleichsgruppe; Aktivierung der Gefühle DER WIR; Verallgemeinerung	*OÖ. Pensionistenpaare mit 7.700 Schilling, Hausfrauen und Mütter ohne eigenem Einkommen müssen sich verhöhnt fühlen. Unser System krankt, wir zeigen es Ihnen:*
Falsche Zahlen	*Geraki P., 56 Jahre alt, aus Ex-Jugoslawien, seit 1992 hier, hat 16 Monate bei uns gearbeitet und erhält:* *Tatsächl. Pension 350,-* *Ausgleichszahlung 10.000.-* *Pflegegeld 8.300.-* *minus Krankenvers. 361.-* *Macht pro Monat 18.244,-* *Seine Frau erhält zusätzlich 5.000.- Pflegegeld.*
Äpfel und Birnen werden verglichen: ANDERE kontra WIR. Kurzfassung des Welt-Bildes: WIR, die fleißigen Arbeiter aus dem Inland, gegen DIE DA UNTEN, die *„Schmarotzer"* aus dem Ausland.	*Achatz: ‚Die Politik muss sich ändern. Es darf nicht sein, dass Inländer nach jahrzehntelangem, fleißigem Arbeiten und Einzahlen weniger bekommen als Ausländer, die hier nur kurze Zeit Beiträge entrichtet haben.'*
Aus den „Privilegien" für DIE ANDEREN wird ein genereller Abbau des Sozialsystem gefordert.	Im Begleittext fordert Landesrat Achatz: *„eine Kürzung der Ausgaben um 50 % bzw. eine Senkung der Sozialhilfesätze um 20 %."*

Ein Redakteur der „Oberösterreichischen Nachrichten" hat sich der Mühe unterzogen, diesen „Fall" auf seinen Wahrheitsgehalt zu überprüfen.[67] Das Ergebnis seiner Recherchen:

Der Pensionsanspruch besteht aus einem zwischenstaatlichen Abkommen, wovon auch umgekehrt Österreicher profitieren. Der Mann hat in seiner Heimat ein ganzes Leben gearbeitet und es auf mehr als 300 Versicherungsmonate gebracht. Er ist 1991 legal aus Kroatien eingereist und besitzt eine befristete Aufenthaltsgenehmigung bis September 1996. Nach eineinhalb Jahren Arbeit in Österreich erkrankte er schwer und ist heute fast blind. Seine Frau sitzt im Rollstuhl, das Ehepaar wird von Verwandten betreut. Laut Auskunft der Pensionsversicherungsanstalt der Arbeiter sind die von der FPÖ genannten Beträge „schlicht falsch“. Die angeführten Pflegegeldsätze gibt es nicht: *„Wir haben gerundet“*, räumt das Achatz-Büro ein.

Umgang mit Zahlen

Das Beispiel illustriert, wie Demagogen mit Zahlen umgehen. Fakten, Zahlen, Daten, Statistiken etc. haben im demagogischen Welt-Bild keine Bedeutung. Erfindungen benötigen keine Empirie. Damit eröffnet sich ein ungeheures Betätigungs-Feld. Machen Sie sich frei von unsinnigen „empirischen Beweisen“. Man kann sie vernachlässigen. Überwinden Sie die Wirklichkeit. Seien Sie kreativ. Erfinden Sie Ihre eigenen Zahlen.

Muster 21: Ignorieren Sie Statistiken, erfinden Sie Zahlen.

Haider geht mit Zahlen einfallsreich um. Im Tiroler Wahlkampf macht er aus geschätzten 100.000 *„illegalen Ausländern“ 350.000.*[68] 1990 befürchtet er, *„700.000 Sowjetbürger“* würden nach Österreich strömen, wenn die (später Wirklichkeit gewordene) Reisefreiheit eingeführt wird.[69] Für Wien spricht Haider – im Widerspruch zu Statistiken – von *„Volksschulklassen“* mit *„bis zu 80, 90 Prozent fremdsprachigen, ausländischen Kindern“*.[70]

Bei der Schlusskundgebung der FPÖ zur Nationalratswahl 1999 in Wien am Stock im Eisen-Platz entrollten Haider-Gegner ein riesiges Transparent mit der Aufschrift „1938 GRÜNDE GEGEN HAIDER" – eine Anspielung auf den „Anschluss" Österreichs an das nazideutsche Reich. Die FPÖ hat Fotos von dieser Kundgebung kreativ zu einem FPÖ-Werbeplakat verändert. Das Transparent hieß jetzt: *„1998 GRÜNDE FÜR HAIDER"*.[71]

Demagogie-Themen

Demagogische Politik braucht sich nicht mit einer breiten Palette von Sachthemen befassen. Viele von ihnen sind schlichtweg zu kompliziert. Sie passen in kein einfaches Welt-Bild. Spezialisieren Sie sich auf jene wenigen Themen, die ein Höchstmaß an Emotionalisierung versprechen.

Muster 22: Beschränken Sie Ihre Agitation auf wenige Themen.

Haider beschränkt sich in der Regel auf ein enges Themenspektrum. Beliebt sind:

- Verschwendung verhindern
- Korruption und Privilegien bekämpfen
- Bekämpfung der Kriminalität
- die sogenannte Ausländerproblematik.

Die FPÖ ist in der öffentlichen Meinung fast nur mit diesen Themen präsent. Haider hat jeden Wahlkampf in den neunziger Jahren mit diesen Themen geführt. In der Wahl-Werbung werden nicht Sach-Themen oder politische Inhalte, sondern emotionale Aspekte oder die Persönlichkeit Haiders herausgestellt.

Ein Beispiel ist die Nationalratswahl 1994: Nur in der ersten von drei Belangsendungen in ORF 1 und 2 waren politische Inhalte zu finden. (Ausschnitte aus Haiders *„Rede an die Na-*

tion"). Die beiden anderen Sendungen waren wie ein Video-Clip aufgebaut: schnelle, bunte Bilderfolgen, die Haider und seine Umgebung in verschiedenen Situationen zeigen.

Haider agiert in Wahlkämpfen fast ausschließlich als Protestierer. Die Bevölkerung schreibt ihm Meinungsumfragen zufolge nur in den oben genannten vier Themen-Bereichen Kompetenz zu. Bei inhaltlichen politischen Themen – wie Arbeitsplätze, Wirtschaft, Steuern, Soziales und Wohnung, Bildung usw. – wird der FPÖ weder besonderer Einsatz noch wirkliche Problemlösungs-Fähigkeit zugesprochen.[72] Fragt man die FPÖ-Wähler nach ihren Wahlmotiven, so nennen sie – im deutlichen Unterschied zu den Wählern anderer Parteien (auch der anderen Oppositions-Parteien) – fast ausschließlich negative Gründe.[73] Zwei Drittel der FPÖ-Wähler bei den Nationalratswahlen 1994 begründeten ihre Entscheidung für Haider mit dem Kampf der FPÖ gegen Privilegien und Skandale. Ungefähr 50 Prozent der FPÖ-Wähler wählten die FPÖ wegen ihrer Haltung in der Ausländerfrage und für ihr Eintreten gegen die Macht der Parteien. Circa 40 Prozent der FPÖ-Wähler nannten als wichtigstes Motiv den Wunsch, den Großparteien bei diesen Wahlen einen Denkzettel zu erteilen oder einfach die Person Haider. „Alles in allem kann die Entscheidung für die FPÖ als besonders emotional aufgeladenes Anti-Votum charakterisiert werden."[74]

Was im Welt-Bild keinen Platz hat

Viele politische Probleme werden von Haider nicht behandelt oder kaum angesprochen. Beispiele sind Probleme mit Privatunternehmern,[75] wie Steuerhinterziehung, legale Ausnützung gesetzlicher Bestimmungen, Steuer-Privilegien, Korruption in und durch Unternehmen, Misswirtschaft privater Firmen, Fehlinvestitionen privater Großbetriebe etc. Die FPÖ präsentiert sich als *„Erneuerungsbewegung für die Republik und die De-*

mokratie dieser Republik". Der Staat soll von einem *„Parteienstaat"* zu einem *„Bürgerstaat"* umgewandelt werden, indem die *„fragwürdigen Institutionen"* des Staates verändert werden.[76] Diese Forderungen bleiben bei Haider vollkommen abstrakt. Was *„Demokratie"* und *„Bürgerstaat"* wirklich ist, wird nicht gesagt. Umzuwandeln sind nur Teilbereiche des Staates wie Kammern, Sozialversicherungen und das Steuersystem. Für Haider gibt es keine Demokratie-Defizite innerhalb staatlicher Institutionen wie Schule, Erziehung und Heer. Sie gelten *„ihrer Natur nach nicht als demokratisierbar"*.[77] Der Weg zur *„Demokratisierung"* des Staates liegt im Machtverlust der *„Systemparteien"*, im Klartext: in der Macht-Übernahme durch die FPÖ. *„Demokratie"* ist für Haider eine Frage der Macht im Staate. Sie hat nichts mit den inneren Strukturen staatlicher Institutionen zu tun.

Die Gründe, warum Haider von vielen Problemen kaum spricht, liegen auf der Hand:

- Für diese Themen ist in seinem Welt-Bild kein Platz.
- Diese Themen stören sein Welt-Bild.
- Diese Themen sind als Kritik seines Welt-Bildes geeignet.

2. Werden Sie zum Gefühls-Manager

Demagogisches Welt-Bild und Gefühle

Politik hat immer mit Gefühlen zu tun. PolitikerInnen appellieren an Emotionen, WählerInnen entscheiden gefühlsbetont.

Demagogische Politik räumt Gefühlen einen besonderen Stellenwert ein. Erfolgreiche Demagogen sind Experten im Umgang mit Stimmungen. Sie können gezielt eine bestimmte Atmosphäre erzeugen, steigern und für ihre Absichten verwenden. Demagogen sind Gefühls-Manager. Sie sprechen intensive, auch tabuisierte Gefühle an und versuchen, gezielt Gemütszustände zu steuern. Demagogen sind erprobte Gefühls-Führer und -Verführer. Zu ihrem Repertoire gehören: „Sensation, Unterhaltung, Aktion, Gefahr, Erotik, Größe und Einmaligkeit, Spannung, gute Auseinandersetzungen, richtiges Timing, passendes Image, wirksame Bilder, einprägsame Sprache – alles, was aus Werbung, Agitation und Propaganda bewährt und verfügbar ist."[78] Werden Sie Experte in den Methoden modernen Gefühls-Managements.

Die überragende Bedeutung der Gefühle für demagogische Politik folgt direkt aus ihrem Welt-Bild. Es ist ein Gefühls-Bild. Das demagogische Welt-Bild entsteht und festigt sich im Erleben starker Stimmungen:

- DIE WIR: das Erleben von Verbindung, von Verschmelzung mit einer Gruppe, von Zugehörigkeit, Dabeisein, Liebe, Mitgefühl, Stolz, Gemeinschaft ...
- DIE ANDEREN: das Erleben heftiger Ablehnung, von Angst, Ärger, Neid, Ekel, Widerwillen, Hass, Aggression, Wut ...
- SUPER-WIR: das Erleben von Bewunderung und Unterwerfung, Anerkennung und Angst, Begeisterung, Power, Befreiung, Verliebtheit ...

Demagogie ist die Kunst, diese Zustände zu wecken, anzusprechen, sie zu steigern, mit den Begriffen des demagogischen Welt-Bildes zu verbinden und als Instrumente für politische Zwecke einzusetzen. Demagogische Politik ist umso erfolgreicher, je intensiver dies gelingt. Die Stärke der aktivierten Gefühle entscheidet über die Stärke der Bewegung. Der Durchbruch demagogischer Politik erfolgt in einer kollektiven Erregungs-Welle, in einer massenwirksamen Gefühls-Wolke.[79] Erfolgreiche Demagogen sind die Gefühls-Manager ihrer Nation.

Vorteile intensiver Gefühls-Zustände

1. Im Zustand der Erregung ist die Urteilskraft deutlich herabgesetzt. Personen werden empfänglich für plakative Slogans und schlichte Ammenmärchen.
2. Intensive Zustände sind ein hervorragendes Mittel, um persönliche Ansichten umzuformen. Wenn es gelingt, Ängste anzusprechen und durch Horror-Bilder über die Zukunft zu steigern, lassen sich leichter demagogische Ideen verkaufen. Erschreckte Menschen glauben eher an Gespenster.
3. Gefühle steuern Aufmerksamkeit und verändern Wahrnehmung. Unzufriedene, neidische, ängstliche etc. Personen sind leicht manipulierbar, wenn dies im Einklang mit ihrer Stimmung erfolgt. Einer Person, die sich ärgert oder schreckt, können Sie locker jene Sünden-Böcke unterjubeln, die Sie im Augenblick als FEINDE benötigen.
4. Gefühle sind ein treffliches Instrument, um von eigenen Problemen und eigenem Versagen abzulenken. In einer emotional aufgewühlten Stimmung geht es bei Wahlen weniger um die Bewertung eigener Leistungen, sondern um einen *„Denkzettel"* für den neuesten Skandal, die letzte Schandtat DER ANDEREN. Ihre Wähler werden bei der Stimmen-Abgabe nicht an die Qualität Ihrer Arbeit, sondern an die Fehler DER ANDEREN denken.
5. Emotionale Massen-Ereignisse schweißen Menschen zusam-

men. Unterschiedliche Individuen empfinden sich als gleichartige WIR.

6. Erfolgreiche Demagogen führen ganze Gruppen in Begeisterung, Wut oder Raserei. „Wer zur Jagd bläst, gerät in eine aufgeräumte Stimmung und hat keine Angst mehr.“[80] Wenn die Volksseele kocht, kann man Tabus und Scham-Schwellen überwinden und neue Standards aufstellen, z.B. dem Staatsoberhaupt Landesverrat vorwerfen.
7. Gefühle schaffen persönliche Bindungen. Gemeinsame Gefühls-Ausbrüche binden Ihr Publikum an Sie. Im Rausch verbrüdert man sich eher. Zuneigung, Loyalität, Treue, Verehrung kommt auf. Ihr Image als SUPER-WIR hängt von der Stärke der Gefühle ab, die Ihre Bewunderer Ihnen entgegenbringen. So kann es gelingen, Menschen zu bedingungslosen Gefolgs-Leuten zu machen.

Mit Gefühlen können ungeheure Kräfte geweckt werden. Ein riesiges Potenzial an schlummernden Energien wartet auf Sie! Werden Sie Gefühls-Manager!

„Wahlen werden nicht durch Ideologien, sondern durch das Aufbereiten von Stimmungen gewonnen“ (Norbert Gugerbauer, damals Generalsekretär des FPÖ, im November 1986, nach dem ersten großen Erfolg von Haider als Partei-Führer).[81]

Was ist zu tun?

Erfolgreiche Gefühls-Manager verfügen über eine Vielzahl von Fähigkeiten:

- einen Zugang zur aktuellen Verfassung anderer,
- ein Gespür für die gegenwärtige Stimmung und für plötzliche Schwankungen in der Bevölkerung,
- eine besondere Sprache, die direkt auf Gemütszustände abzielt,
- den Einsatz gefühlsbehafteter Symbole,

- die Anwendung suggestiver Sprachformen, die Trance- und Hypnose-Methoden entlehnt sind, sowie
- ein Wissen um die suggestive Kraft ‚innerer' Bilder.

Diese Fähigkeiten sind zum Teil in der Persönlichkeits-Struktur angelegt, manche sind erlernt und einzelne können gezielt in Trainings entwickelt werden.

Sach-Sprache und Gefühls-Sprache

Sprache ist das Instrument der Politik. Mit Sprache denken wir und in Sprache erinnern wir uns. Mit Sprache werden Meinungen geformt und Überzeugungen verändert. Welche Sprache ein Politiker wählt, bestimmt in hohem Maße die Art der Politik, die er verfolgt.

Das traditionelle politische Reden in Österreich war lange Zeit hindurch von der SPÖ-ÖVP-Koalition bestimmt.[82] Ihre Inhalte waren vor allem sachlicher Natur. In der Öffentlichkeit wurde eine Sach-Sprache gepflogen, wie sie Diplomaten eigen ist: lange, kunstvolle Sätze, relativ vage, mit wenig Emotionen. Auseinandersetzungen fanden meist hinter verschlossenen Türen statt, in Gremien und Kommissionen. Nach außen wurden die ausgehandelten Kompromisse so verteidigt, dass die ihnen zugrundeliegenden Gegensätze nicht wieder aufbrachen. Die Sprache diente der Rechtfertigung interner Abkommen und weniger der Veränderung und Aktivierung der Wähler.

Haider beherrscht das „politische Diplomaten-Deutsch" recht gut. Er ist Doktor der Rechtswissenschaften und hat als Universitätsassistent gearbeitet. Haider kennt die juristische und die wissenschaftliche Art des Sprechens. Der Sprachwissenschaftler Helmut Gruber hat in den stenografischen Protokollen des Nationalrates Reden von Haider entdeckt mit „wahren Satzmonstren mit bis zu 128 Worten und 13 Teilsätzen".[83]

Sach-Sprache ist für Demagogie nicht geeignet. Mit ihr kann man Emotionen abwiegeln, aber nicht aufstacheln. Demagogisches Reden verlangt demgegenüber eine Gefühls-Sprache: kurze, prägnante Sätze mit vielen Stimmungs-Momenten (Muster 75). Sie ist Haiders Markenzeichen: „Die Sprache Jörg Haiders zeichnet sich allgemein durch Verständlichkeit aus. Die Verständlichkeit der Aussagen wird erreicht durch die Konstruktion einfacher und relativ kurzer Sätze, durch Anbringen anregender Zusätze, persönliche Färbung des Gesagten, Wiederholungen, Ritualisierung des Stils etc.“[84]

Muster 23: Verwenden Sie eine gefühlvolle Sprache.

Sach-Sprache	Gefühls-Sprache
Mangelnde wirtschaftliche Kompetenz;	*„Funktionäre verwursteln Geld“*[85]
Politischer Erfolg	*„Wir haben allerhand zusammengebracht“*[86]
Maastricht-konformes Budget	*„Die österreichischen Wähler haben genug davon, [...] den Maastricht-Befehlen aus Brüssel gehorchen zu müssen.“*[87]
Große Koalition	*„Zwangs-Ehe der beiden Altparteien“*[88]

Mit Gefühls-Sprache können politische Inhalte auf die Ebene persönlicher Beziehungen gehievt werden. Politik wird zum Kampf zwischen FREUND und FEIND.

Muster 24: Bringen Sie Sach-Probleme auf eine persönliche Ebene.

Aus einem Interview in „Die Zeit“ (zur Drohung der Europäischen Union, Österreich zu isolieren): Wie lange kann Österreich, wie lange können Sie das durchhalten?

Haider: *„Zunächst zeigt das nur, welche Feigheit manche an den Tag legen, welche Angst sie haben, sich mit mir vor einer kritischen Öffentlichkeit auseinander zu setzen. Sie wollen nicht, dass unsere Argumente bekannt werden.“* [89]

Komplizierte Sachverhalte werden mit dieser Strategie extrem vereinfacht (Muster 9). Anstelle von Sach-Themen redet Haider von den BÖSEN Charaktereigenschaften der FEINDE (Muster 7 und 18) – im Kontrast zur mutigen Haltung des SUPER-WIR (Muster 13 und 14). Politik wird zu einem Charakter-Drama: die GUTEN müssen sich gegen die BÖSEN wehren (Muster 3) – vergleichbar dem Streit, den ein *„kleiner Mann“* mit seinem heimtückischen Nachbarn hat. Die Gefühls-Übersetzung lässt Politik verständlich werden. Man kann sich mit dem SUPER-WIR identifizieren und ihn in seinem Kampf unterstützen. Gleichzeitig wird der FEIND lächerlich gemacht: *„Die Drohung der einzelnen EU-Länder [...] zeigt, wie hilflos diese Staaten in Wirklichkeit sind.“* [90]

Das Kontrast-Spiel

Als Demagoge können Sie mit Gefühls-Sprache neue Schwarz-Weiß-Bilder ausknobeln. Nützen Sie das GUT-BÖSE-Schema für jedes politische Thema. Wenn Sie dabei DIE (erfundenen) WIR und DIE (erfundenen) ANDEREN richtig anordnen (eine Aufgabe, die nicht allzu schwer sein sollte), dann können Sie Politik restlos in Ihr Welt-Bild übersetzen. Alles kann als Kampf zwischen GUT und BÖSE inszeniert werden. Nützen Sie Polarisierung und Emotionalisierung. Sie sind Ihre stärksten Waffen.

Muster 25: Polarisieren Sie. Erfinden Sie für alles unüberbrückbare Gegensätze.

Sabine Platzer hat 50 Interviews von Haider aus einem Zeitraum von fünf Jahren analysiert. „In allen 50 Interviews fanden sich wenig Argumentationsstränge, die keine Polarisierung aufwiesen. Jörg Haider versteht es, bei Angriffen und Kritik auf die noch schlechtere Gegenseite zu verweisen, seine politischen Vorstellungen ständig kontrastierend denen der politischen Gegner gegenüberzustellen. Gesellschaftliche Gruppen werden gegeneinander ausgespielt. Polarisierungen in Argumentationen dienen bei Haider [...]

- der Aufwertung der eigenen Person und Partei,
- der Abwertung des politischen Gegners und
- der Beschwichtigung von Kritikern."[91]

Gefühls-Check

Sprache, die Gefühle transportiert, ist das eigentliche Werkzeug von Demagogen – und zwar sowohl die gesprochene als auch die Körper-Sprache, die Sprache der Symbole und die Sprache, die in Inszenierungen, Auftritten und Werbe-Kampagnen zum Ausdruck kommt. Demagogie bedeutet nicht, selbst in Emotionen zu versinken. Demagogie bedeutet, die Gefühle anderer zu steuern, Emotionen kalkuliert einzusetzen.

Sie können eine Überprüfung geplanter „Sprüche" in der Form vornehmen, dass Sie Ihre Worte langsam und intensiv vor sich hersagen und dabei erkunden, welche ‚inneren Bilder' z.B. in Form von Erinnerungen und Fantasien – aktiviert werden.

Ein Beispiel: Lesen Sie langsam diesen Satz, Wort für Wort, wie in Zeitlupe:

„Schüssel trägt seine Masche nicht um den Hals, sondern vor dem Hirn. Schüssel betreibt eine Politik des Landesverrates, denn durch die Osterweiterung wird es 800.000 Zuwanderer geben."[92]

Welche ‚inneren' Bilder , welche Gefühle werden geweckt?

Gefühls-Wörter

Sprache besteht aus Worten. Die Basis von Gefühls-Sprache sind Gefühls-Wörter. Demagogen ersinnen neue Begriffe, die direkt auf Gefühle abzielen. Genießen Sie die Aufmerksamkeit, die Sie damit erlangen.

Muster 26: Verwenden Sie suggestive Wort-Kombinationen mit hohem Gefühlswert.

Viele sprachlichen Neuschöpfungen Haiders (Muster 6) kombinieren ein Sach-Wort mit einem Gefühls-Wort.

Sach-Wort	Gefühls-Wort
Partei-	*Bonze*
Parteien-	*Filz*
Posten-	*Schacher*
Staats-	*Zirkus*
Sozial-	*Schmarotzer*

Diese Verbindungen schaffen plastische Bilder. Haider will politische Begriffe mit Gefühls-Momenten besetzen. Die gesamte „Republik" (ein Sach-Wort) wird bei ihm zur *„Gauner-Republik"*: die abstrakte Sphäre des Staates zum Tummelplatz der BÖSEN, zum Kampffeld der FEINDE.

Haider hat mit originellen Wort-Bildern das politische Denken in Österreich schrittweise verändert. „Haider ist Meister dieser Strategie. [...] Virtuos verwendet er suggestive Begriffsverbindungen: *Asylantenstrom und Ausländerflut, Völkerwanderung und Überschwemmung durch Fremde.* Diese Begriffe sind sorgfältig gewählt. Gemeinsam ist ihnen, dass sie Angst auslösen. [...] Den Menschen wird das Gefühl vermittelt, Entsetzliches komme auf sie zu." (Hans-Henning Scharsach)[93]

Gefühls-Sprache und Welt-Bild

Demagogische Sprache will emotionalisieren. Die Zuhörer und Sympathisanten sollen sich DEN WIR zugehörig fühlen, Angst und Hass DEN ANDEREN gegenüber empfinden und sich voller Begeisterung hinter dem SUPER-WIR sammeln. Dazu benötigt man:

- für DIE ANDEREN eine Hass-Sprache, die negative Gefühle hervorruft,
- für DIE WIR und den SUPER-WIR eine Liebes-Sprache, die positive Gefühle weckt.

Gefühls-Sprache ist kein Nebenprodukt demagogischer Politik. Sie basiert kaum auf spontanen „Entgleisungen", die einem Politiker in der Hitze des Gefechtes passieren. Sie ist ein bewusstes und zielgerichtetes Instrument, eine ausgeklügelte Marketing-Strategie. Sie wird fortlaufend verfeinert und in immer neuen Varianten entwickelt. „Neueinsteiger", die politische Ämter übernehmen, lernen diese Sprache durch Nachahmung oder werden gezielt trainiert.

Haider ist seit langem ein Meister von Gefühls-Sprache. Helmut Gruber kommt in einer umfassenden Untersuchung zu folgendem Schluss:[94] „Erstaunlicherweise lassen sich Haiders Sprechstrategien auf 2 Grundmuster zurückführen, die ihrerseits nur wenige unterschiedliche Realisierungsformen haben. Diese Grundmuster sind:

- Dichotomisierung der politischen Diskurswelt (‚Schwarz-Weiß-Malerei')" – mit anderen Worten: eine plakative Trennung DER WIR von DEN ANDEREN.
- „Nutzung performativer Aspekte der Kommunikation (Selbstdarstellung als ‚junger Held')"[95] – mit anderen Worten: die Inszenierung eines heldenhaften SUPER-WIR durch Sprache und Auftritt.

Hass-Sprache

Im demagogischen Welt-Bild sind DIE ANDEREN die BÖSEN. SIE sind verachtenswerte, widerwärtige, verabscheuenswerte etc. Menschen. Verbreiten Sie diese Sicht mit allen Mitteln. DIE ANDEREN dürfen nicht als Menschen mit positiven und negativen Seiten, sondern nur als BÖSE dargestellt werden. DIE ANDEREN sollen wie Wesen von einem anderen Stern erscheinen. Dort herrscht die schwarze Göttin der BOSHEIT. DEN ANDEREN gebührt aller Abscheu, Ekel, Widerwillen, Verachtung, Schimpf und Schande. DEN ANDEREN gilt all Ihr Hass.

Demagogie ist der Einsatz von Hass für politische Zwecke.

Hass kann man in Sprache auf viele Arten bekunden:

- durch Kategorie-Namen. Bezeichnen Sie DIE ANDEREN als gleichartige Masse von BÖSEN: *die Politiker, die Ausländer, die EU, die Linken, die Polen*
- durch Schimpfwörter wie *„Gaunerrepublik“, „ideologisches Gruselkabinett“, „Wirtschaftschaoten“, „Bankrottminister“* [96]
- durch Brandmarken namentlich genannter ANDERER
- durch Tiernamen für DIE ANDEREN wie: *“Schweinejournalismus“* [97], *„Wer sich mit den Hunden ins Bett legt, darf sich nicht wundern, wenn er mit den Flöhen aufwacht.“* [98]

Jeder Demagoge verfügt über einen großen Vorrat an Hass-Sprache. Im Folgenden einige Beispiele aus dem kreativen Fundus von Haider.

Schimpf-Wörter

Muster 27: Erfinden Sie neue Schimpf-Wörter für DIE ANDEREN.

Haider bereichert die politische Sprache seit Jahrzehnten durch die Erfindung immer neuer Schimpf-Wörter:[99]

- *„vom Sondermüllkarrieristen zum Antiquitätenhändler in der ÖVP-Zentrale“*
- *„apokalyptische Geisterreiter“*
- *„Arbeitslosenminister“*
- *„Bankrottminister“*
- *„rot-schwarze Belastungsmaschinerie“*
- *„hemmungsloser Belastungsvandalismus“*
- *„europäische Bettlerrepublik“*
- *„Funktionärsdschungel“*
- *„Operettenstaat“*
- *„orientierungslose Pleitegemeinschaft“*
- *„Parteibuch- und Verpolitisierungskoalition“*
- *„Pensionsstalinist“*
- *„Salondemokrat“*
- *„Verschwendungsminister“*

Die Beispiele stammen aus den Jahren 1987 und 1988. Sie können durch dutzende ähnliche Äußerungen für jedes Jahr, in dem Haider politisch tätig war, ergänzt werden.

Persönliche Angriffe

DIE ANDEREN sind vollkommen andersartige Menschen. Sie bestehen zur Gänze aus BOSHEIT. Haben Sie keine Hemmung, ANDERE persönlich zu attackieren, sie als Menschen insgesamt (und nicht nur in ihrer Rolle, z.B. als Politiker) herabzusetzen. Machen Sie ANDERE nieder!

Muster 28: Führen Sie persönliche Angriffe auf namentlich genannte ANDERE.

Haider beschimpft regelmäßig Personen, die gegen seine Politik auftreten oder die er als FEIND begreift.

- *„Der FPÖ-Obmann sprach von einigen ‚journalistischen roten Partisanen im ORF-Untergrund', wie etwa einen Herrn Broukal oder auch ein Herr Brandstätter, die keine Gelegenheit ausließen, gegen die FPÖ zu manipulieren oder sie überhaupt zu verschweigen."* [100]
- *„Nach den Vertragsbrüchen kann Zernatto öffentlich als Lügner und Mann, der keine Ehre hat, bezeichnet werden."* [101]
- Der frühere Bundeskanzler Vranitzky war ein *„Austrofaschist im Nadelstreif"* [102], er *„habe sich aufgrund seiner krankhaften Ausgrenzungsneurose gegenüber der FPÖ zeitweise überhaupt nicht mehr im Griff."* [103]
- Frischenschlager gehört zum *„Diebsgesindel und Lügenpack"* um Heide Schmidt.[104]
- Erhard Busek ist ein *„Koalitionstrottel"* [105] und *„geistiger Irrläufer"* [106] an der Spitze eines *„politischen Bestattungsinstituts"*.[107]
- Im Wahlkampf zum Wiener Gemeinderat plakatierte die FPÖ im Oktober 1995: *„Lieben Sie Scholten, Jelinek, Peymann, Pasterk – oder die Kunst und Kultur? Freiheit der Kunst statt sozialistische Staatskünstler"*.

1997 eröffnete Haider den oberösterreichischen Wahlkampf im Linzer Design Center mit Angriffen auf:

- Landeshauptmann Pühringer: *„Der schaut auf den Plakaten aus wie ein Hausierer mit schlechtem Gewissen"*, *„Wenn man Religionslehrer studiert hat* [Pühringer war einmal Religionslehrer], *ist man deshalb lange noch nicht anständig"*.
- EU-Agrarkommissär Fischler, ein *„Judas aus Tirol"*.
- VP-Chef Schüssel, der eher als *„Stallbursche denn als Vizekanzler"* qualifiziert sei.

„... leider bedienen sich höchste Funktionäre dieser Partei [der FPÖ] nach wie vor einer Sprache, die sie für jedes politische Amt disqualifiziert." (Bundespräsident Klestil, wenige Tage vor Bildung der ÖVP-FPÖ-Regierung).[109]

Hohn und Spott für DIE ANDEREN

Wirkungsvolle persönliche Angriffe zielen auf den Namen oder körperliche Besonderheiten einer Person.

Muster 29: Schmähen Sie den Namen Ihres FEINDES.

Finanzminister Ferdinand Lacina wird zu *„Ferdinand der Ahnungslose“*, *„Ferdinand der Sparstrumpfplünderer“*, *„Ferdinand mit der leeren Tasche“*.[110] SPÖ-Chef Gusenbauer wird zu *„Gruselbauer“*.[111]

Muster 30: Verspotten Sie körperliche Merkmale Ihrer FEINDE.

„Der Wiener Bürgermeister, ein renitenter Alt-Sechziger, wenn man ihn so reden hört, der das Problem hat, dass mit der rapiden Zunahme seines Körpergewichtes die geistige Reife nicht mithalten konnte.“[112]

„Wenn ich mir den Lech Walesa anschau, der ja, seit er Präsident ist, mehr breit als hoch geworden ist, dann ist das symbolisch für diese Denkensart, die dort herrscht.“[113]

DIE ANDEREN sind wie Tiere

DIE ANDEREN sind nicht, wie Menschen sein sollten. Man kann sie als Tiere denken.

Muster 31: Bezeichnen Sie DIE ANDEREN als Tiere.

„Es geht um die Schweine, die wir aus den Ställen ausmisten wollen.“[114] Josef Cap, damals Zentralsekretär der SPÖ, ist ein *„Hündchen [...] er pinkelt uns an. An sein Gekläffe haben wir uns schon gewöhnt. Die Frage ist nur, wann er hundesteuerpflichtig wird.“*[115]

Schritte zur Verfestigung von Hass[116]

Werner Kallmeyer vom Institut für deutsche Sprache (Mannheim) hat in einer zehnjährigen Studie untersucht, wie soziale Ausgrenzung durch Sprache verfestigt wird. Derartige Gespräche laufen nach einem ähnlichen Muster ab:

1. Ein Vorurteil wird geäußert (*„Polen sind faul“*).
2. Andere Mitglieder der Gruppe stimmen zu und berichten von eigenen „Erfahrungen“. Reihenweise werden Vorurteile aufgezählt (polnische Wirtschaft). Und: „Jetzt reden die Leute eng verzahnt. Das ist die eigentliche Identitätsarbeit der Gruppe.“
3. Als nächste Stufe folgt der Erklärungsversuch, warum die Polen so sind.
4. Dann kommen Forderungen: *„Die sollen sich von uns was abgucken.“*

Jeder zaghafte Einwand wird niedergeschmettert: „Trotzdem – wir Deutschen machen so was nicht“. DIE WIR und DIE ANDEREN werden in solchen Gesprächen immer in krassen Gegensätzen geschildert – und DIE WIR sind immer die Opfer.

Muster 32: DIE WIR und DIE ANDEREN ohne jede weitere Unterscheidung.

Sagen Sie: <u>die</u> Politiker, <u>die</u> Sozialschmarotzer, <u>die</u> Linken, <u>die</u> Österreicher, <u>die</u> EU, ...

„Ich war bei Freunden in Namibia, dem ehemaligen Deutsch-Südwestafrika, mit meiner Familie zusammen, weil ich ein bisschen erproben wollte, wie das Zusammenleben mit den Schwarzen so ist, wenn sie die Mehrheit haben. Mit den Schwarzen ist das wirklich so ein Problem. Selbst dort, wo sie die Mehrheit haben, bringen sie nichts zusammen. Da ist einfach wirklich Hopfen und Malz verloren.“[117]

Hass schüren

Altbewährte Methoden sind:

- Regen Sie Gewalt-Fantasien DEN ANDEREN gegenüber an.
- Drohen Sie DEN ANDEREN.
- Zeigen Sie kein Mitleid, wenn DEN ANDEREN etwas Schlimmes zugestoßen ist.
- Unterstellen Sie DEN ANDEREN nur BÖSE Motive.
- Behaupten Sie, DIE ANDEREN wollten DIE WIR vernichten.
- Unterschieben Sie DEN ANDEREN jedes Verbrechen.

Gewalt-Sprache

Begriffe, Bilder, Szenen, die von Gewalt handeln oder unterschwellig Gewalt ansprechen, sind hervorragend geeignet, Hass zu wecken und zu verstärken. Dies gilt sowohl für Gewalt, die DIE ANDEREN an DEN WIR ausüben, als auch für Gewalt, die DIE WIR von DEN ANDEREN erleiden müssen.

Muster 33: Regen Sie Gewalt-Fantasien in Bezug auf DIE ANDEREN an.

Haiders Sprache ist von Gewalt durchtränkt. Er spricht von den *„Zwangskammern“* [118] mit *„Zwangsmitgliedschaften“* und *„Zwangsbeiträgen“*. Für Haider ist *„dieses verfilzte politische System“* schon *„längst sturmreif.“* [119] Er will Österreich *„vom Schutt der Altparteien“* befreien und *„von oben nach unten politisch [...] säubern“*. [120] *„Wir deportieren jeden Bonzen!“* [121] *„Wir werden in erster Linie einmal ausmisten in dem Land.“* [122]

Politik ist Kampf: *„Wir wollen die rot-schwarzen Zwingburgen stürmen, die Zugbrücken herunterlassen und die Menschen in die Burg holen. Von den Zinnen soll endlich wieder die blaue*

Fahne der Freiheit wehen".[123] Es geht gegen die *„roten und schwarzen Filzläuse, die mit Blausäure bekämpft werden sollten".*[124]

Demonstranten sind für Haider eine *„Jagdgesellschaft",*[125] ein kritischer Moderator der *„Führer eines Exekutionskommandos".*[126] Politiker anderer Parteien sind *„Brandstifter",*[127] *„ärger als die Mafia",*[128] *„Glaubenskrieger und Kreuzritter gegen die FPÖ".*[129] Sie betreiben den *„größten Psychoterror in der Geschichte der zweiten Republik".*[130] Ihre Stellungnahmen gegen das von der FPÖ geführte Ausländervolksbegehren ist eine *„politische Hexenjagd auf aufrechte Demokraten"*[131] – Methoden, wie sie eben für DIE ANDEREN üblich sind!

Parallelen

„Haider ist ein Gewalttäter der Sprache. In seinen Reden lassen sich deutliche Parallelen zum Sprachschatz des Dritten Reiches nachweisen." (Hans-Henning Scharsach.)[132]

Der Salzburger Zeithistoriker Ernst Hanisch hat in einem Gutachten für das Kreisgericht Krems (29.9.1991) nachgewiesen, dass die Haider-Äußerung von den *„politischen Kettenhunden"* des *„Herrn Ludwig"* (gemeint war der niederösterreichische Landeshauptmann Siegfried Ludwig) „den sprachlichen Methoden der alten Nazi" entspricht.[133]

Gewalt erfinden

Gewalt ist eine faszinierende Sache. Verbrechen genießen hohe Aufmerksamkeit. Befriedigen Sie dieses Bedürfnis. Erfinden Sie Gewalt-Taten. Bauschen Sie Ereignisse erbarmungslos auf. Übertreiben Sie „gewaltig"!

Muster 34: Erfinden Sie gewalttätige Ereignisse.

Im Präsidialwahlkampf 1992 wurde ein leerer Zuckerstreuer gegen die FPÖ-Kandidatin Heide Schmidt geworfen. Er verfehlte sein Ziel. Haider verwandelte ihn zu einem *„Sprengsatz [...] mit einem Sprengmittel, einer Zündschnur, die nur durch die Entfernung des Wurfes, weil schlecht gezündet war, ausgegangen ist"*.

Kein *„Sprengstoffanschlag"* ohne Täter! Haider wusste auch, wer der FEIND ist. Der *„Sprengsatz"* sei von einem jener Demonstranten geworfen worden, die *„dort von der Gewerkschaft mit hundertfünfzig Schilling bezahlt wurden, damit sie gegen uns demonstrieren, lauter so halbseidenes Gesindel, das dahergekommen ist"*.[134] (Wie viele freie Erfindungen sind in diesem Satz enthalten?)

Variante

Bezeichnen Sie die Aktionen der FEINDE als Vorboten künftiger Gewalt-Taten. Auch reine Vermutungen und unbekannte Täter sind hervorragend geeignet. „Die FPÖ Donaustadt klagt über mehrmalige Sachbeschädigungen. Nach Schmierereien auf Fenstern und Fassaden des ‚Bärentreff XXII' in der Nacht auf Mittwoch wird ein politischer Hintergrund vermutet. Bezirksparteichef Martin Graf zufolge ist es *‚eine Frage der Zeit, bis die ersten Brandbomben geworfen werden'*."[135]

Angst machen

DIE ANDEREN bedrohen UNS. Dauernd machen sie UNS Angst. WIR sind IHRE Opfer. WIR müssen uns gegen SIE wehren. Deshalb ist es angebracht, den Spieß umzudrehen und DEN ANDEREN auch zu drohen.

Drohungen an DIE ANDEREN sind ein Akt von Notwehr. Lassen Sie sich nichts gefallen. Versetzen Sie DIE ANDEREN in Angst und Schrecken.

Muster 35: Drohen Sie DEN ANDEREN.

- Zu einem Redakteur einer SP-Zeitung: *„Noch bin ich nicht Bundeskanzler, noch überlebt ihr, aber dann sperr' ich euch zu".*[136] *„Wenn er einmal etwas zu reden habe"*, so Haider wörtlich, werde er schon dafür sorgen, dass in den Redaktionen *„in Zukunft weniger gelogen"* und über Ereignisse wie das Volksbegehren mehr *„Wahrheit"* transportiert würde.[137]
- *„Und ich sage ganz offen, jenen, die die Volksgruppe nur als Vehikel für ihre radikalen Ideologien und ihren extremistischen Wanderzirkus missbrauchen wollen oder unter dem Deckmantel der Universität und Wissenschaft oder sonstiger Institutionen Zwietracht zwischen Mehrheit und Minderheit bringen wollen, werden wir das Handwerk legen."*[138]
- Zu Zwischenrufen einer Wahlveranstaltung: *„Die, die da hinten schreien, werden – wenn ich etwas zu sagen habe – ihre Luft noch brauchen. Zum Arbeiten!"*[139]

Haiders Drohungen animieren seine Gefolgsleute, es ihm gleichzumachen.

- FPÖ-Abgeordneter Holger Bauer an eine Abgeordnete der Grünen im österreichischen Parlament: *„Schauen Sie, dass Sie keine Briefbombe ins Haus bekommen!"*[140]
- Peter Müller, FPÖ-Bürgermeisterkandidat in Bad St. Leonhard (Kärnten) zur Zeitschrift „Trend": *„Dem Simon Wiesenthal hab' ich gesagt: Wir bauen schon wieder Öfen, aber nicht für Sie, Herr Wiesenthal – Sie haben in Jörgl seiner Pfeife Platz."*[141]

Drohung und Begnadigung

Eine interessante Variante ist der überraschende Wechsel von Bedrohung und Begnadigung. Das Publikum, das vorher von der Bedrohung fasziniert oder verängstigt war, atmet erleichtert auf. Auch zufällige Begegnungen mit einem FEIND können für scheinbare Begnadigungen genützt werden. Geben Sie dem FEIND freundlich die Hand und posaunen Sie hinaus, sie hätten sich wieder versöhnt – wie dies Haider mit dem von ihm als *„Fäkalkünster"* beschimpften Cornelius Kolig gemacht hat.[142]

Keine falschen Gefühle!

Sprechen Sie keine Gefühle an, die dem Welt-Bild widersprechen: zu DEN WIR niemals negative, zu DEN ANDEREN niemals positive Gefühle!

Zeigen Sie kein Verständnis für DIE ANDEREN. Sprechen Sie niemals davon, wie schwer es *„fleißige und tüchtige kleine Leute"* aus dem Ausland bei uns haben. Diese Regel gilt auch für extreme Fälle. Angenommen, einer von DEN ANDEREN wird ermordet. In diesem Fall ist es nicht angezeigt, Mitleid zu zeigen. Mit-Leid ist eine positive Gefühls-Verbindung mit DEN ANDEREN. Das widerspricht Ihrem Welt-Bild. Als Demagoge wissen Sie um die Gefährlichkeit einer solchen Aktion. Sie bleiben hart – oder noch besser: Sie machen aus dem Opfer einen Täter, dem (zu Recht!) negative Gefühle gebühren.

Muster 36: Kein Mitleid mit DEN ANDEREN.

Haider spricht über Menschen, die durch das NS-Regime verfolgt, gequält und ermordet wurden, meist sachlich und kühl – „eine permanente Provokation gegenüber dem Leiden durch Kälte."[143] (vgl. auch Muster 39).

Das „größte politische Verbrechen der Zweiten Republik" (Josef Haslinger)[144] war die Ermordung von vier österreichischen Roma am 4.2.1995 durch eine Rohrbombe. Haider spricht anfangs bedauernd von *„vier Landsleuten"*,[145] leugnet jedoch bald einen Zusammenhang mit der Briefbombenserie (für die später der rechtsradikale Franz Fuchs verurteilt wurde). Jetzt verbreitet er sich über *„Aktivitäten des jugoslawischen Geheimdienstes"*, ein *„Netzwerk aus altkommunistischen Staaten mit der Neonaziszene"*.[146] Im April 1995 werden Linksextreme verdächtigt und die FPÖ als Opfer dargestellt: *„Briefbomben, Rohrbomben, die Bomben von Oberwart und Stinatz: Motive und Täter bleiben erschreckend rätselhaft. Schuldzuweisungen an Rechtsextremisten, die durch die erfolgreiche Mitte-Rechts-Politik der Freiheitlichen ermutigt worden seien, waren hingegen eindeutig. Obwohl für jeden unvoreingenommenen Beobachter ebenso eindeutig sein musste, dass die Freiheitlichen nur politische Opfer, niemals aber politische Gewinner dieser Verbrechen sein konnten"*.[147]

Im Sommer 1995 findet die schleichende Opfer-Täter-Umkehr ihr Ende: *„Die Ursache dieser Bombe kann aber durchaus in der reinen Kriminalität liegen – Waffenschieberei, Autoschmuggel, Rauschgift."* [148] Der Anschluss an das Welt-Bild ist wiederhergestellt: Roma sind ohne Zweifel ANDERE. DIE ANDEREN können keine Opfer sein. Opfer sind nur DIE WIR. Die Roma sind als Gruppe suspekt, weil sie der erfundenen Gruppe DER ANDEREN zuzuordnen sind. ANDERE sind immer verdächtig – selbst wenn einzelne von ihnen ermordet wurden.

Auch im Fall Omofuma praktiziert Haider eine perfekte Opfer-Täter-Umkehr (Der Nigerianer war nach Österreich geflohen und wurde von dort nach Rumänien abgeschoben. Er starb auf dem Flug nach Sofia, bewacht von zwei österreichischen Polizisten, die ihn an seinem Sitz festgegurtet und den Mund mit Klebebändern verschlossen hatten.) Haider nannte Omofuma nach seinem Tod mehrmals einen *„Drogendealer"* und *„Mörder unserer Kinder"*. Anhaltspunkte dazu wurden nicht geliefert. Im Interview mit der Zeitschrift „Falter“ ausdrücklich darauf angesprochen, bestätigt Haider: Die *„Opfer“* sind in diesem Fall UNSERE Kinder. Haider warnt, *„Krokodilstränen für einen [...] abgeschobenen Drogendealer“* zu vergießen. *„Tatsache ist, dass er offenbar aus dem ganzen Drogenhändlerbereich stammt.“* [149]

DIE ANDEREN sind nur BÖSE

Muster 37: Unterstellen Sie DEN ANDEREN immer schlechte Motive.

Haider unterstellt seinen FEINDEN konsequent miese Absichten. Die SPÖ-ÖVP-Koalition wurde andauernd mit *„Parteibuchwirtschaft“*, *„Postenschacher“*, *„Misswirtschaft“*, *„Privilegien“* in Verbindung gebracht. Die *„ÖVP beweist einmal mehr ihre Käuflichkeit. Wofür steht diese ÖVP eigentlich noch?“* [150] Auffallend ist der ständige Hinweis auf monetäre Motive. Zu der großen Demonstration am 19.2.2000 habe die Gewerkschaft *„minderjährige Lehrlinge“* mit Geld nach Wien gelockt, *„um dort Wirbel zu machen“*. Das wisse er *„aus bestätigten Quellen“*, die natürlich nicht genannt werden (Muster 51).[151]

„Haider kennt keine Motive, ohne nach den machtvermehrenden Möglichkeiten zu fragen. Nach diesem Prinzip beurteilt er auch andere. Haider klagt seine Generation (*‚die 68er‘*) eines *‚nihilistischen Liberalismus‘* an. Sie habe die Bildungsstätten des Landes erobert, um *‚ihr ideologisches Bedürfnis zu befriedigen und an der Nachkommenschaft Gehirnwäsche‘* zu betreiben. Auch *‚im Sektor des Wissenschaftsbetriebes‘*, wie Haider das nennt, spielt diese Generation die Rolle einer *‚neuzeitlichen Inquisition‘*. Sie habe sich *‚eingenistet, ja fettgefressen im politischen System‘*“ (Christa Zöchling).[152]

DIE ANDEREN agieren laut Haider aus *„blindem Hass“*.[153]

Sie sind *„bereit [...] das Klima zwischen den Parteien durch Hasstiraden und Aggressionen zu verschlechtern".*[154] Sie sind *„brutal", „charakterlos", „doppelbödig", „dumm", „ehrlos", „gierig", „herzlos", „heuchlerisch", „mies", „korrupt", „moralisch fragwürdig", „schamlose Opportunisten", „in höchstem Maße unehrlich", „unredlich" und „verantwortungslos".*[155]

„Der freiheitliche Bundesparteiobmann [...] zeigte sich heute zutiefst angewidert über die dunklen Machenschaften seiner politischen Gegner"[156] – für Haider anscheinend ein Dauerzustand.

DIE ANDEREN begehen jedes Verbrechen

Bleiben Sie nicht auf halbem Wege stehen. Wenn DIE ANDEREN ausschließlich BÖSE sind, dann ist es logisch, dass sie jedes Verbrechen begehen werden.

Muster 38: Unterstellen Sie DEN ANDEREN jedes Verbrechen.

Haider spricht im Zusammenhang mit DEN ANDEREN von:

- Massenmord: *„Der sozialistischen Moralität folgen hieße, einen großen Teil der Menschheit vernichten und den Rest in Verarmung stürzen."*[157]
- Krieg: *„totalen Krieg"*[158], *„politischen Bürgerkrieg".*[159]
- Vernichtung: *„jene von Rot und Schwarz, die mich vernichten wollten."*[160]
- Lynchjustiz: *„Gemeinsam gründete man die Aktion ‚SOS-Mitmensch', die ein ‚Lichtermeer' veranstaltete. Unter dem Slogan ‚Anständigkeit zuerst' gab man zu verstehen, wer das Volksbegehren unterschriebe, sei ‚unanständig'. ‚Bringt die Nazis her, heut brennen sie im Lichtermeer', lautete der türkische Schlachtruf von Teilnehmern am Lichtermeer in Wien."*[161]

Haider unterstellt seinen politischen FEINDEN *„Hexenjagd", „Terrormethoden", „Kriminalisierung", „Erpressung", „Vergewal-*

tigung", „sexuelle Perversionen", „Gehirnwäsche", „politische Prostitution" – und so fort.[162]

Diese Liste kann man beliebig verlängern. Sie umfasst fast alle denkbaren Verbrechen. Haiders „‚Hasstiraden' sind nicht nur Inszenierung, sie kommen, schon wegen der Eindringlichkeit in der Wiederholung, aus seinem tiefsten Inneren." (Hubertus Czernin)[163]

Beobachtungs-Training

Sehen Sie Haider in die Augen, und zwar genau in dem Augenblick, wenn seine Anhänger über den jüngsten Spruch johlen: Die Zuhörer toben – ER bleibt cool.

Gefühls-Management erfordert nicht, selbst in Gefühle zu versinken. Ein beeindruckender Schauspieler kann glaubhaft Leidenschaft zeigen, ohne von ihr beherrscht zu werden. Ein umjubelter Gefühls-Manager putscht die Gefühle anderer auf, verliert aber dabei die Kontrolle über die eigenen Gefühle nicht.

Sach-Sprache

Hass-Sprache gebührt nur DEN ANDEREN. Sie hat keine Berechtigung für DIE WIR. „Unangenehme Dinge" bei DEN WIR sind in kühler Sach-Sprache abzuhandeln.

Muster 39: Kommentieren Sie „Unerfreuliches" für DIE WIR in nüchterner Sach-Sprache.

Profil: Was würde denn ein Dr. Haider einem jungen Israeli über die Schuld der Väter [...] erzählen?

Haider: *Ich glaube, dass man von den Versuchen, mit der Kollektivschuld-These zu operieren, Abstand nehmen sollte.*

Profil: Ich wollte eigentlich nicht hören, wovon man Abstand nehmen sollte, sondern was Sie sagen würden.

Haider: *Für mich hat es eine Ära gegeben, in der es zu kriegerischen Auseinandersetzung gekommen ist, in die unsere Väter verwickelt waren. Und gleichzeitig hat es im Rahmen des NS-Regimes Vorgänge gegeben, die nicht zu akzeptieren sind. An denen waren aber keine Familienmitglieder von mir beteiligt.*

Profil: Höre ich richtig: „Vorgänge". Was nennen Sie Vorgänge?

Haider: *Na ja, es waren Aktivitäten und Maßnahmen gegen Bevölkerungsgruppen, die eklatante Verstöße gegen die Menschenrechte waren.*

Profil: Haben Sie Schwierigkeiten, von Vergasungen und Massenmord zu sprechen?

Haider: *Wenn Sie wollen, dann war es halt Massenmord.*

Profil: Würden Sie das auch so bezeichnen?

Haider: *Es ist ja nachgewiesen, dass es so etwas gegeben hat.*

Profil: War die NS-Diktatur eine wie jede andere?

Haider: *Ich glaube, dass man graduelle Unterschiede bei totalitären Systemen nicht machen soll. Sie sind insgesamt abzulehnen.*

Profil: Die Naziherrschaft hat sich durch nichts von den anderen Diktaturen unterschieden?

Haider: *Es ist nicht meine Aufgabe zu prüfen, ob Diktaturen anderswo humaner sind.*

Profil: Die NS-Diktatur war die inhumanste?

Haider: *Diese Wertung haben Sie vorgenommen. Ich werte nicht.*[164]

Die Pointe ist klar: Kein negatives Gefühl für DIE WIR – zu denen Haider pauschal *„unsere Väter und Großväter"* zählt.[165]

Verteidigung des SUPER-WIR

Diese Logik gilt in vermehrter Weise für den SUPER-WIR selbst, die Verkörperung der GUTHEIT der WIR:

Muster 40: Verteidigen Sie die Hass-Sprache des SUPER-WIR mit Sach-Sprache.

Die FPÖ hat mittlerweile dieses Muster perfektioniert. Auf Fragen nach den jüngsten Beschimpfungen von Haider wird routiniert in einer Sach-Sprache von der Art von Bürokraten oder Wissenschaftlern geantwortet.

Die Zeitschrift „News“: „Haider möchte, dass der Paragraph 248 – also Haft – auf den SP-Vorsitzenden Gusenbauer angewendet wird. Unterstützen Sie ihn?“

Riess-Passer: *„Die Diskussion über den Eid von Volksvertretern ist wichtig. Wozu gibt es einen Eid, wenn er ohne Konsequenzen bleibt? Ich halte das im Gesamtzusammenhang für überlegenswert.“* [166]

Liebes-Sprache

Das Gegenteil von Hass-Sprache ist Liebes-Sprache. Sie gebührt DEN WIR und in noch höherem Maße – dem SUPER-WIR.

Muster 41: Reden Sie von DEN WIR in Liebes-Sprache.

Liebes-Sprache hat viele Erscheinungsformen, z.B.:

- Loben SIE DIE WIR. Bezeichnen Sie sie als *„anständig“, „tüchtig“, „ehrlich“ „brav“* etc.
- Unterstellen Sie DEN WIR nur edle Motive. Reden Sie vom *„bildungswilligen Aufsteiger, für den persönliche Leistung im Vordergrund steht.“*

- Zeigen Sie Verständnis für DEREN Sorgen. Sprechen Sie Ihre Ängste an. Haben Sie Mit-Gefühl mit DEN WIR .
- Bemitleiden Sie DIE WIR. Sie sind unschuldige Opfer DER ANDEREN. Schüren Sie Neid auf die *„Privilegien"* der *„Sozialschmarotzer"*.
- Horchen Sie in das Volk hinein. Sprechen Sie alle Vorurteile, Schuldzuweisungen, Geschichts-Legenden an, die in Ihr Welt-Bild passen. Alles ist Wasser auf Ihre Mühlen.
- Versprechen Sie IHNEN eine glänzende Zukunft, sollten Sie an die Macht kommen. Bleiben Sie dabei vage. Es geht nicht um konkrete Sach-Probleme und deren Lösung, sondern darum, eine Sehnsucht anzusprechen.

Verliebte Fans

Haider verpackt seine Hass- und Liebes-Tiraden in perfekt inszenierte Shows. Haider ist ein begnadeter Showman. Er war in seiner Jugend als Schauspieler tätig und hat davon geträumt, diese Karriere einzuschlagen.[167] Als begabter Schau-Spieler schafft er es, „den Eindruck [zu] erwecken, als würde ihm das, was in Wahrheit ausgeklügelt [ist], gerade erst einfallen."[168] Haider verwendet Elemente moderner professioneller Unterhaltung. Er spricht auch ein jugendliches Publikum an, das Fun und Action schätzt.

Haider inszeniert sich wie ein Popstar. Er kann sein Publikum begeistern. Die Fans fühlen sich von ihm „angetörnt". Haider-Fans, die nach Veranstaltungen interviewt werden, sind „wie in Trance". Sie erinnern sich nicht an die Inhalte oder an das politische Programm, das sie eben gehört haben, aber sie finden Haider „super" – so als ob sie von ihm hypnotisiert worden wären.[169]

Der Kern der Haider-Fans fühlt sich von Haider verzaubert, als ob sie in Liebe entbrannt wären. Ein verliebter Fan bestätigt das demagogische Welt-Bild in extremer Weise. Er sieht in Haider nicht einen realen Menschen, sondern eine Fiktion – einen Über-Menschen. Ein entzückter Verehrer ist der Wirklichkeit entrückt. Er ist unfähig, Haider zu kritisieren oder seine Aktionen zu hinterfragen. Verliebtheit macht bekanntlich blind. „Das macht lange Zeit immun gegen negative Botschaften. Deshalb kann man einen echten Haider-Fan, ob Mann oder Frau, mit Wirtschaftsdaten, Widersprüchen oder Skandalen auch schwer erschüttern" (der Sozialpsychologe Klaus Ottomeyer).[170]

Historisches Beispiel

Demagogische Hass- und Liebes-Sprache kann neue Schichten für Politik begeistern. Dies kann dann gelingen, wenn ein politisches System erstarrt ist (wie das in Österreich ja der Fall und was einer der Erfolgsfaktoren Haiders ist) oder wenn sich die politische Basis verbreitert (wie beim schrittweise eingeführten allgemeinen Wahlrecht Ende des 19. und Anfang des 20. Jahrhunderts). Einer der erfolgreichsten Demagogen des zuletzt genannten Kapitels österreichischer Geschichte war Karl Lueger, 1897 bis 1910 Bürgermeister von Wien.[171] Lueger predigte gegen *„die Reichen da oben"*, *„den Pöbel da unten"*, die *„Ungläubigen"* und die *„Fremden, die uns die Frauen, Wohnungen, Arbeit [...] abnehmen."* Er appellierte bewusst an Gefühle und Instinkte, nicht an die Vernunft und den kritischen Verstand. Hugo von Hofmannsthal prägte für diese Zeit das Wort: „Politik ist Magie. Welcher die Massen aufzurufen weiß, dem gehorchen sie."[172]

Spätestens ab 1887 ist Lueger glühender Antisemit. Er tritt in den Verein „Die Antisemiten" ein und übernimmt bald die Führung. 1893 gibt sich die Gruppe offiziell den Namen „Christlichsoziale Partei" (behält aber intern die alte Bezeichnung bei). Die Christlichsozialen (die Vorläufer der heutigen ÖVP) sahen ihre politische Hauptaufgabe darin, die *„Macht* *der Juden"* zurückzudrängen. Lueger konzentriert alle FEIND-Bilder auf *„die Juden"*. Er propagiert für Wien, damals die sechstgrößte Stadt der Welt, die Parole *„Groß-Wien darf nicht Groß-Jerusalem werden"*. (Mehr als ein Jahrhundert später plakatiert die FPÖ *„Wien darf nicht Chicago werden."*)

Es gibt viele Parallelen Lueger – Haider. So sind etwa beide studierte Juristen – Lueger wird in Wien als Anwalt der von ihm sogenannten *„kleinen Leute"* berühmt, denen er wortgewaltig gegen *„die Großen"* beisteht.[173] Lueger versteht es, dem *„Volk von Wien"* Selbstbewusstsein gegen die FEINDE einzuimpfen. Auch Lueger ist ein gefeierter Redner mit einer suggestiven Ausstrahlung.[174]

Lueger und Hitler

Lueger – daran soll doch erinnert sein – war ein Vorbild für Hitler – nicht in seiner Ideologie, sondern in seinen Methoden. Hitler besuchte die Massen-Shows von Lueger und studierte genau, was hier ablief. „Der Anstoß für Hitlers intensive Beschäftigung mit dem Typ des Volkstribunen", schreibt die Historikerin Brigitte Hamann, „und den strategisch besten Mitteln, um Massen zu fanatisieren und zu Gefühlsräuschen zu bringen, kam zweifellos vom persönlichen Erlebnis der Reden Luegers. [...] Die Anziehungskraft, die Lueger auf Hitler ausübte, liegt eindeutig in seiner speziellen Wirkung auf ein Massenpublikum. Immer wieder kam Hitler später auf das Beispiel Luegers zurück, wenn er sich mit Problemen der Massensuggestion und -fanatisierung beschäftigte oder sich über den Wert politischer Propaganda verbreitete. An Luegers Beispiel erörtert er in MEIN KAMPF den politischen Wert der *Gewalt der Rede*, schreibt über die Zauberkraft des gesprochenen Wortes und – enthüllend genug – über *die Brandfackel des unter die Massen geschleuderten Wortes.*"[175]

Anleitung zum richtigen Sprach-Gebrauch

Die Abbildung fasst zusammen, wie ein Demagoge Sprache für seine Zwecke einsetzen soll. Die vertikale Achse symbolisiert die Gefühls-Intensität von Sprache. Die Skala reicht von Gefühls-Sprache (Sprache, die direkte Gefühle transportiert) über eine neutrale Sprache (wie sie im Alltag üblich ist) bis zu einer Sach-Sprache, die nüchtern, trocken und ohne (großen) Gefühls-Momente ist.

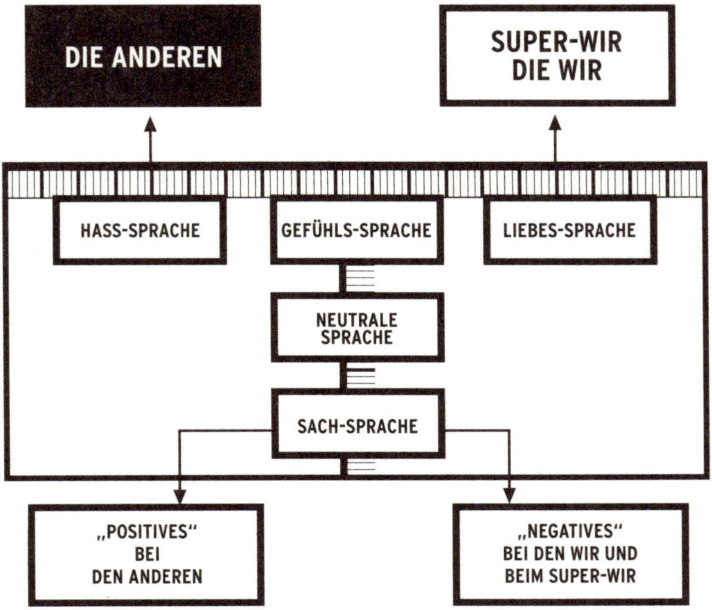

Die horizontale Achse stellt den positiven und negativen Inhalt von Gefühls-Sprache dar. Die Pole sind Liebes-Sprache (starke positive Gefühle) auf der einen und Hass-Sprache (starke negative Gefühle) auf der anderen Seite.

- Gefühls-Sprache dient zur Propaganda des Welt-Bildes:
  - Liebes-Sprache für DIE WIR und den SUPER-WIR,
  - Hass-Sprache für DIE ANDEREN
- Sach-Sprache dient für Inhalte, die dem Welt-Bild widersprechen, oder
  - für Antwort auf Kritiken, die „unerfreuliche" Dinge bei DEN WIR und beim SUPER-WIR betreffen (z.B. jemand beschwert sich über die letzte Hetze des SUPER-WIR, Muster 40);
  - für Dementis, zu denen man (widerstrebend) gezwungen wird;
  - für „Erfolge" DER ANDEREN, die (notgedrungen) anzuerkennen sind.

Umdeuten

Sprache im Dienste des demagogischen Welt-Bildes presst die bunte Wirklichkeit in ein starres Schwarz-Weiß-Schema. Die Welt wird umgedeutet:[176]

- Begriffe werden umgedeutet, ihnen wird eine andere Bedeutung gegeben.
- Der Betrachtungs-Rahmen (der Kontext) wird verändert: Ereignissen wird ein anderer Rahmen verpasst.

Beide Varianten sind eng verbunden. In der ersten Variante wird einem Begriff eine völlig andere Bedeutung gegeben.

Muster 42: Geben Sie herkömmlichen politischen Begriffen eine neue Bedeutung.

Zum Beispiel:

- Die Forderung für eine 5-Tage-Woche im Fremdenverkehr (eine Branche mit bekannt schlechten Arbeitsbedingungen für die Beschäftigten) ist für Haider ein Diktat, das die Gewerkschaften den *„Tüchtigen"* und *„Fleißigen"* auferlegt haben[177] – Arbeitsbedingungen zu verbessern bedeutet, die Tüchtigen zu knebeln.

- Mindestlöhne und Mindestpensionen sind ein Unsinn wie die Forderung nach einer *„Mindestgröße von 1,80m"* oder einer *„Mindestlebensdauer von 80 Jahren"*.[178]
- Eine ethnische Minderheit zu fördern bedeutet, die Mehrheit zu diskriminieren.[179] *„Denn es ist sicherlich Apartheid, wenn es in Kärnten ein Schülerheim gibt, in dem nur slowenische Schüler und Lehrlinge einen Platz finden, und es ist sicherlich Apartheid, wenn man neben einer landwirtschaftlichen Genossenschaftsorganisation für alle Bauern in Kärnten eine eigene slowenische Genossenschaftsorganisation aufzieht."*[180]
- Das Ausländer-Volksbegehren 1993 war deshalb ein Misserfolg, weil alle Parteien und der ORF *„den größten Psychoterror in der Geschichte der Zweiten Republik"* ausgeübt haben – Volksentscheide zu verlieren bedeutet, dem Terror DER ANDEREN zu erliegen.

Sich hinter den Wählern verstecken

Wenn Haider und die FPÖ kritisiert werden, wird oft folgende Taktik des Umdeutens angewendet:

Frage: „Sie sind sich bewusst, dass Sie als Ziehvater des rechten Terrors dastehen?"

Antwort: *„Ja, mein Gott, die Österreicher werden die entsprechende Antwort drauf geben, die lassen sich das sicher nicht gefallen."*[182]

Die Frage nach seiner Person wird von Haider auf seine Wähler umgelegt. Kritik an ihm ist eine Kritik an seinen Wählern.

Den Betrachtungs-Rahmen ändern

In der zweiten Variante wird ein Ereignis in einen anderen Zusammenhang gestellt. Es bekommt hier eine neue Bedeutung (vgl. auch Muster 89). Ein geschickter Demagoge löst alle politischen Probleme aus ihrem ursprünglichen Zusammenhang und stellt sie in sein erfundenes Welt-Bild:

- Politiker sind *Privilegienritter.*
- Arbeitslose sind *Sozialschmarotzer.*
- Das Sozialsystem ist *Verschwendung.*
- Ausländer sind *Kriminelle.*
- Haider ist der *Schutzpatron der Kleinen.*
- FPÖ-Leute sind *Sauber-Männer,* usw.

Der Missbrauchs-Rahmen

Eine kurze und schnell erlernbare Form des Umdeutens, für demagogische Propaganda hervorragend geeignet, ist die Verwendung des Wortes Missbrauch. Ein echter Demagoge bewegt sich in einer Welt, wo überall Missbrauch zu finden ist. Alles, was DIE ANDEREN tun, ist ein einziger Missbrauch.

Muster 43: Bezeichnen Sie das Tun DER ANDEREN als Missbrauch.

Haider ist ein Missbrauch-Fan. Er spricht gerne von Missbrauch.[183] *„Mit öffentlichen Geldern“* treiben Funktionäre *„Missbrauch“*, mit *„Sozialleistungen“* die *„Sozialschmarotzer“* – im Sozialbereich gibt es eine ganze Liste von *„Missbräuchen“*. Wenn eine andere Partei eine Sondersitzung verlangt, dann *„betrachten wir das als Missbrauch des Parlaments“*. Auch die *„demokratische Einrichtung des Bundesrates wird von einer gewissenlosen Regierung zur Eigenwerbung missbraucht“*. Bei einer Opernball-Demonstration wurden *„positive politische Anliegen* *idealistischer Jugendlicher*" von *„Kryptokommunisten, Anarchisten und Marxisten*" wissentlich *„missbraucht*". Das allgemeine Missbrauch-Fieber hat bereits den harten Kern der FEINDE erreicht: *„In der Zwischenzeit ist also auch den SOS-Aktivisten ein Licht aufgegangen, dass sie politisch missbraucht worden sind.*"[184]

Als Steigerung können verschiedene Missbrauchs-Vorwürfe gebündelt werden (vgl. Muster 99).

- *„Was sind das für Leute, die sich an Kindern vergreifen? Frühpensionisten und Sozialhilfeempfänger. Denen tät' ich das Arbeiten schon wieder lehren, da kämens' auf keine blöden Gedanken mehr.*"[185]
- Im Sommer 1998 startete die FPÖ in ganz Kärnten eine Unterschriften-Kampagne gegen den *„Fäkalkünstler im Kärntner Landhaus*", Cornelius Kolig. Mit der gleichen Unterschrift konnte man gegen eine Kulturförderung für Werke protestieren, *„die menschenverachtend religiöse Gefühle verletzen oder Kinder in ihrer sexueller Integrität missbrauchen*" – eine geniale Kombination.[186]

Um Gefühle anzuheizen, darf man sich ruhig etwas vorwagen. Im Sommer 1998 plakatierte die FPÖ in Kärnten das Foto eines lolita-artig hergerichteten Mädchens, etwa 11 Jahre alt, mit dem Aufruf, die Unterschrift gegen Kindesmissbrauch zu leisten. Der Sozialpsychologe Klaus Ottomeyer meint dazu: „Die unterschwellige Stimulierung des männlichen Betrachters konnte in bewährter Saubermann-Manier in den Hass auf einen politischen Feind umgelenkt werden. Eine Erklärung von Kärntner Psychotherapeuten und Missbrauchsexperten sprach von einem ‚Missbrauch des Missbrauchs' durch die FPÖ."[187]

Das Prinzip der Wiederholung

Demagogische Propaganda wirkt durch stetige Wiederholung. Starten Sie mit einer absurden Behauptung. Beschuldigen Sie einen FEINDLICHEN Politiker, drogensüchtig zu sein (Muster 79). Der öffentliche Aufschrei zu Beginn Ihrer Kampagne wird Ihnen gut tun, denn Sie haben (wie in der Benetton-Werbung) schlagartig eine hohe Aufmerksamkeit. Bleiben Sie zäh. Wiederholen Sie unentwegt Ihren Vorwurf – ohne Rücksicht darauf, dass ANDERE Ihren Vorwurf durch sogenannte Fakten schon längst widerlegt haben.

Muster 44: Wiederholen, wiederholen, wiederholen.

„Man sollte die Macht des wiederholten Wortes nicht unterschätzen. Schon viele sind auf diesen Trick hereingefallen, denn mit der Zahl der Wiederholungen einer Behauptung wächst die Bereitschaft beim Hörenden, die Behauptung als wahr zu akzeptieren. Das gilt für alle Behauptungen, die dem Hörenden nicht auf Anhieb als unwahr erscheinen. Ist er unsicher, und das ist die Grundhaltung vieler Menschen gegenüber vielen Behauptungen, dann kann die Wiederholung die Sperre der Unsicherheit abbauen und gar ein Feld von Gewissheit über die Wahrheit dieser Aussage legen. Ist aber eine Behauptung von einigen akzeptiert worden, dann beschleunigt sich der [...] Prozess." Sie können auf andere Personen verweisen, die ebenfalls Ihrer Ansicht sind. Ihre anfangs vielleicht absurde Behauptung kann von Teilen der Bevölkerung geglaubt werden. Dies kann den sozialen Druck auf andere verstärken, sich diesem Trend anzuschließen, ohne dass der Prozess erkannt wird. Mehr und mehr Menschen bestärken sich gegenseitig in der teilweisen oder gänzlichen Richtigkeit Ihres Vorwurfes. So kann Ihre Behauptung schließlich zur Wahrheit werden. „Sie muss nur konsequent und lange genug stereotyp wiederholt werden." (Rupert Lay).[188]

Historisches Beispiel

Joseph Goebbels, Altmeister erfolgreicher Demagogie, hatte das Prinzip der Wiederholung richtig begriffen: *„Man muss ewig dasselbe in ewig wechselnden Formen sagen, [das] Volk muss durch ständige Wiederholung von unseren Anschauungen gänzlich durchdrungen werden. Bis es sitzt!"* Und: *„Propaganda heißt wiederholen, ewig wiederholen."* [189]

Drei erprobte Techniken manipulativer Wiederholung:[190]

1. Die stereotype Wiederholung – immer und immer wieder ein und dieselbe Botschaft.
2. Die quantitative Multiplikation – je mehr Menschen eine Botschaft verkünden oder bestätigen, umso glaubwürdiger wirkt sie. Behaupten Sie lauthals, Sie wären die Stimme *„des Volkes"*.
3. Die qualitative Verstärkung – durch Ihre vielen freiwilligen und unfreiwilligen Helfer in den Zeitungen, im Fernsehen, durch Leserbriefe, im Wirtshaus etc. Berufen Sie sich auf diese Stimmen und schon wird Ihre Botschaft glaubwürdiger.

Demagogische Trance

Dauernde Propaganda kann die Welt nach und nach umdeuten. Sie versinkt in einem gefühlvollen Nebel. Die sogenannten Fakten spielen eine immer geringere Rolle. Je mehr Menschen in demagogische Gefühls-Wolken eintauchen, umso wirklicher wird das Fantasie-Bild der Demagogie. Die Wahrnehmung selbst verschiebt sich. Man sieht nicht mehr die Welt, sondern eine durch Propaganda verformte Welt. Überall werden neue Bedrohungen, neue Ängste, neue FEINDE entdeckt.

Menschen in einem Propaganda-Nebel leben wie in einer leichten Trance. Ihre Aufmerksamkeit wird durch Gefühle gelenkt, z.B. durch ihren Ärger über *„die Ausländer"* oder *„die Sanktionen der EU"*. Andere Themen werden ausgeblendet.

Die Kunst, andere in leichte Trance zu bringen, ist vielschichtig und verlangt Übung. Menschen mit Charisma üben sie scheinbar selbstverständlich aus. Ihr Auftreten lässt eine bestimmte Atmosphäre entstehen: die Luft flimmert, man fühlt sich verwandelt. Im Gegensatz zur landläufigen Meinung kann „Charisma" – zumindest in einigen Aspekten – erlernt werden.

Suggestive Sprache

Suggestive Sprache wirkt direkt auf das Unbewusste. Jeder gute Rhetoriker setzt suggestive Sprachmuster ein – oft ohne zu wissen, dass er dies tut. Als angehender Demagoge überlassen Sie nichts dem Zufall. Sie schulen sich intensiv in suggestiver Sprache.

Suggestionen, Trance und Hypnose sind wenig bekannte Phänomene. Auch die Wissenschaft weiß kaum, wie Hypnose „funktioniert". Man weiß jedoch, mit welchen Techniken Trance und Hypnose erzeugt werden und dass viele Menschen dafür empfänglich sind.

Suggestive Sprachmuster sind aus der Hypnotherapie bekannt. Ein Hypnotherapeut ist ein Psychotherapeut, der einen Klienten in leichte oder tiefe Trance versetzt und ihm dabei Suggestionen einflößt. Sie sollen dem Klienten ermöglichen, persönliche Probleme zu lösen, z.B. mit seiner Frau besser auszukommen oder seine Kinder liebevoller zu behandeln. In manchen Fällen ist Hypnotherapie erstaunlich wirksam. Fallweise können durch Trance-Methoden sogar tiefliegende Persönlichkeitsmuster nachhaltig verändert werden.[191]

Die moderne Hypnotherapie versteht Trance als natürlichen Prozess, der im Alltag in vielen Formen vorkommt. Von Trance spricht man, wenn die Aufmerksamkeit intensiv auf etwas Bestimmtes gerichtet ist und anderes so ausgeblendet wird, dass es nicht ins Bewusstsein treten kann.[192] Wenn wir einen spannenden Film sehen, ein fesselndes Buch lesen, ein interessantes Gespräch führen, verliebt sind oder für Momente ganz in der Arbeit versunken, dann ist die Achtsamkeit oft auf wenige Aspekte konzentriert. Alles andere verschwimmt, man ist in einer leichten Trance. In diesem Zustand sind bewusste Prozesse teilweise außer Kraft gesetzt. Unbewusste Anpassungen werden möglich. „Nach dieser Auffassung bedarf es keiner bewussten Einsicht, damit solche Veränderungen auftreten können".[193]

Als Demagoge wollen Sie das Unbewusste erreichen und das Bewusste ausschalten. Die Menschen sollen in einen Gefühls-Taumel versetzt werden und nicht nüchtern nachdenken, wohin der Rausch führt, welche Richtung Ihre Politik einschlagen kann und welche Vorschläge Sie verkaufen wollen. Werden Sie Spezialist in der Verabreichung suggestiver Dosen. Lernen Sie von den großen Trance-Künstlern in der Politik. Nützen Sie die Macht des Unbewussten! Sprechen Sie das Unbewusste direkt an!

Muster suggestiver Sprache

Beispiele suggestiver Sprachmuster sind:[194]

- Dinge verknüpfen, die eigentlich nicht zusammengehören
- Ausdrücke, die eine Notwendigkeit suggerieren, wie: müssen, sollen etc.
- heimliche Vorannahmen in Aussagen
- Geschichten erzählen
- in Gleichnissen reden
- Mythen ansprechen
- sich auf Autoritäten berufen

- Zitate und direkte Rede
- eine verallgemeinerte und vage Sprache
- Werte ansprechen
- Symbole einsetzen

Verknüpfungen

Suggestive Wirkungen kann man erreichen, indem man Dinge verknüpft, die nichts miteinander zu tun haben – als ob es selbstverständlich wäre, dass sie zusammengehören.[195]

Muster 45: Verknüpfen Sie Dinge, die eigentlich nicht zusammengehören.

Verknüpfen kann man Themen, Personen, Zeiten etc. Günstig sind Redewendungen wie: „wenn ... dann ... ", „... und ...", „weil", „Das ... erlaubt ...", „... führt zu", „nicht bevor", „während".[196]

Mit dieser Anleitung lassen sich Suggestionen anfertigen, die das Denken vernebeln und direkt Gefühle ansprechen. Ihre eigentliche Wirkung entfalten sie im Unbewussten, heimlich und unbemerkt. Jeder gute Demagoge wählt seine suggestiven Sätze bewusst. Sie sind Teil seiner Strategie, die Zuhörer in einen Nebel zu führen, ihr Denken zu blockieren und ihr Unbewusstes zu beeinflussen. Zwei Beispiele: *„Wer vom Bürger dieses Landes Heimatliebe und Patriotismus erwartet"* (ein Satz, dem viele zustimmen werden, Aufbau einer Ja-Haltung), *„der darf sie nicht in existentiellen Fragen wie der Zuwanderungspolitik zu Fremden in der eigenen Heimat herabwürdigen"* (verknüpft mit einer Suggestion: DIE WIR als Opfer).[197]

„Warum muss Österreich drittstärkster Nettozahler sein, wenn es sich pausenlos Freundlichkeiten von Belgien und Frankreich oder Deutschland anhören muss?", fragt Peter Westenthaler im April 2000 und fordert *„Verhandlungen über eine Senkung des Mitgliedsbeitrages"*.[198]

„Müssen“, „sollen“

Ein Merkmal demagogischer Sprache ist die häufige Verwendung von Wörtern wie „müssen“ oder „sollen“ (sie werden wie „können, dürfen, mögen etc.“ Modalverben genannt).

Es gibt zwei große Gruppen:
1. „Dürfen“, „können“ etc. weisen auf Möglichkeiten hin.
2. „Sollen“, „müssen“, „nicht können“ etc. weisen auf Notwendigkeiten und Zwänge hin.

Als Demagoge leben Sie in einer Welt von Ängsten. Sie wollen Ihren Zuhörern eine Zwangs-Welt schmackhaft machen. Sie wollen nicht, dass Ihre Zuhörer eigenmächtig handeln. Sie sprechen vermehrt von „müssen“ und weniger von „wollen“.

Muster 46: Propagieren Sie Zwänge. Sprechen Sie von „müssen, sollen, nicht können ...“

Der Sprachwissenschaftler Franz Januschek hat Texte von Haider nach diesem Kriterium untersucht: „Vor allem ist der Gebrauch von *müssen* extrem häufig. Und in ungefähr der Hälfte der Fälle, wo *können* gebraucht wird, ist davon die Rede, dass jemand *nicht kann.* Haider präsentiert seinen Zuhörern die Welt als eine Welt der Zwänge: [...] *‚Oder dass man den Frauen sagt, ja ihr müsst's jetzt um 5 Jahre länger arbeiten, weil der Staat kann sich's nicht mehr leisten, dass die Frauen nach [...] 15 Jahren schon einen Pensionsanspruch haben. Müssen's 5 Jahre länger arbeiten!‘* “

Januschek zieht daraus folgenden Schluss: „Merke: die Kunst eines populistischen Redners besteht nicht nur, vielmehr nicht einmal in erster Linie darin, sich selbst als willensstark zu präsentieren, sondern die Menschen in ihren Ohnmachtsgefühlen zu bestärken.“[199]

Voranannahmen

Voranannahmen sind Ideen, die in einer Aussage enthalten sind und die stillschweigend als wahr gesetzt werden.[200] Im Satz „Das Ungeheuer von Loch Ness hat wieder zugeschlagen“ nimmt der Sprecher an, es gäbe ein Ungeheuer. Das Monster wird suggeriert. Im Satz *„Die Politbonzen quälen den kleinen Mann“* ist die Vorannahme enthalten, es gäbe *„die Politbonzen“* und *„den kleinen Mann“*. DIE WIR und DIE ANDEREN werden suggeriert.

Vorannahmen können bewusst in einem Gespräch eingesetzt werden. Die Wahrscheinlichkeit ist hoch, dass sie wirken werden. Die meisten Menschen akzeptieren verbale Vorannahmen ohne große Vorbehalte. Kaum jemand versucht zu analysieren, was wirklich gesagt wird. Vorannahmen sind ein hervorragendes Instrument, um Suggestionen zu verbreiten. Propagieren Sie Ihre Ideen mit Hilfe von Vorannahmen!

Muster 47: Verwenden Sie Vorannahmen, um Ihr Welt-Bild zu predigen.

Welche Vorannahmen sind in diesem Satz enthalten: *„Ich werde nicht schweigen, wenn sich unter der Tarnkappe der Demokratie Gehirnwäsche und Meinungsdiktatur einer von niemandem benötigten absonderlichen antielitären Elite breit macht.“*[201]

Geschichten erzählen

Geschichten hört man gerne. Jeder einigermaßen begabte Demagoge verkauft sein Welt-Bild durch Geschichten, spannend oder witzig erzählte Einzelfälle (Muster 19). Geschichten wirken suggestiv und sprechen direkt Gefühle an.

Muster 48: Erzählen Sie Geschichten.

Haider verkauft seine inhaltlich immer gleichen Botschaften durch immer neue Geschichten. Viele dieser Geschichten sind schlichtweg erfunden – eine Tatsache, die für einen Demagogen keine Rolle spielen darf. „Da gab es die Geschichte von einem Lehrer, der, wie Haider behauptete, wegen Trunksucht außer Dienst gestellt worden war und danach einen Volksschuldirektorposten bekommen hatte. Oder es gab in seinen Reden einen Angestellten der Gebietskrankenkasse, der in seiner Frühpension den Extremsportarten frönte. Nie durfte ein Ausländer fehlen, der Familienbeihilfe bezogen hatte, *‚ohne dass man weiß, ob es diese Kinder wirklich gibt.‘* Haider nannte die Namen der denunzierten Menschen, und obwohl er wusste, dass es oft falsch war, was er sagte, erzählte er diese Geschichten wieder und wieder" (Christa Zöchling)[202] – ein Vorgang, der sich noch oft ereignen wird, weil sogenannte Fakten für die Propaganda eines erfundenen Welt-Bildes ohne Belang sind. Die erzählerische Kraft ersetzt die Wirklichkeit. SUPERWIR erzählt erfundene Geschichten und die verliebten Fans hören entzückt zu und klatschen begeistert Beifall.

Haiders Geschichten beleben seine Reden und verankern Suggestionen im Unbewussten. Haider präsentiert sich hier wie ein Mann aus dem Volke, der im Wirtshaus eine Geschichte zum Besten gibt. Er ist scheinbar einer von ihnen und führt dennoch sein Publikum in genau jene Gefühle, die er für sein Polit-Spiel braucht.[203]

Metaphern, Gleichnisse

Noch wirkungsvoller als Geschichten sind Metaphern, das sind Analogien, Vergleiche, Märchen etc. Eine Metapher transportiert Inhalte von einem Bereich in den anderen, z. B folgendes Gleichnis: *„Riegler"* (damals Obmann der ÖVP) *„ist bereit, mit Vranitzky gemeinsam jetzt Schweinehirt für diesen Saustall zu spielen, den sie nicht mehr ausmisten wollen."*[204]

Gleichnisse lockern abstrakte und schwierige Themen auf und malen ‚innere Bilder' mit großer Suggestions-Kraft. DIE ANDEREN als *„Schweinehirten"* in einem *„Schweinestall"* zu bezeichnen, in dem *„ausgemistet"* gehört – gibt es ein kräftigeres Bild von Dreck, Verworfenheit, Sumpf und Gestank?

Muster 49: Verwenden Sie Metaphern, Gleichnisse, bunte Bilder ...

„Jörg Haider verwendet in seinen Gesprächen häufig bildliche Darstellungsformen wie Metaphern, Vergleiche oder Anekdoten [...] Das Einbinden von Metaphern und Vergleichen in Haiders Diskurs hat folgende Punkte zum Ziel:
- emotionale Anziehungspunkte sollen geschaffen werden,
- die Distanz zwischen Wähler und Politiker soll zumindest verbal verkleinert werden,
- politische Gespräche sollen aufgelockert werden."[205]

Mythen

Mythen sind kollektive Geschichten, die tiefe Schichten des Unbewussten erreichen. Mythen sind einfache, bildhafte Deutungen der Wirklichkeit. Das demagogische Welt-Bild ist selbst ein Mythos, der seinerseits in andere Volks-Mythen eingebettet ist. Machen Sie sich als Demagoge mit den Erzählungen des Volkes vertraut, z. B. seinen Geschichts-Mythen, und bauen Sie Ihr Welt-Bild geschickt in diese Mythen ein. Umkleiden Sie Ihre Gedanken mit Mythen!

Muster 50: Sprechen Sie Mythen an.

Jedes demagogisches Welt-Bild enthält Mythen. Beispiele sind der Mythos von DEN GUTEN WIR und DEN BÖSEN ANDEREN, der Mythos von Licht und Schatten, von Erlösung, von Schuld und Verrat, von Nestbeschmutzung und vom Dolchstoß. Demagogische Politiker umkränzen sich mit dem Mythos vom Führer, vom Erlöser, von ihrer Unfehlbarkeit und von einer geschichtlichen Sendung. Sie binden ihre Gefolgschaft mit dem Mythos von Treue, Ehre und Glaube. Sie suggerieren eine Einheit von Führer und Volk, die Volksgemeinschaft DER WIR. Ihr Bild von DEN ANDEREN nützt jahrhundertealte Mythen von Sündenböcken, von Schuld und Verstoßung oder den Mythos einer übermächtigen Weltverschwörung (vgl. Kapitel 5).

Mythen sprechen unmittelbar Gefühle an. Mythologische Stimmungen sind ein Hauptbestandteil des ideologischen Nebels, mit dem Demagogen die Wirklichkeit verhüllen.[206] Mit Mythen können ganze Volksmassen an den Führer gekettet und ohne Aufbegehren (wie das Beispiel des Nationalsozialismus zeigt) in den Tod getrieben werden. Mythen nützen Elemente religiösen Glaubens und alter Sagen. Sie wenden sich nicht an den Verstand, sondern an das Gefühl und – in demagogischer Lenkung – an archaische, tiefliegende Sehnsüchte, Ängste und Rachegefühle.

Alle eben beschriebenen Mythen finden sich in verschiedenem Ausmaß bei Haider. Haider inszeniert mythologische Spektakel mit sich selbst als übermenschlichem Helden, als Projektions-Fläche für Ängste und Hoffnungen. Eine besondere Rolle in Haiders Mysterien-Spiel nimmt die Vorstellung vom Opfer ein. Diese Legende ist in jedem demagogischen Welt-Bild enthalten. Kein Demagoge kann darauf verzichten (vgl. Muster 17). Alle WIR, um die Haider wirbt, werden auch als Opfer angesprochen. Weil DIE WIR in ihrer Gesamtheit Opfer sind, verschmelzen sie zu einem einheitlichen Körper, der Gesamtheit DER WIR. Im Opfer-Mythos werden alle inneren Gegensätze weggedacht: DIE WIR sind scheinbar versöhnt und verschmelzen im Kampf gegen DIE BÖSEN ANDEREN.[207]

Haider nützt diese Denk-Figur in virtuoser Weise. *„Die*

Bauern [sind] Opfer einer verfehlten Budgetpolitik.“ [208] *„Unsere Soldaten* [im Zweiten Welt-Krieg, W. Ö.] *waren nicht Täter, sie waren bestenfalls Opfer“.*[209] *„Die Österreicher“* sind *„Opfer der EU-Sanktionen“.* Haiders Opfer-Mythen fallen in Österreich auf fruchtbaren Boden. Die Geschichte Österreichs im Nationalsozialismus wird von vielen immer noch als Märtyrer-Legende verstanden: Österreich war ein Opfer der Nazis, ein Opfer Hitlers. Hier konnte sich, wie Christa Zöchling schreibt, „jeder wiederfinden [...] : die Sozialdemokraten, die Christlich-Sozialen und sogar die vielen NSDAP-Mitglieder, sofern sie nach 1945 bei einer der beiden Staatsparteien wieder anheuerten, und natürlich der österreichische Staat als solcher, der ja sieben Jahre lang überhaupt nicht existiert hatte. Opfer zu sein ist in diesen Lande immer schon eine bequeme Existenzform gewesen. Von den wirklichen Opfern war allerdings kaum die Rede.“[210]

Autoritäten

„Zur Stützung seiner Thesen führt Haider häufig Umfragedaten, Vergleichszahlen, juristische Begriffe, Verträge, etc. an:“[211] *„Es gibt Umfragen, die deutlich nachweisen, dass die Zahl der Anhänger der österreichischen Nation stagniert – während jene zunehmen, die der Meinung sind, Österreich gehöre zum deutschen Kulturkreis“.*[212]

„Auf die Quelle der Umfragen, auf die Haider in Argumentationen verweist, geht er nie genauer ein [...] Neben Daten nennt Haider Verträge, Gesetze und juristische Begriffe.“ [213]

Aus einem Interview mit der Zeitschrift „profil“: „Sie nennen Reder einen Kriegsgefangenen. Wer ist Kriegsverbrecher, wenn nicht der wegen Kriegsverbrechen verurteilte SS-Sturmbannführer Walter Reder?“

Haiders Antwort: *„Ich halte mich an die Genfer Konvention und daran, was ich im Urteil von Bari über Walter Reder lese.“*[214]

Sabine Platzer kommentiert dieses Muster (auch ein Beispiel für Muster 39) so: „Diese Strategie nutzt die Unkenntnis rechtlicher Normen und Akte und deren Akzeptanz durch viele Adressaten aus. Als Jurist müsste Haider aber die zitierten Verträge und Gesetze genau kennen – deshalb ist der Einsatz dieser Strategie als bewusst zu bezeichnen.“[215]

Muster 51: Erfinden Sie Autoritäten und Fakten, um Ihre Argumente zu stützen.

Zitate

Eine ähnliche Strategie ist die Verwendung von Zitaten. Wenn ich sage: „Da habe ich vor ein paar Tagen zufällig einen Bekannten von X getroffen, und der hat mir gesagt: ‚X ist ein ...‘“ (und hier kommt irgendein Ausdruck wie „guter Freund“, „verbissener Streber“, „aggressiver Sadist“), dann wirkt das ähnlich, wie wenn ich nur sagen würde: „X ist ein ...“. In beiden Fällen (als Zitat oder als Aussage von mir) werden die gleichen Gefühle wachgerufen. Zitate sind eine hervorragende Form, um beliebige Inhalte zu transportieren und gewünschte Gefühle anzusprechen. In Zitatform kann man fast jede Aussage tätigen – und sich bei Bedarf gleichzeitig davon distanzieren: Man hat ja nur berichtet, was ein anderer (angeblich) gesagt hat. Verwenden Sie Zitate, oder noch besser: Erfinden Sie Zitate. In der Regel wird Sie niemand fragen, ob Ihre Zitate echt oder schöpferische Einfälle sind.

Muster 52: Wecken Sie Gefühle durch (erfundene) Zitate.

Haider verwendet oft Zitate, um sein Welt-Bild zu untermauern und gezielt Gefühle anzusprechen. In der Rede in der Hofburg (12.11.1999) sagt er: *„So hat uns gestern ein Brief erreicht von einer Mitarbeiterin in der Zentrale des Arbeitsmarktservice* *der Republik Österreich zum Thema Demonstration, wo die Mitarbeiter gezwungen worden sind, sich für die heutige Veranstaltung mit Unterschriften zu verpflichten. Diese Dame schreibt uns […]*" (und jetzt wird der Brief zitiert.)

Zusammenfassung

Welche suggestiven Sprachmuster wendet Haider in der folgenden Redepassage an?

„Wenn wir in diesen Tagen den 10. Jahrestag des Falls der Berliner Mauer feiern, dann ist das ein Signal für das Ende der kommunistischen Diktatur in Europa gewesen. Gleichermaßen wird der 3. Oktober 1999 als ein Datum in die Geschichte eingehen, an dem endgültig das Ende der Zwei-Parteien-Herrschaft angebrochen war, man könnte auch sagen, wo ein weiterer Fall einer Mauer passiert ist, nämlich der Proporzmauer von Rot und Schwarz, wie sie jahrzehntelang in Österreich und um die Österreicher bestanden hat."[216]

Basteln Sie einen Haider-Spruch

Was Haider kann, können Sie auch! Üben Sie sich in Hass-Sprache und basteln Sie für jede Gelegenheit einen Haider-Spruch.

Die Anleitung ist einfach.[217] Verbinden Sie kreativ ein Merkmal des Inhalts-Bereiches A (worauf Sie schlechte Gefühle richten wollen) mit einem Merkmal aus dem Hass-Bereich B.

A: Inhalts-Bereich ←→ B: Hass-Merkmale

A könnte sein: eine Person, eine Institution, ein Vorschlag, ein Programm etc.

B könnte sein: irgendein Merkmal oder Muster aus diesem Kapitel wie Tiernamen, Bezüge zu Körper-Gebrechen, Schmutz, Ekeliges etc.

Beispiele:[218]

1. Sie wollen einen Bürgermeister beschimpfen (A = Bürgermeister) und wählen dazu ein Wort aus dem Bereich „sozial verächtlich" (= B)
   „Bettlermeister", „Bürgergauner", „Bürgermonster" ...
2. Sie wollen das Verhalten einer Politikerin (= A) kommentieren und wählen ein Wort aus dem Bereich „Körper" (= B):
   „Torschlusspanik nach mehrfach vergeblichem Face-Lifting"
   „Polit-Model nach Hungerkur von politischer Schwindsucht befallen"
3. Sie wollen die Agrarpolitik einer Partei (= A) beschimpfen und wählen dazu eine Anspielung auf den Nationalsozialismus (= B):
   „Sie lassen die heimische Landwirtschaft ausbluten, eine echte Blut- und Boden-Politik."
   „Wahnsinnig gewordene Partei-Bürokraten erklären den Bauern den totalen Krieg."
4. Ein gewagtes Beispiel, hier lediglich aus didaktischen Zwecken:
   Sie wollen Haider (= A) beschimpfen und wählen dazu:
   a) eine Anspielung auf die NS-Zeit (= B):
   „Karawanken-Goebbels", „Adolf Haider", „Haidler", „Hilfs-Hitler Haider", „ein Mann namens HJ" ...
   b) auf seine Körpergröße (= B)
   „Jörgl-Zwergl", „Schrumpfgermane aus dem Bärental", (in Analogie zur Beschimpfung von Lech Walesa): *„Jörg Haider ist in seiner Kindheit mehr klein als gewichtig geworden – das ist symptomatisch für die Denkart, die dort vorherrscht".*
   Motto: Politik ist eine Show, die auf Gefühle abzieht. Politik muss Spaß machen.

Hinweis: Ahnen Sie die vielfältigen Vorteile, die eine (emotionale) Personalisierung bietet? Sie brauchen keinerlei Sachwissen, um sich politisch effizient äußern zu können. Indem Sie die FEINDE beschimpfen, können Sie jederzeit – kompetent! – zu jedem noch so komplizierten Thema Stellung nehmen. Ihre (emotionale) Wort-Wahl zur Person ersetzt Ihr (nicht vorhandenes) Wissen zur Sache – ein genial einfaches Rezept!

Symbole

Symbole sind ein anderes wirkungsvolles Mittel, um das Unbewusste direkt anzusprechen. Die suggestive Macht von Symbolen ist aus Märchen und Mythen bekannt. Im Märchen überreicht die Prinzessin ihrem Retter eine goldene Kugel. Die Kugel ist kein Objekt im üblichen Sinn, sondern ein Symbol. Es ist nicht wichtig, wie schwer oder wie groß die Kugel ist und aus welcher Goldlegierung sie besteht. Die Kugel symbolisiert Werte – wie Reichtum, Weisheit, Liebe, Anerkennung, Erfüllung. All dies und noch viel mehr schwingt stillschweigend und unbewusst mit. Die Kugel ist von einer Wolke von Bedeutungen umgeben.

Politische Symbole dienen den gleichen Zwecken. In der Politik spielen Symbole eine große Rolle. Bei Staatsempfängen werden Fahnen gehisst, Kränze niedergelegt, die Ehrenkompanie abgeschritten. Viele politische Handlungen werden als symbolische Handlungen inszeniert. Politische Zeichen finden wir in allen Lagern und bei allen Parteien. Demagogische Politiker besitzen dabei einen Vorteil: Als Gefühls-Spezialisten setzen sie Symbole ein, die eine höhere Ausstrahlung verkörpern. Sie sind ein hervorragendes Mittel, ihr Welt-Bild zu transportieren, ohne direkt davon zu sprechen.

Muster 53: Setzen Sie gezielt Symbole mit hoher Gefühls-Wirkung ein.

Ein Beispiel aus dem Nationalrats-Wahlkampf 1999: Bei den TV-Sommergesprächen wurden die Parteiobmänner gebeten, einen für sie bedeutsamen Gegenstand mitzubringen. Klima erschien mit seiner Diplomarbeit. Schüssel brachte ein von ihm selbst gemaltes und geschriebenes Kinderbuch mit. Haider stellte bei seinem Auftritt die beiden weit in den Schatten. Er verwendete ein einfaches und viel einprägsameres Symbol. Er drehte kurz an seinem Ehering. Dann sagte er, er habe länger darüber nachgedacht, aber das wäre das Beste. Er verband sein Symbol mit einem Opfer-Mythos (seine Familie habe ob der politischen Verfolgung seiner Person gelitten) und sprach einige Bedeutungen des Eherings direkt an.

In anderen Fällen ist es geschickter, Symbole einzusetzen, sich aber über ihre Bedeutung unwissend zu stellen. Beispiele sind der Einsatz von Symbolen mit Anklängen an die nationalsozialistische Zeit:

- Bei Parteitagen der FPÖ wurden wiederholt Kornblumen verteilt. Kornblumen waren auch das Erkennungszeichen der „illegalen" Nazis.[219]
- Nach Wahlen bedankte sich die FPÖ bei ihren Wählern mit einem *„Danke"* in Frakturschrift – eine Schrift, die seit der Nazi-Zeit in Österreich nicht mehr gebräuchlich ist.[220]

Umgekehrt muss man FEINDEN übliche symbolische Handlungen verweigern. Karl-Heinz Grasser lehnte es 1995 als Stellvertreter des Landeshauptmanns in Kärnten ab, einen Kranz vor einem Mahnmal der Widerstandskämpfer gegen das NS-Regime niederzulegen. Damit würden, so sagte er, nur *„ehemalige Feinde Kärntens gefeiert"*.[221]

Haider und seine Kleider

Kleider machen Leute. Jede Kleidung, jedes Outfit enthält eine Symbolik. Mit Kleidung werden Signale gesetzt und Botschaften übermittelt. Haider gebraucht die Kleider-Sprache in virtuoser Weise. Der Journalist Alfred Worm in einer neueren Studie:

- „Zunächst war es die Kärntner Tracht, mit der Haider seiner Stammklientel signalisierte, dass er einer der Ihren sei." (Am

Parteitag im September 1986, bei dem er zum Obmann der FPÖ gewählt wurde, trat er im Trachtenlook auf.)

- „Aber Haider wollte ein neues Wählerpublikum ansprechen. Jung – frisch – modern: Die FPÖ-neu war die erste Partei, in der das Handy zur Trademark seiner Führungscrew wurde. Haiders Vasallen – später als ‚Buberl-Partie' der engste Freundes- und Führungskreis um Haider – trugen alsbald Designerklamotten und telefonierten am jeweils jüngsten Handymodell. [...]
- Haider selbst sandte seine ganz persönlichen Signale an die Jugend aus. Von kaum jemand beachtet, wohl aber unbewusst wahrgenommen wurde, dass der stets braun gebrannte Parteichef eine beträchtliche Uhrensammlung besitzt, die er als Blickfang einsetzte. Ob es eine modische Swatch oder eine sündteure Markenuhr war: Haiders TV-Auftritte waren auch subtile Uhrenschauen. [Eine bestimmte Uhrenmarke mit blauem Band gilt unter ‚Haiderianern' in Kärnten als eine Art Erkennungszeichen.] Ein weiteres Signal an die Jugend: Freundschaftsbänder am Handgelenk. [...]
- Danach wechselte Haider in atemberaubendem Tempo Outfit, Autos, Uhren und Haarstil. Es verging kaum ein Tag, an dem nicht die [...] Jeans durch einen hochpreisigen Designeranzug abgelöst und die lockere Welle zum haarlackgestärkten Kopfkunstwerk umgestylt wurde. Besonders signifikant der Wahlkampf 1994, als Haider seine Tour durch Österreich in Bluejeans und hellem Ledergilet absolvierte. Österreichs Textilketten kamen kaum nach, diese lockere Kleidung nachzuproduzieren: Haider war auch zum (auf allen Plakatwänden affichierten) Modetrendsetter avanciert.
- Nachdem er so der Reihe nach die Jugend, die Erfolgreichen (‚Yuppies') und die Möchtegern-ewig-Jugendlichen angesprochen hatte, wurde er wieder seriös: Mit Trachtenlook und Lederhose vernachlässigte der drahtige FPÖ-Führer zu keiner Zeit seine boden- und schollebezogene Stammklientel. [...]
- Eine enge Mitarbeiterin Haiders berichtet im Hintergrund-

gespräch, dass Jörg Haider im In- und Ausland zwei Pflichttermine niemals vernachlässige: den Besuch in der Herrenboutique und den teilweise wöchentlichen Weg zum Friseur.[...]

Haiders These: ‚Widersprechen – auffallen – trendsetten.'"[222]

‚Innere Bilder'

Viele Menschen nehmen Sprache nicht sonderlich ernst. Sie achten nicht genau auf das, was ein Politiker sagt. Sie glauben, demagogisches Reden entspränge einem Augenblicks-Effekt, beruhe auf keinem ausgeklügelten System und sei weitgehend wirkungslos. Demagogen hingegen wissen um die Wirkung von Worten. Sie studieren, wie sie andere mit Sprache verführen (können) und wie sich das Denken und Wahrnehmen ihrer Ziel-Gruppe kurz- und langfristig wandelt.

Wie kann man – durch bloßes Reden – die Gedanken eines anderen verändern? Ist es möglich, sogar die Wahrnehmung zu beeinflussen? Der Weg dazu verläuft über ‚innere Bilder' – und zwar jene Bilder, die wir (automatisch und unbewusst) entwerfen, wenn wir an andere Personen, z. B. an *„die Ausländer"*, denken. Die Wichtigkeit ‚innerer Bilder' für das menschliche Handeln ist weithin unbekannt. Die wenigsten Menschen wissen, wie sehr sie durch ‚innere Bilder' gesteuert werden und wie andere andauernd versuchen, ihre ‚inneren Bilder' zu beeinflussen.

Darf ich Sie zu einem kurzen Selbstexperiment einladen? Schließen Sie die Augen. Denken Sie an eine Person, die Ihnen sympathisch ist. Nennen wir diese Person A. Stellen Sie sich vor, sie wären jetzt mit dieser Person beisammen. Entwerfen Sie ein ‚inneres Bild' von A. Vielleicht gelingt Ihnen das – und sei es auch nur in Bruchstücken oder in einem flüchtigen Schimmer. Achten Sie, wo dieses Bild auftaucht. Wo in ihrem ‚inneren Raum' „sehen" Sie A? An welcher Stelle, in welcher Entfernung? Weiters: Welche Farben sind mit dieser Person verbunden (auch wenn Ihnen diese Frage merkwürdig vorkommen mag). Nehmen Sie auch Ihre Gefühle wahr. Versuchen Sie, ruhig zu werden und sich auf Ihr ,inneres Bild' zu konzentrieren. Halten Sie den Ort, die Entfernung, die Farben und die Gefühle zu dieser Person fest (wenn möglich in schriftlicher Form oder in einer kleinen Skizze).

Schließen Sie diesen Vorgang ab und denken Sie anschließend an eine andere Person, die Sie ablehnen, z.B. jemand, der Sie gekränkt hat (Person B). Halten Sie wiederum den Ort fest, an dem Sie diese Person ,innerlich' „sehen". Welche Farben umgeben diese Person? Welche Gefühle ruft sie in Ihnen wach?

Ich hoffe, es war Ihnen möglich, das einfache Experiment durchzuführen. Manchen gelingt es leicht, andere müssen sich sehr konzentrieren, um die ,inneren Bilder' zu „sehen", von denen ich spreche.

Ein typisches Ergebnis dieses Experiments könnte sein: Wenn Sie an die sympathische Person A denken, taucht vor Ihrem ,inneren Auge' das Bild einer hellen, großen Person in ca. zwei Metern Abstand vor Ihnen auf (,inneres Bild' A). Sie „sehen" vielleicht gelbe Farben und empfinden ein warmes Gefühl. Die unsympathische Person B hingegen wird etwas links und weiter weg (z.B. in fünf Metern Entfernung) mit dunklen Farben gesehen (,inneres Bild' B). Es ruft in Ihnen kalte Ablehnung hervor (Alle Angaben sind nur mögliche Beispiele; in Ihrem Fall war es vermutlich völlig anders.).

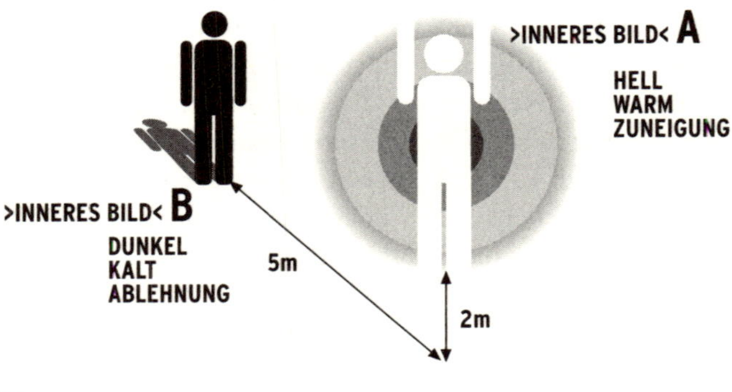

Automatische ‚innere Bilder'

Bilder dieser Art sind von großer Wichtigkeit. Wir produzieren andauernd ‚innere Bilder' über andere Menschen. Sie sind immer mit Gefühlen – manchmal mit starken, manchmal mit schwachen – verbunden. Diese Bilder und Gefühle bestimmen unser Verhalten in weit höherem Maße, als die meisten ahnen. Angenommen, wir treffen mit A oder mit B tatsächlich zusammen. Schlagartig wären wir mit genau jenen Gefühlen konfrontiert, die wir erleben, wenn wir nur an A oder B denken.

Man könnte das auch so erklären: das ‚innere', unbewusste Bild über eine Person funktioniert wie eine „Brille", eine Vorlage – die aktiviert wird, wenn wir diese Person real sehen. Die ‚äußeren' Informationen über die Person (ich werfe einen Blick auf A, Schritt 1), werden durch das ‚innere', erlernte Bild blitzschnell „gefiltert" (Schritt 2). Ich „sehe" (Schritt 3) nicht die Person, wie sie „wirklich" ist, sondern ein „Bild", das durch ‚innere' Informationen systematisch beeinflusst ist.

Der gesamte Prozess ist ungemein komplex und verläuft unbewusst. Dabei werden die ‚äußeren' Informationen mit ‚inneren' Bildern gemischt. Das tatsächliche Erleben (was ich „wirklich" sehe) stammt aus beiden Informationsquellen, die so stark miteinander vermengt werden, dass eine nachträgliche Aufspaltung kaum möglich ist.

‚Innere Bilder' und Verhalten

‚Innere Bilder' formen auf unbewusste Weise das, was wir wahrnehmen. Sie legen die Welt fest, in der wir leben. ‚Innere Bilder' sind für Handlungen unmittelbar relevant. Einer Person, die mir in meinem ‚inneren Modell' als sympathisch erscheint, werde ich vermutlich mit Freude oder Achtung gegenübertreten. Insgesamt ergibt sich eine Kette von ‚inneren Bildern' → Wahrnehmung → eigenem Verhalten – worauf die andere Person mit ihrem Verhalten reagiert (z.B. lächelt mir die sympathische Person zu), was wiederum das eigene ‚innere' Bild bestätigen und verfestigen kann. Im Regelfall sind diese Zusammenhänge ohne jedes Problem (wie bei Ihren beiden Personen A und B). Man braucht darüber nicht nachzudenken, der gesamte Prozess verläuft unbewusst und automatisch.

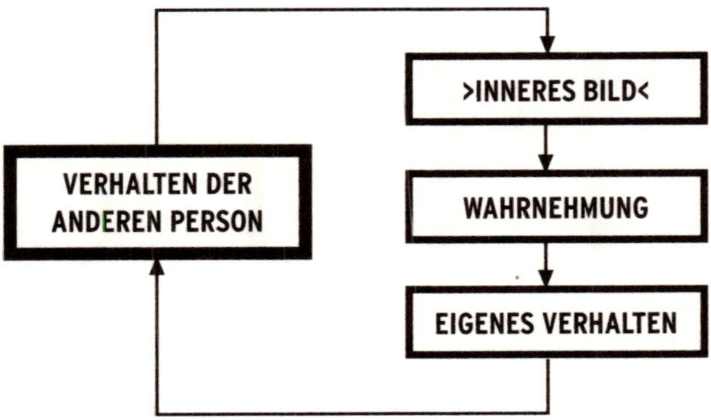

Neues Verhalten durch veränderte ‚innere Bilder'.

Sich dieser Prozesse bewusst zu werden, ist dann angebracht, wenn wir eine Veränderung des eigenen Verhaltens oder des Verhaltens anderer verstehen wollen. Ausgangspunkt ist die enorme Flexibilität ‚innerer Bilder'. Es ist möglich, ein und denselben Tatbestand auf völlig andere Art ‚innerlich' zu „sehen". Ein und dieselbe Person kann im ‚inneren Bild' als geliebte Person, als Angehörige einer fremden sozialen Schicht oder als verachtenswerter Außenseiter erscheinen.

Politische Propaganda vermag ‚innere Bilder' und damit die Wahrnehmung und das Verhalten zu beeinflussen. Wie wir über andere denken (d.h. welche unbewussten ‚inneren Bilder' wir über sie entwerfen) bestimmt in hohem Maße, wie wir sie wahrnehmen. Wie wir über bestimmte Menschen, z.B. über *„die Ausländer"* oder *„die Politiker"*, denken, bestimmt, ob wir ihnen freundlich oder ablehnend begegnen.

Sprache und ‚innere Bilder'

Experimente haben gezeigt, dass es möglich ist, ‚innere Bilder' direkt mit Sprache zu beeinflussen. Man kann z.B. in einer Gruppe systematisch abwertend über ein Mitglied G reden und beobachten, wie sich schrittweise das Verhalten der gesamten Gruppe verändert. (Sie behandeln G unfreundlicher.) Befragt man die anderen Personen über die ‚inneren Bilder', die sie über G entwerfen, kann im Detail studiert werden, wie sich diese wandeln: z.B. wie sie zunehmend dunkler werden, ihren Platz im ‚inneren Raum' wechseln und wie sich schrittweise die Gefühle zu G verschlechtern.

Demagogische Sprache wirkt ähnlich. Sie kann Einstellungen und ‚innere Bilder' über Personen und Gruppen verändern. Demagogische Propaganda beruht auf der Einsicht, dass die meisten sozialen Einstellungen ohne direkte „Beweise" entstehen. Sie werden durch gegenseitiges Reden übermittelt: indem wir über andere sprechen oder indem wir hören, wie andere über andere sprechen. Der Großteil der sozialen Haltungen beruht (so unglaublich das klingen mag) auf Urteilen aus zweiter Hand. In vielen Fällen besitzen Menschen verallgemeinernde Ansichten über Individuen und Gruppen, denen sie niemals begegnet sind. Bei fast allen sozialen Urteilen sind wir auf die Meinungen anderer angewiesen. Die meisten Bereiche unterziehen sich einer eindeutigen Bewertung. Fragen der Kunst, der Wissenschaft, der Ethik, der Religion, der Politik oder der Wirtschaft sind ungemein kompliziert. Wir verlassen uns auf den Standpunkt derer, denen wir als kompetent vertrauen. Gelingt es einem Demagogen, Fans durch intensive Gefühle an sich zu binden, dann kann er ihnen alles, buchstäblich alles (!) einreden. Jede Behauptung, wie obskur auch immer, Verschwörungsmythen oder Dolchstoßlegenden (vgl. Kapitel 5), kann gläubigen Anhängern als „Wahrheit" erscheinen. „Beweise" spielen keine Rolle. Kein Gläubiger beachtet sogenannte Fakten.

Das Gefährliche an demagogischer Propaganda ist nicht ihr Versuch, ‚innere Bilder' zu beeinflussen. Diesen Versuch unternehmen Politiker aller Couleurs. Demagogische Propaganda zielt jedoch – im Unterschied zu anderen Arten politischer Einflüsterung – auf eine bestimmte Klasse ‚innerer Bilder' ab. Diese wollen wir näher untersuchen.

Die Wirkung von Hass-Sprache

‚Innere Bilder' über andere können vereinfacht zwei Gruppen zugeordnet werden:

1. Bilder, die Menschen als naturgemäß menschlich beschreiben, und
2. Bilder, die anderen Menschen ihr eigentliches Mensch-Sein absprechen.

Eine scheinbar merkwürdige Frage: Wie kommt es, dass wir

andere in unseren ‚inneren Bildern' als Menschen und nicht als Tiere oder gar als leblose Dinge „sehen"? Durch welche Merkmale konstruieren wir ‚innerlich' „etwas" als Person, im Unterschied zu einem Tier oder einem Ding? Diese eigenartige Frage ist für Politik von außerordentlicher Bedeutung. Das Überleben jeder Person auf diesem Planeten kann davon abhängen, ob andere Menschen ihr gegenüber diese Art von Konstruktions-Leistung erbringen oder nicht.

Hören wir dazu einen Sozialpsychologen.[223] Andere ‚innerlich' als Menschen zu denken, beruht auf einer Ähnlichkeits-Konstruktion. Wir unterstellen anderen Menschen, dass sie uns in wichtigen Merkmalen gleichen. Sie sehen, fühlen, begehren und denken auf ähnliche Weise wie wir. Letztlich empfinden wir andere als Menschen, weil wir ihnen eine ‚Innen-Welt' in Ähnlichkeit zu unserer eigenen ‚Innen-Welt' zusprechen. Wir glauben, dass sie Gefühle, Gedanken, Wünsche, Vorstellungen etc. besitzen. Wir machen andere in unserer Vorstellung zu Menschen, weil wir ihnen Bewusstsein, Vorstellungsvermögen, Empfindsamkeit etc. unterstellen – wenn Sie wollen, indem wir ihnen Geist oder eine Seele geben.

Diese Dinge sind nicht selbstverständlich. Es gibt Menschen, die anders „funktionieren". In ihrer ‚inneren Welt' wird – für bestimmte Gruppen von Menschen – das Bild von Menschen als eigentliche Menschen zerstört. Die Konturen dieser Bilder sind durch nicht-menschliche Elemente aufgefüllt. Im ‚inneren Bild' erscheinen sie nicht als „Menschen", sondern als Tiere oder Objekte. Bilder dieser Art nenne ich (demagogische) Gegensatz-Bilder.

Gegensatz-Bilder

Alle ‚inneren' Bilder über Menschen können wir (vereinfacht) einer Skala zuordnen. Ihr Maßstab ist die Ähnlichkeit oder Unähnlichkeit, verglichen mit uns. Im Alltag pendelt die Skala zwischen Liebe und Hass. An einem Pol befinden sich die Bilder über Menschen, die wir lieben (vereinfacht: die uns ähnlich sind), am anderen über Menschen, die wir hassen (vereinfacht: die uns unähnlich sind).

Demagogische Bilder hingegen sind nicht im Zwischenbereich angesiedelt: sie sind Liebes-Bilder (die Bilder über DIE WIR und den SUPER-WIR) oder Hass-Bilder (die Bilder über DIE ANDEREN). Zwischentöne fehlen. Gleichzeitig wird eine neue Klasse von Unähnlichkeit erschaffen: Bilder von „Menschen“, denen das eigentliche Menschsein abgesprochen wird (Gegensatz-Bilder). Im ‚inneren Bild‘ bekommen „Menschen“ tierische oder objekthafte Züge. Man stellt sich dabei eine Person vor und „denkt“ an „etwas“, was wie ein Tier oder ein Gegenstand ist.

Die Sprache, mit denen Demagogen DIE ANDEREN belegen, kann (aber muss nicht) eine solche Wirkung haben. Insbesondere die Fans sind gefährdet, Gegensatz-Bilder zu erschaffen oder vorhandene Gegensatz-Bilder zu verstärken. Viele demagogische Muster können diesen Einfluss ausüben. Beispiele sind: DIE ANDEREN als Tiere zu bezeichnen (Muster 31), sie mit Gewalt-Sprache, Gewalt-Fantasien und Gewalt-Drohungen zu belegen (Muster 33, 34 und 35), kein Mitleid zu zeigen (Muster 36), ihnen durchwegs schlechte Motive (Muster 37) oder jedes Verbrechen zu unterstellen (Muster 38).

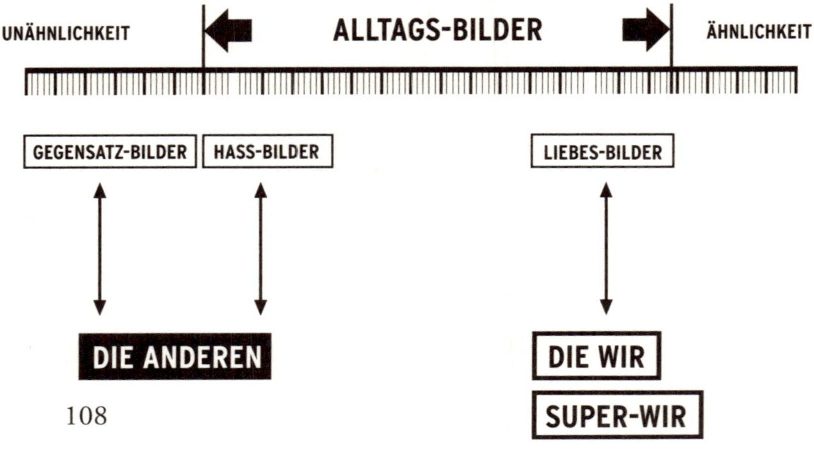

Gegensatz-Bilder „sehen"

Gegensatz-Bilder verändern die Wahrnehmung radikal. Man „sieht" ‚innerlich' etwas, das nach dem Urteil anderer ein „Mensch" ist – aber im eigenen ‚inneren Bild' sind spezifische menschliche Komponenten nicht mehr zu finden. Man stellt sich Menschen dann vor, als ob sie tatsächlich Tiere oder Objekte wären. Menschen, die zu dieser konstruktiven „Leistung" fähig sind, nehmen keine menschlichen ANDEREN mehr wahr. Wenn sie an ANDERE denken oder ihnen begegnen, „sehen" sie ‚innerlich' keine Menschen.

Viele Beispiele von Rassisten belegen diese Vorgänge. Ein extremer Rassist denkt DIE ANDEREN nicht als Wesen mit menschlichen Zügen. Sie werden mit Tier-Ausdrücken belegt, z.B. mit dem Wort *„Schmarotzer"* – eine Sprachschöpfung der Nationalsozialisten. (1933 bezieht der Große Brockhaus das Wort *Schmarotzer* noch ausschließlich auf Tiere und Pflanzen.) Die Nationalsozialisten haben in ihrer Propaganda immer behauptet, der *„deutsche Volkskörper"* sei von *„Schmarotzern"* und *„Parasiten"* befallen. Noch im Jahre 1990 spricht der ehemalige burgenländische Gauleiter Tobias Portschy, der schon vor 1938 die *„Endlösung"* der Zigeunerfrage propagiert hatte, über Roma und Sinti in folgender Weise: *„Ich habe die Zigeuner den Juden gleichgestellt. Diese Analogie war ja mein Vorschlag [...] Die Zigeuner gehören weg, weil sie asozial sind und nicht weil sie Zigeuner sind [...] Sie wurden nicht deswegen sterilisiert, weil sie Zigeuner waren, das bestreite ich heftig, sondern weil sie asoziale Wesen waren. Schmarotzer. Und Schmarotzer werden in der Natur immer bekämpft. Auch wenn's Menschen sind. Die Zigeuner sind keine Menschen. Schmarotzer sind Schmarotzer."*[224]

Das auch von der FPÖ gerne verwendete Wort *„Schmarotzer"* – bzw. der Umgang mit einem solchen – ist unter tatkräftiger Mithilfe von Portschy faktische Realität geworden. Drei Viertel von ehemals 14.000 *„Zigeunern"* haben die NS-Herrschaft nicht überlebt. Portschy redet im obigen Zitat von seiner

Art, wie er *„Zigeuner"* ‚innerlich' wahrnimmt. Er beschreibt sein ‚inneres Bild'. Er spricht nicht von „Menschen", sondern tatsächlich von Tieren.

Wer fähig ist, ‚innere Gegensatz-Bilder' zu erschaffen, kann die größten Verbrechen ohne Gewissensbisse begehen. Man kann Wesen, die ‚innerlich' wie Tiere oder wie Gegenstände „gesehen" werden, alles antun. Tiere unfruchtbar zu machen, sie zu töten oder leblose Gegenstände in Einzelteile zu zerlegen, ruft keine Schuldgefühle wach. In einer entpersönlichten Vorstellungs-Welt wird jedes Verbrechen möglich. Jede noch so grauenhafte Tat findet ihre Rechtfertigung. Niemand braucht sich schuldig fühlen. Die „Täter" sind liebevolle Menschen, wenn es um die eigenen Kinder geht. Zugleich finden sie nichts dabei, die Kinder DER ANDEREN wie Insekten zu zerquetschen.[225]

Verfestigte Gegensatz-Bilder enthalten keinen brennenden, sondern kalten Hass: der nüchterne Hass einer bürokratisch und industriell organisierten Ausrottungspolitik. Die Menschen, die dies tun, brauchen nicht länger mit Hass-Sprache aufgeputscht werden. Ihr Hass ist tiefer, objektiver, unpersönlicher. Mord-Bürokraten sind oft kalte Menschen – weit entfernt vom brennenden Hass, den Demagogen zur Mobilisierung der Massen benötigen.[226]

Der Weg zu Gegensatz-Bildern ist mit Hass-Sprache gepflastert. Andere als *Tiere*, als *Verbrecher*, als *Schädlinge*, als *Schmarotzer* etc. zu kennzeichnen, ist nicht nur „Sprache". Es ist Sprache besonderer Art. Ihre Gefährlichkeit liegt darin, dass sie im Zuhörer (der sie ernst nimmt) Gegensatz-Bilder hervorrufen kann. Sprache kann ‚innere Bilder' verändern, sie zu Gegensatz-Bildern machen. Dieser Vorgang bedarf der Unterstützung und Ermunterung durch andere. Kollektiv kann langsam und schleichend eine Wahn-Welt entstehen, die die Verfolgung und Vernichtung ANDERER möglich macht.

Sprache, ‚innere Bilder' und Taten

Der Weg von Sprache zur Verformung ‚innerer Bilder' bis hin zu verfestigten Gegensatz-Bildern, die Gewalt an DEN ANDEREN rechtfertigen, ist lang und verläuft über viele Stadien. In einem Standardwerk unterscheidet Gordon W. Allport fünf Stufen der Eskalation von Gewalt.[227] Jedem Stadium entspricht eine Neukonstruktion ‚innerer Bilder', die Schritt für Schritt in den Bereich von Gegensatz-Bilder abdriften. Am Schluss verfestigt sich die Vorstellung von Nicht-Menschen: Wesen, denen jede Menschen-Ähnlichkeit versagt wird, die ‚innerlich' zu Tieren oder Gegenständen verwandelt wurden.

Stufe 1 – Die Verleumdung

DIE ANDEREN werden als „störend, böse, minderwertig oder gefährlich hingestellt. Negative Vorstellungen breiten sich aus: Wer Vorurteile hat, redet auch darüber."[228]

Stufe 2 – Die Vermeidung

Ab einer gewissen Größenordnung führen Vorurteile zur Absonderung. DIE WIR vermeiden den Kontakt mit DEN ANDEREN.

Stufe 3 – Die Diskriminierung

DEN ANDEREN wird die politische, rechtliche oder soziale Gleichberechtigung vorenthalten.

Stufe 4 – Körperliche Gewaltanwendung

„Die Emotionalisierung von Stufe 3 mündet in Gewalt: Grabsteine jüdischer Friedhöfe werden geschändet. Ausländerquartiere gehen in Flammen auf. Nazi-Skins überfallen Ausländer".[229]

Wenn die Angegriffenen sich wehren, kann eine neue Gewalt-Spirale entstehen. Bestehende Vorurteile werden bestätigt: DIE ANDEREN sind kriminell und gewalttätig. Personen, die gegen Diskriminierung (Stufe 3) und Gewaltanwendung (Stufe 4) auftreten, werden zu „Verrätern". Eine neue Gruppe von ANDEREN entsteht (vgl. Muster 99). Die Gewalt erhält neue Ziele: Morddrohungen werden ausgesprochen, Briefbomben an die Freunde DER ANDEREN versandt...

Stufe 5 – Die Vernichtung

Am Ende der Gewaltspirale steht die Ermordung DER ANDEREN: durch Lynchjustiz (bis Ende der sechziger Jahre in den US-Südstaaten gegen Schwarze), Progrome, Massenmorde oder die industrielle Ausrottung ganzer Gruppen (wie durch die Nationalsozialisten). Mit dem Anwachsen der Gewalt wächst die Billigung von Gewalt. Brave Bürger stehen auf der Straße und klatschen Beifall, wenn ein Asylantenheim in Flammen aufgeht.

Indizien für die ersten vier Stufen finden sich in Österreich zur Genüge (die Situation in anderen europäischen Staaten ist noch besorgniserregender). Für manche Beispiele aus Österreich kann ein Bezug zur Sprache der FPÖ hergestellt werden.[230] Peter Pilz, Politiker der Grünen, darf Haider öffentlich „politischen Ziehvater des Rechtsterrorismus" nennen.[231] Viele Vorschläge der FPÖ zielen auf offene Diskriminierung ab (Phase 3). Haider hat empfohlen, die europäische Menschenrechtskonvention (EMRK) für Ausländer aufzugeben: *„Wenn Österreich durch die EMRK beim Familiennachzug für Ausländer in die Pflicht genommen werde, sollte man diese Bestimmung aufgeben."*[232] *„Das Recht der Inländer auf Heimat ist stärker als das Recht der Ausländer auf Familienleben. Deshalb sollten wir von der europäischen Menschenrechtskonvention abgehen."*[233]

Die Logik ist eindeutig: DIE ANDEREN sind keine oder keine vollwertigen Menschen. Menschenrechte besitzen für SIE keine Geltung.

Historisches Beispiel

Die Nationalsozialisten haben die Eskalationsspirale über alle fünf Stadien praktiziert. Die Vernichtungs-Aktionen der Nazis gegen Juden, Sozialisten, Kommunisten, Behinderte, Homosexuelle, Roma und viele ANDERE demonstrieren, was durch demagogische Gefühls-Propaganda (die über die entsprechenden Macht-Mittel verfügt) erreicht werden kann. Jede Vernichtungs-Welle wurde von der Propaganda vorbereitet. Dabei wurden die ‚inneren Bilder' vieler Menschen systematisch in Richtung Gegensatz-Bilder verändert. In der emotionalen Bindung vieler Menschen an den „geliebten Führer" gelang es den Nationalsozialisten, die Mehrheit der Bevölkerung zumindest zur stillschweigenden Duldung der größten Menschheitsverbrechen zu gewinnen. Ähnliche Prozesse können in vielen diktatorischen oder totalitären Systemen beobachtet werden.

Die Nazis haben die Juden (und andere Verfolgten) viele Jahre systematisch als FEINDE propagiert. Die Juden waren *„Vampire"*, *„Völkerparasiten"*, *„Schmarotzer"*, *„Blutjuden"*, *„Völkertyrannen"* und *„Blutegel"*. Sie *„verpesten unser Blut"*, *„vergiften den Volkskörper"*, *„verwüsten durch ihre Bastardisierung das Volk"* und *„schänden planmäßig unsere unerfahrenen, jungen, blonden Mädchen"*. Die Juden *„schrecken vor keiner Gemeinheit zurück"*. Sie sind darauf aus, das deutsche Volk *„vollkommen zu versklaven"*. Jeder Missstand sozialer, politischer und ökonomischer Art wurde *„den Juden"* in die Schuhe geschoben. Juden sind keine Menschen, weil sie *„niemals im Besitz einer eigenen Kultur"* waren und über keine *„kulturbildende Kraft"* verfügen. Sie haben *„keine idealistische Gesinnung"* und *„verfügen nur über einen primitiven Herdeninstinkt"* ähnlich wie Wölfe oder Pferde: *„Der Jude ist nur einig, wenn eine gemeinsame Gefahr ihn dazu zwingt oder eine gemeinsame Beute lockt; fallen beide Gründe weg, so treten die Eigenschaften eines krassesten Egoismus in ihre Rechte, und aus dem einigenden Volke wird* *im Handumdrehen eine sich blutig bekämpfende Rotte von Ratten*".[234]

„Früher sagte man *verjudet*, heute *überfremdet*." (Joachim Riedl).[235]

Kriegs-Propaganda

Die Methoden demagogischer Propaganda können vor jedem Kriegs-Ausbruch studiert werden. Jedem Krieg geht eine geistige Aufrüstung voran. Die Denk-Schemata sind in jedem Fall ident: DEN WIR wird eine gleichartige Gruppe von ANDEREN gegenübergestellt, die ausschließlich FEINDE sind. Die Propaganda belegt sie mit den übelsten Ausdrücken und unterstellt ihnen jedes Verbrechen. Dabei werden die kollektiven ‚inneren Bilder' über die FEINDE verändert. Den FEINDEN wird ihr eigentliches Mensch-Sein aberkannt. Es handelt sich nicht um vollwertige Menschen, sondern um Verbrecher, Terroristen, Mörder, Parasiten etc. Nur mit dieser Sprache (die vor jedem Krieg eingesetzt wird) ist es möglich, kollektiv die Hemmschwelle zum Töten herabzusetzen. Jeder Krieg bedarf der emotionalen Rechtfertigung durch die, die ihn führen. Kriegs-Treiber predigen ein demagogisches Bild: DIE WIR, DIE GUTEN, sind von DEN ANDEREN, den BÖSEN, bedroht. DIE BÖSEN sind UNSERE FEINDE, keine Menschen im eigentlichen Sinn. WIR müssen uns gegen SIE wehren. WIR müssen SIE töten – und der, der das tut, ist ein Held, dem UNSERE Hochachtung gebührt. Das demagogische Welt-Bild, egal in welcher ideologischen Färbung, ist ein hervorragendes Instrument, Krieg und Vernichtung zu propagieren und Verbrechen zu rechtfertigen.

Welten-Wandel

Ändern sich ‚innere Bilder', dann wandelt sich die Welt, weil die Wahrnehmung sich ändert. Die Augen sehen auf einmal etwas, was man früher nicht gesehen hat.

Adolf Hitler beschreibt in *„Mein Kampf"* einen solchen Wahrnehmungs-Wandel.[236] Er betrifft seine Zeit in Wien. Hitlers Ausführungen sind kein Tatsachenbericht, sie wurden zu Propagandazwecken geschrieben. Sie beweisen jedoch, dass Hitler sich bewusst war, dass es möglich ist, Wahrnehmung zu verändern, wenn das dahinterliegende Welt-Bild ausgetauscht wird.

Hitler war nach eigener Aussage ursprünglich kein Juden-Hasser. Er habe den Antisemitismus als *„unwürdig der kulturellen Überlieferung eines großen Volkes"* abgelehnt. (S. 56). Nach *„monatelangem Ringen zwischen Verstand und Gefühl"* bringt ihn eine *„Erscheinung in langem Kaftan mit schwarzen Locken"* auf die entscheidende Frage: *„Ist dies auch ein Deutscher?"* (S. 59). Hitler beginnt antisemitische Bücher zu lesen, Seine ‚inneren Bilder' und seine Wahrnehmung ändern sich: *„Denn seit ich mit dieser Frage zu beschäftigen begonnen hatte [...] erschien mir Wien in anderem Lichte als vorher. Wo immer ich ging, sah ich nun Juden."* Immer deutlicher werden DIE neuen ANDEREN wahrgenommen *„und je mehr ich sah, umso schärfer sonderten sie sich für das Auge von anderen Menschen ab."* Hitler „sieht" *„den Juden"* nun als vollkommen ANDEREN Menschen. Er gehört jetzt zu *„einem Volke, dass schon äußerlich eine Ähnlichkeit mit dem deutschen nicht mehr besaß."* (S. 60).

Schritt für Schritt werden die Juden immer andersartiger. Hitler *„entdeckt"* *„über die körperliche Unsauberkeit hinaus plötzlich die moralischen Schmutzflecken des auserwählten Volkes"* und auf dieses Weise die Ursachen der Probleme des „kulturellen Lebens": *„Soweit man nur vorsichtig in eine solche Geschwulst hineinschnitt, fand man, wie die Made im faulenden Leibe [...] ein Jüdlein."* (S. 61). Das ‚innere Bild' eines abstoßenden Tieres (einer Made) wird mit dem ‚inneren Bild' *„des Juden"* kurzgeschlossen. Die Juden werden zu Vertretern des BÖSEN schlechthin; eine *„geistige Pestilenz, schlimmer als der schwarze Tod von einst."* (S. 62). Immer schwärzer wird die Wahn-Welt: *„Der Jude"* steckt hinter *„neun Zehntel alles literarischen Schmutzes". Er betreibt „Prostitution" und „Mädchenhandel"*, kontrolliert die liberale Presse und stellt die *„Führer der Sozialdemokratie": „Ich begann sie allmählich zu hassen."* (S. 67).

Nun ändert sich das gesamte Denken: *„Es war für mich die Zeit der größten Umwälzung gekommen, die ich im Inneren jemals durchzumachen hatte. Ich war vom schwächlichen Weltbürger zum fanatischen Antisemiten geworden."* (S. 69). Das neue Denk- und Wahrnehmungssystem wird schließlich theoretisch „untermauert". Hitler vertieft sich in die *„Lehre des Marxismus"* und findet hier seine Bestimmung: *„Die jüdische Lehre des Marxismus [...] leugnet im Menschen den Wert der Person. [...] Sie würde als Grundlage des Universums zum Ende jeder gedanklich für Menschen faßbaren Ordnung führen. [...] Siegt der Jude [...] über die Völker dieser Welt, dann wird seine Krone der Totentanz der Menschheit sein, dann wird dieser Planet wieder wie einst von Jahrmillionen menschenleer durch den Äther ziehen. [...] So glaube ich heute im Sinne des allmächtigen Schöpfers zu handeln: Indem ich mich des Juden wehre, kämpfe ich für das Wort des Herrn."* (der letzte Satz ist im Original gesperrt gedruckt). (S. 69f.).

Wahrnehmungs-Verzerrung

Haider ist kein Hitler. Haider plant weder Konzentrationslager, noch steuert er auf einen Krieg. Sein politisches Handeln beruht allerdings auf Denk-Formen, die wir auch bei den Nationalsozialisten (und bei vielen anderen demagogischen Richtungen) finden. Sie alle entwerfen Bilder einer zweigeteilten Wahn-Welt, in der DIE GUTEN WIR im Kampf mit DEN BÖSEN ANDEREN verstrickt sind.

Die Muster aller demagogischen Ideologien sind ähnlich. Ihre Sprache kann ‚innere Bilder' in Gegensatz-Bilder verwandeln. Ob Haider tatsächlich eine eskalierende Gewalt-Spirale hervorrufen will oder nicht, spielt dabei keine Rolle. Entscheidend ist die Wirkung, die seine Art von Sprache ausüben kann. Haider als umjubelter Volkstribun hat Einfluss auf viele, die ihm ihr Vertrauen schenken. Er hat die Macht, mit seiner Sprache ‚innere Bilder' zu verändern. Haiders Sprache begünstigt eine veränderte Wahrnehmung. DIE ANDEREN erscheinen zunehmend so, wie seine Propaganda verkündet. Die Welt wird bedrohlicher. Die Angst steigt und immer mehr FEINDE werden entdeckt.

In der FPÖ gibt es Anhaltspunkte für Wahrnehmungen dieser Art. *„Schwarzafrikaner schauen nicht nur anders aus, [...] sondern sind auch anders, und zwar [...] besonders aggressiv"*, meint Helene Partik-Pablé, *„Sicherheitssprecherin"* der Partei.[237] Viele irritierende Aspekte an Haider können als Wahrnehmungs-Verzerrungen verstanden werden. Wir können darüber spekulieren, welche ‚inneren Bilder' Haider entwirft, wenn er an das politische „System" in Österreich und seine führenden Vertreter denkt. In seiner Vorstellungs-Welt wird Österreich – folgt man seinen Reden – in die Nähe eines totalitären Systems oder eines Terror-System gerückt. Interessant ist z.B. der schriftliche Text seiner Grundsatzrede vom 26.4.1995 im Palais Auersperg aus Anlass der 50-Jahr-Feiern der Republik Österreich. Hier heißt es: *„[...] deshalb brauchen wir die Dritte Republik [...] Aber nicht, weil sie irgendetwas mit der Unfreiheit des Dritten Reiches zu tun hätte, sondern weil die Dritte Republik die Freiheit gegen rechten und linken Totalitarismus sichern wird."*[238]

Dieser Text, der vom freiheitlichen Pressedienst verbreitet wurde, war offensichtlich das Manuskript, das Haider bei seiner Rede verwendet hat. In (spontaner?) Abweichung vom vorliegenden Text hat Haider jedoch gesagt: *„[...] brauchen wir auch diese demokratische Weiterentwicklung in die Dritte Republik [...] Aber nicht, weil sie etwas Unglaubliches mit dem Drit-*

ten Reich zu tun hat, sondern weil wir die Dritte Republik, in der Dritten Republik die Freiheit gegenüber rechtem und linkem Terror absichern wollen."[239]

Der Sprachwissenschaftler Franz Januschek hat diesen bemerkenswerten Unterschied analysiert. Er deutet den Ersatz von *„Totalitarismus"* mit *„Terror"* als Gleichsetzung im Denken von Haider. Haider hat bekanntlich der *„totalitären rot-schwarzen Einheitspartei"*[240] wiederholt *„Terrormethoden"*[241] vorgeworfen, u.a. auch in seiner „Österreich-Erklärung" zur Nationalratswahl 1994. Januschek meint dazu: „Auch hier bringt Haider Totalitarismus implizit mit terroristischen Methoden in Verbindung. […] Von daher ist es auch keine bloße Polemik, wenn Haider in diesem Text durchgängig die Bundesregierung und die sie tragenden Parteien mit der Mafia vergleicht. Damit ist offensichtlich nicht nur Korruption und Privilegienwirtschaft gemeint, sondern auch Terror. Das in Österreich bestehende politische System ist für Haider eine Art Terrorsystem – nicht bloß in seiner politischen Rhetorik, sondern offenkundig in seinem Denken. […]

Aus dem Vergleich des ausgearbeiteten Textes mit dem spontan nach dem Manuskript vorgetragenen konnten wir hier also auf die Vorstellungen Haiders schließen, die sich hinter seinen Argumentationen verbergen […] Haider […] wähnt sich von einem Terrorsystem umgeben und bemüht sich immer wieder – wohl durchaus ehrlich – diese Vorstellungen in logisch zusammenhängenden Argumentationen zum Ausdruck zu bringen. Im spontanen Vortrag will ihm das nicht immer so ganz gelingen. Der Wahn bricht sich Bahn."[242]

3. Schaffen Sie sich eine sektenähnliche Organisation

Die Organisationsform einer Sekte

Ein Demagoge, der Gefühls-Manager einer Nation werden will, benötigt eine schlagkräftige Organisation. Erfolgreiche Demagogen sind Organisations-Talente. Sie verwenden viel Zeit und Energie, eine Gliederung zu schaffen und am Leben zu erhalten, die ihren Bedürfnissen genügt.

Demagogische Organisation steht mit dem demagogischen Welt-Bild in Einklang. Sie ist auf die Person des SUPER-WIR zugeschnitten und grenzt sich scharf nach außen, der Welt der FEINDE, ab. Beispiele für solche Organisationen sind Verschwörungsgemeinschaften oder Sekten, die von einem Führer oder einem Guru geleitet werden.

Eine typische Sekte weist folgendes Organigramm auf:[243]

1. Das Macht-Zentrum liegt beim Guru. Er besitzt eine unumstrittene Stellung. Der Guru kann tun und lassen, was er will. Er wird von seiner Organisation unterstützt und niemals kritisiert.
2. Um den Guru gruppiert sich der innerste Führungskreis. Er besteht aus Personen, die vom Guru persönlich ausgewählt wurden, ihm in Loyalität ergeben sind und bedingungslos gehorchen. Der innerste Kreis wirkt wie ein Schutzwall um den Guru. Er schirmt ihn vor der Kritik der FEINDLICHEN Außen-Welt sowie vor FREUNDEN ab, die den letzten Schwenk des Guru nicht oder nicht schnell genug mitmachen (können).
3. Um den innersten Kreis kreisen wie Trabanten weitere Kreise von Personen, die Aufnahme in den innersten Kreis begehren. Der Aufenthalt an diesem begehrten Platz ist in der Regel zeitlich beschränkt.

4. Alle Kreise bilden eine Hierarchie. Die Kreise jenseits des innersten Kreises sind jedoch für die eigentliche Macht weitgehend bedeutungslos. Diese Positionen (z.B. lokale Hierarchien) bilden keine Hierarchien im üblichen Sinn. Sie unterstehen direkt dem Guru, der jederzeit in alle Ebenen der Organisation eingreifen kann.

DIE ANDEREN

DIE FEINDE

5. Alle Mitglieder stehen in direkter Beziehung zum Guru. In der Regel konstruieren sie eine Liebes- oder Respekt-Beziehung zum Guru. Er wird im ‚inneren Bild' groß und überhöht wahrgenommen. Viele suchen die Nähe zum Guru.
6. Den Guru interessieren weniger die menschlichen oder fachlichen Qualitäten seiner Anhänger, sondern ihre Begeisterung für die „Bewegung" und ihre Bereitschaft, ihm zu gehorchen. Ein typischer Guru fordert von seiner Gefolgschaft bedingungslose Loyalität. Er schließt nicht-loyale Mitglieder sofort aus und verhält sich, wenn es notwendig ist, zu allen absolut illoyal.
7. Die Organisation pflegt intensiv das Ansehen des Guru. Gleichzeitig wird sein Image als Person vom Image der Organisation sorgsam getrennt. Der Guru betreibt ein perfektes Doppelspiel. Nach innen steuert er die Organisation,

besetzt alle wichtigen Positionen und fordert Macht und Verantwortung für alle bedeutsamen Belange ein. Nach außen hingegen übernimmt er keinerlei Verantwortung für das, was ein von ihm Ausgewählter tut. Im Zweifelsfall wird eine solche Person rasch abgesetzt oder aus der Organisation entfernt.

Dieses ideale Bild ist das heimliche Leit-Bild einer demagogischen Organisation. Es kann im realen Leben nur näherungsweise erreicht werden. Unternehmen Sie alles, dass Ihre Organisation diesem Bild nahekommt.

Muster 54: Entwerfen Sie für Ihre Organisation ein sektenähnliches Ideal-Bild.

Die Übernahme der Partei

Die FPÖ ist keine Sekte. Manche für die FPÖ typischen Merkmale haben mit einer Sekte nichts zu tun. Die FPÖ weist jedoch Charakteristika auf, die typisch für eine Sekte sind. Die FPÖ kann als sektenähnliche Organisation verstanden werden.

Haider hat früh begonnen, die FPÖ nach seinen Wünschen umzugestalten. 1976 kommt er als Landesgeschäftsführer nach Kärnten und baut eine Macht-Position in Gegnerschaft zur Bundes-FPÖ auf. 1979 wird er Abgeordneter zum österreichischen Nationalrat. Um seinen Einfluss in Kärnten zu sichern, formiert er eine neue Parallel-Organisation zur Partei.[244] Sie besteht aus jungen Burschen, die Haider in Wirtshäusern und Diskotheken einfängt und die ihm zu hundert Prozent ergeben sind. Sein treuester Weg-Gefährte wird der 21-jährige Gernot Rumpold, der nach seinen eigenen Aussagen damals ziel- und planlos vor sich hin lebt (eine ideale Ausgangsbasis, um von einer autoritären Figur vereinnahmt zu werden). Man gründet den *„Klub 3"*, einen Jugendklub für Haiders Wahlkämpfe – ein erster innerer Kreis. *„Wir waren"*, so Rumpold, *„ein Rund-um-*

die-Uhr-Team. Das war ein Gefühl der Zusammengehörigkeit, [...] Eine Revolution gegen das Establishment. Auch gegen die eigene Partei. Gegen alles [...]"[245]

1983 verliert die SPÖ die absolute Mehrheit. Bruno Kreisky tritt zurück und sein Nachfolger Fred Sinowatz bildet eine Koalition mit dem FPÖ-Obmann Norbert Steger. Haider fordert von Steger den Posten des Sozialministers, lehnt jedoch den eines Staatssekretärs ab: *„Aus dem Grund"*, so Rumpold, *„entstand ein Oppositionsdenken. [...] Es war nicht nur gekränkte Eitelkeit, aber das war es auch. [...] Da haben wir [...] eine Show gemacht."*[246]

Die *„Show"* besteht aus dauernden Attacken gegen Steger, der zunehmend an Einfluss verliert. Im April 1986 bekommt Haider von einem (entfernt verwandten) Onkel das Kärntner Bärental geschenkt, ein Grundbesitz von 1.565 Hektar. Am Abend des gleichen Tages kündigt er Steger die Zusammenarbeit auf und legt die Beziehungen zur Parteispitze still.[247] Fünf Monate später übernimmt Haider in einem verschwörerisch vorbereiteten *„Putsch"* (Andreas Mölzer) am Parteitag in Innsbruck den Vorsitz der FPÖ. Kanzler Vranitzky kündigt die Koalition mit der FPÖ und Haider beginnt mit seinem *„Kreuzzug"* gegen die SPÖ-ÖVP-Koalition (die im Februar 2000 von einer Koalition der ÖVP mit der Haider-FPÖ abgelöst wird.)

Umbau zur Führer-Partei

Gleich nach der Machtübernahme krempelt Haider die Partei radikal um. Schritt für Schritt werden alle Liberalen hinausgedrängt, während viele Rechtsradikale in die Partei integriert und mit Posten versorgt werden.[248] Alle Gegner und Kritiker Haiders werden kaltgestellt. Viele verlassen die Partei. 1988 wird ein Brief des früheren Parteivorsitzenden Friedrich Peter bekannt, der meint, die Partei *„sei völlig egoistisch auf seine Person* [gemeint ist Haider] *zugeschnitten"*.[249] Die FPÖ wandelt sich rasch zu einer „autoritären Führerpartei".[250] Ab 1989 fordert Haider eine einheitliche Linie: *„Was in einer Partei zählt, ist Gesinnung. Die hat es in den vergangenen Jahren nicht immer gegeben. Getreu dem alten Sprichwort: Ist die Katz aus dem Haus [...]. Seit 1986 ist die Katz wieder da. Der Kirchtag ist aus."*[251]

In diesem Ton baut Haider seine Macht aus. Ganze Landesorganisationen werden niedergerissen und neu aufgebaut – wie in Kärnten, Salzburg, Burgenland und Steiermark[252] – widerstrebende Funktionäre ohne Verfahren *„wegen Parteischädigung"* ausgeschlossen.[253] Gleichzeitig wächst die Macht der „Buberlpartie": „junge Männer, Mitte 20, ehrgeizig, unpolitisch, beeindruckt vom Erfolg und stark in der Gruppe."[254] Sie ist direkt Haider unterstellt und agiert unabhängig von allen Parteiinstanzen.

1989 wird Haider Landeshauptmann in Kärnten. In Wien führt der selbstbewusste Norbert Gugerbauer den Parlamentsklub, in seinem Team ist Heide Schmidt. Sehr bald wird er für Haider zum Rivalen, den er in einer langfristigen Strategie ausbootet. Wiederum errichtet Haider in Kärnten eine Parallelstruktur zur Wiener FPÖ, die in Konturen die spätere *„Bewegung"* vorwegnimmt. Zum offenen Krach kommt es, als Haider im Juni 1991 die *„Beschäftigungspolitik im Dritten Reich"* als *„ordentlich"* lobt. Er verliert sein Amt als Landeshauptmann. Seine Truppe organisiert in Klagenfurt eine große Solidaritätskundgebung. Gugerbauer weigert sich, seine Abgeordneten mit einem gecharterten Flugzeug nach Klagenfurt zu schicken. *„Von diesem Augenblick an"*, so Rumpold, *„war die Opposition da"*.[255] Gugerbauer und Schmidt werden öffentlich verächtlich gemacht. Gugenbauer verliert 1992 alle Funktionen, Schmidt tritt 1993 aus der FPÖ aus und gründet das Liberale Forum.

Im September 1991 wird Haiders Führer-Anspruch im Parteistatut verankert. Haider bekommt das Vetorecht in allen Personalentscheidungen.[256] Die einzelnen Parteigliederungen verlieren damit auch formal ihre Eigenständigkeit. „Allein im Jahre 1992 verbrauchte Haider einen (ehemaligen) Bundesparteiobmann, zwei Bundesparteiobmannstellvertreter, einen Klubobmann, fünf Landesparteiobleute und zahlreiche andere Spitzenfunktionäre und -kandidaten auf Landes- und Stadtsebene."[257] Im März 1992 kehrt Haider in das Parlament zurück. Dazu müssen 22 vor ihm auf der Landesliste zur Nationalratswahl stehende *„Parteifreunde"* auf ihr Mandat *„verzichten"*.[258] Höhepunkt der *„Wiener Erklärung"*, ein Monat später, bilden acht Punkte. Sie beginnen alle mit den Worten *„Wer mit mir geht ..."* – ein Programm, das völlig auf seine Person zugespitzt ist.

Der Guru in Aktion

Ab dieser Zeit macht die Partei jeden Schwenk mit. In zentralen Funktionen sitzen nur noch Haider-Fans, die geschlossen alles mittragen. 1993 wird die traditionell europafreundliche FPÖ auf Anti-EU-Kurs gebracht. Drei Jahre später trennt sich Haider – zumindest verbal – vom *„Deutschnationalismus"* und der *„Deutschtümelei"*. 1998 müssen alle Funktionäre einen *„Demokratievertrag"* unterzeichnen. Zwischenzeitlich will Haider die gesamte Partei loswerden. Sie ist ihm lästig geworden. Es geht darum, sagt er, *„die Funktionäre gegenüber den Mitstreitern zu entmachten."*[259] Anstelle „FPÖ" soll es heißen *„F"*, der Name „Partei" wird durch *„Bewegung"* ersetzt. (Später wird dann diese Neubenennung wieder rückgängig gemacht.)

Haider gelingt es, seiner Partei immer mehr die Struktur eine Sekte zu geben. Haider wollte sich, so beschreibt Christa Zöchling Haiders Modell der *„Bewegung"*, „in Zukunft langweilige Debatten und halbweiche Beschlüsse ersparen. Er wollte selbst bestimmen, wer in Spitzenpositionen kommt. Er wollte nicht auf die Interessensgrüppchen innerhalb der Funktionärsschicht Rücksicht nehmen müssen. Das neue politische Hauptquartier sollte im Parlamentsklub, dem Haider vorsaß, angesiedelt sein. Die Sympathisanten sollten in einer Art von

Fanclub mit größerer und kleinerer Nähe zum Zentrum Haider organisiert werden. Die Generalsekretäre wurden abgeschafft. Haider hatte erkannt, dass für den Appell an die Massen eine allgemeine Stimmung und ein vages Gefühl der Zugehörigkeit bedeutsamer sein können als Richtlinien, Parteiprogramme und Plattformen [...] Haider schaffte es schließlich auch ohne Strukturreform, aus der Partei einen mehr oder weniger willenlosen Organismus zu machen, dem er, der Erfolgreiche, Leben und Sinn einhaucht."[260]

Der innerste Macht-Kern

Im Zentrum einer Sekte steht der Guru. Zur eigentlichen Steuerung benötigt er eine kleine Gruppe handverlesener Getreuer. Sie werden vom ihm persönlich ausgewählt. Gemeinsam mit dem Guru bilden sie das eigentliche Macht-Zentrum.

Haiders innerster Machtkreis bestand zuerst aus der Gruppe um Rumpold, später als „Buberl-Partie" bekannt. In späteren Jahren wird dieser innerste Kreis reorganisiert und besteht zumeist aus Personen, die schon länger Kontakt mit Haider haben, ergänzt durch Neuzugänge. Manche von ihnen sind der Öffentlichkeit kaum bekannt, wie Haiders langjähriger *„persönlicher Sekretär"* Gerald Mikscha. Einige werden in der ÖVP-FPÖ-Regierung mit Ministerposten belohnt. (Details aus dem innerster Zirkel der FPÖ sind kaum bekannt. Es gibt auch keine fundierte Studie über diese Gruppe).

Muster 55: Umgeben Sie sich mit einer kleinen Schar absolut Getreuer.

Personen im innersten Kreis stehen in ständiger Verbindung mit dem Guru. Ihre Wichtigkeit ergibt sich aus der Nähe zum Leader. Peter Westenthaler, Klubobmann der FPÖ im Parlament und gemeinsam mit Vizekanzlerin Susanne Riess-Passer

Mitglied des innersten Zirkels, über seinen *„lieben Chef": „Wir sind in regelmäßigem Kontakt. Und wenn es sein muss, telefonieren wir auch zwanzigmal täglich."*[261]

Die wichtigste Eigenschaft der Personen im inneren Kreis ist ihre absolute Loyalität. Andere Fähigkeiten – wie Sachwissen, politische Erfahrung, persönliche Reife oder Erfolg anderswo – spielen eine geringere Rolle und werden in Einzelfällen nicht benötigt. Die Personen im innersten Kreis sind Politiker, weil Haider sie dazu gemacht hat. Sie verdanken ihre Karriere, ihren Einfluss und ihr zum Teil beachtliches Einkommen einzig und allein Haider: „Ausgerechnet Haider, der gegen Parteibuch- und Protektionswirtschaft anzukämpfen vorgibt, versorgt Kofferträger, Leibwächter und nationale Einflüsterer mit politischen Ämtern."[262]

Selbstwert durch Nähe zum Guru

In einer sektenähnlichen Organisation beziehen viele Mitglieder ihr Selbstbewusstsein aus der Nähe zum Guru. Ihm nahe zu sein, wertet die eigene Person auf. Christian Seiler hat 1997 fünfzig FPÖ-Funktionäre interviewt. Sie erzählten ihm ihre „Wie-ich-den-Jörg-kennenlernte-Legende". „Es ist SEINE Nähe, SEIN Vertrauen, SEINE Zustimmung, die von allen beschworen wird. Im Grunde funktionieren die freiheitlichen Funktionäre wie die junge Frau, die sich im Klagenfurter Parteisekretariat den Prachtband ‚*Jörg im Bild*' mit Autogramm bestellt hat. Sie sind Fans. Es sind SEINE Vertrautesten, die sich auch einmal einen Anflug von Kritik erlauben, um zu zeigen, wie weit das Vertrauen schon gediehen ist", z.B. „der Unternehmersohn Karl-Heinz Grasser. [...] Andere, in der Hierarchie minderrangig, müssen ihre Position entweder dadurch stärken, dass sie Jörg Haider demütig in die eigene Geschichte hineinklittern – oder die eigenen Geschichte partout so blank polieren, dass sie weit über ihren tatsächlichen Wert hinaus erstrahlt."[263]

Phasen des Schüler-Seins

Gurus haben viel Erfahrung, andere Personen zu unterwerfen und an sich zu binden. Die typische Karriere eines Schülers kann drei Phasen umfassen:[264]

1. Die Werbung. Am Anfang steht die Verführung. Der Guru spielt den Charmeur. Der Schüler fühlt sich beachtet und wichtig genommen. Ihm wird Freundschaft, Sorge, Spaß, Einfluss versprochen – und er tritt der Organisation bei.
2. Die Bindung. Ist der Schüler fixer Teil der Organisation, dreht sich der Spieß um. Von ihm wird jetzt Loyalität erwartet. Der Guru spielt die Rolle des strengen oder verständnisvollen Vaters. Manche Sekten setzen psychologische Techniken ein, die den Schüler zeitweise destabilisieren und ihn anschließend (wie eine „neue Person") in enger Bindung an den Guru wieder festigen.
3. Die Verstoßung. Bricht der Schüler die Loyalität oder erscheint es dem Guru opportun, ist das Spiel aus. Der Schüler wird, oft unter Demütigungen, aus der Sekte ausgestoßen. Der Guru spielt die Rolle des Rächers.

Haider ist in all diesen Rollen erfahren. Er kann äußerst charmant sein und andere ungemein liebenswürdig umgarnen; er spielt für seine Funktionäre manchmal den Vater; und er ist geübt, wenn es sein muss, den unbarmherzigen Rächer zu spielen.

Unterwerfung

Der innere Kreis einer Sekte besteht aus Personen, die dem Guru ergeben sind. Sie besitzen die Fähigkeit, sich dem Willen des Guru bedingungslos zu unterwerfen. Dazu sind nur bestimmte Personen geeignet. Persönlichkeiten mit eigenem Profil haben hier nichts verloren. In der Regel trifft man im innersten Kreis kaum Künstler, Intellektuelle, Wissenschaftler oder

Fachexperten. Die Mechanismen von Unterwerfung verlangen sowohl vom Guru als auch von den Schülern Qualitäten besonderer Art. Haider macht sich „auch öfters einen Spaß daraus, seinen eigenen Leuten vor Publikum den Herrn zu zeigen. *‚Komm her, Hojac'*, befiehlt er dann seinem Schames Peter Westenthaler, der seinen fremdartig klingenden Namen ins Treudeutsche hat ändern lassen. Dass diese Raffinesse sich in einer weniger meisterhaften Ausführung in der Hierarchie nach unten fortpflanzt, macht das Betriebsklima in der FPÖ so einzigartig" (Christa Zöchling).[265]

Eine Momentaufnahme, berichtet Anfang Juni 2000: „Als Peter Westenthaler vor wenigen Wochen mit Gipsbein durchs Parlament humpelte, raunte Jörg Haider verdutzten Journalisten zu: *‚Gebts ihm an Stessa, kumm, gebts ihm einen'*."[266] (Stessa = umgangssprachlich für Stoß).

Muster 56: Fordern Sie Unterwerfung.

- Haider: *„Wer meine Linie nicht vertreten kann, soll sich eine andere Partei suchen."*[267]
- Mathias Reichhold, einstmals Generalsekretär und Landeshauptmannstellvertreter von Kärnten: *„Ich schreibe Mathias mit einem t – außer wenn es der Jörg anders will."*[268]

Der Klebestoff zwischen einem Guru und seinem Schüler ist Unterwerfung. Der Guru ist wie ein Vater, der für seine Kinder sorgt.[269]

- *„Von Zeit zu Zeit"*, sagt Haider gern, fühle er sich *„wie die Gouvernante eines großen Kindergartens"*.[270]
- Ende Jänner 1998 „versöhnte" er sich mit Grasser: *„Der Obmann muss auf eine homogene Parteilinie achten. Das gilt auch für Leute, die meine Erfindung [!] sind. Auch die müssen zur Kenntnis nehmen, wenn ich sage: Kinder, so geht's nicht. Der Grasser ist mein politischer Ziehsohn und wird daher auch Ratschläge akzeptieren, die wirklich gut gemeint sind."*[271]
- Nach der Bereinigung des Chaos in der Salzburger FPÖ ent-

schuldigt sich der 44-jährige (!) Karl Schnell öffentlich bei seinem vier Jahre älteren Obmann: *„Wir haben uns kindisch benommen"*, aber *„unser Bundesobmann hat uns die Chance gegeben, noch einmal vernünftig zu werden. [...] Vollinhaltlich nehme ich alles zurück und entschuldige mich dafür."* (Er hatte Haider-Intimus Gernot Rumpold als *„Ritter von der seidenen Schnur"* bezeichnet.) *„Es war heute nicht der starke Arm des Jörg Haider, sondern der verständnisvolle Arm des Jörg Haider. Er hat wirklich den verständnisvollen Vater für uns gespielt."*[272]

Manche der faszinierenden Unterwerfungs-Rituale in der FPÖ bedürfen nicht der persönlichen Anwesenheit des Führers. In diesem Fall wird den *„Parteifreunden"* ein Videoband vorgespielt, in dem Haider erzählt, was zu tun ist. Auch den Delegierten an Landesparteitagen muss gelegentlich per Video gesagt werden, wie sie zu wählen haben, z.B. am oberösterreichischen Landesparteitag der FPÖ am 8.4.2000. Unmittelbar vor der Wahl des Obmanns (Hans Achatz war der einzige Kandidat) durften die Delegierten ein Video ansehen, in dem Haider empfahl, Achatz wieder zu wählen. Dieser sei ein *„exzellenter Landesparteiobmann"* und *„mein treuer Freund und Verbündeter in der Politik"*. (Der Parteitag stand unter dem Motto *„Demokratie ist unsere Stärke"*.)[273]

Glaube und Zynismus

Die ideale Struktur einer Sekte (wie sie oben geschildert wurde) kann von einer abgestuften Skala von Glauben und Zynismus begleitet sein. An der Basis tummeln sich die „Idealisten". Sie nehmen die Reden des Gurus ernst und glauben an das, was er predigt. Die Propaganda vom SUPER-GUTEN Menschen fällt bei ihnen auf fruchtbaren Boden. In ihren Augen besitzt der Guru eine alles überstrahlende Persönlichkeit. Je höher der Rang der Organisation, desto geringer kann der Glaube sein.

Höhere Ränge sind „Eingeweihte". Sie kennen in zunehmendem Maße die tatsächlichen Praktiken und Zustände und wissen, wie es in der Sekte wirklich zugeht. Personen, die früher an den Guru geglaubt haben, können im Aufstieg zu Zynikern werden, wenn sie die Gefühls-Manöver des Gurus und seine Manipulations-Tricks durchschauen. Im innersten Zirkel ist Platz für reine Zyniker, die selbst an nichts mehr glauben, aber von Macht und Manipulation fasziniert sind.

Eine ähnliche Struktur sieht Christa Zöchling in der FPÖ: „In Haiders Bewegung oder Partei herrscht ein abgestufter Zynismus, der innerhalb des engsten Kreises die Gefahr bannt, dass Haider durch das Gewicht seiner eigenen Propagandathesen gezwungen werden könnte, seine Erklärungen wahr zu machen."[274] Zynismus und gespielte Gläubigkeit des innersten Kreises schützen den Guru. Niemand mutet ihm zu, von gespielter zu echter Ernsthaftigkeit überzuwechseln. (In der FPÖ fragt z.B. niemand, wie Haider seinen luxuriösen Lebenswandel finanziert.)

Der Zynismus im innersten Zirkel der FPÖ kann bei vielen der überraschenden Schwenks von Haider beobachtet werden. Fast augenblicklich sind sie in der Lage, die Meinung zu ändern und Äußerungen von gestern vergessen zu lassen. „Leugnet Haider, leugnet auch Haiders Anhang."[275] Das eigene Denken wird dem Partei-Standpunkt untergeordnet, der die Meinung des Führers ist. *„Als Parteiprogramm gilt das gesprochene Wort des Vorsitzenden"* (der FPÖ-Funktionär Erich Reiter).[276]

Auch wer gerade als FREUND gilt, wird vom Führer vorgegeben. Die FPÖ hat seit Jahren viele Personen in der ÖVP auf das gröblichste beschimpft, mit denen sie im Jahr 2000 eine Regierung gebildet hat. Noch eine Woche vor seiner Bestellung zum Minister hat Michael Schmid über den ÖVP-Chef Wolfgang Schüssel gemeint: *„Schüssel ist bei uns ein Feindbild"*.[277]

Der Wechsel vom FEIND zum FREUND in Bezug auf die ÖVP ist ein taktischer Schwenk. Er kann jederzeit rückgängig gemacht werden (z.B. wenn Haider die Regierung platzen lässt und Neuwahlen herbeiführen will). Die alte Hass-Sprache gegen die ÖVP wird dann, von einem Tag auf den anderen, fröhliche Auferstehung feiern und die FPÖ wird so tun, als ob die ÖVP immer ihr FEIND gewesen ist.

Zwiedenken

Georg Orwell hat in seinem berühmten Roman „1984" dieses Denken *„Zwiedenken"* genannt. Im *„Zwiedenken"* verblasst der Wahrheitsbegriff. Die Logik wird außer Kraft gesetzt. „1984" ist eine Parodie auf eine totalitäre demagogische Gesellschaft. Orwell beschreibt eine Welt, in der das *„Zwiedenken"* absolute Kontrolle ausübt. Von jedem Partei-Mitglied wird erwartet, bereitwillig alle Schwenks des *„Großen Bruders"* mitzumachen. Alle Gläubigen haben gelernt, blitzschnell ihre ‚inneren Bilder' über frühere Ereignisse der aktuellen Deutung anzupassen. Die Vergangenheit wird damit flexibel. Sie kann von der Partei-Spitze beliebig geformt werden. Wer heute zu DEN WIR oder zu DEN ANDEREN zählt, war immer dort zu finden. „Der augenblickliche FEIND stellt immer das BÖSE an sich dar, und daraus folgt, dass jede vergangene oder zukünftige Verbindung mit ihm undenkbar war."[278]

Die Paradoxa des Guru

Paradoxon bedeutet Widerspruch. Ein Guru, der z.B. umfassende Liebe predigt (viele sogenannte spirituelle Gurus tun dies) und zugleich voller Verachtung über seine FEINDE spricht, handelt paradox. Seine Botschaft und sein Tun stehen in Widerspruch zueinander.

Widersprüche sind das tägliche Brot eines Guru. In jedem Guru-System sind prinzipielle Gegensätze eingebaut, die ein kritischer Verstand erkennt und die das Gefühl (die Liebes-Beziehung der Schüler zum Guru) übertüncht. Gurus lieben sprachliche Paradoxa. Sie sind ein wunderbares Instrument, Anhänger und Gegner zu verunsichern und zu manipulieren.

Ein bekanntes sprachliches Paradoxon, das in der Geschichte der Philosophie eine große Rolle gespielt hat, ist der Satz „Alle Kreter lügen". Wenn diesen Satz ein Kreter sagt, dann sind wir verwirrt. Lügt der Kreter oder spricht er die Wahrheit? Angenommen er lügt: Bestätigt er nicht mit seinem Lügen die Wahrheit seiner Aussage, d.h. er hat ja gar nicht gelogen usw. Man kann den Satz drehen und wenden, wie man will: Man pendelt zwischen Wahrheit und Lüge, stets taucht ein Widerspruch auf.

Paradoxa zu konstruieren ist eine einfache Sache. Jeder Guru beherrscht dieses Handwerk. Man braucht dazu drei Bestandteile:

1. Eine Aussage: „Alle Kreter lügen."
2. Eine zweite Aussage: „Ich bin ein Kreter", die auf die erste Aussage Bezug nimmt. Sie wird damit selbstbezüglich. Der Kreter redet über sich selbst.
3. Eine Verneinung, die in die Konstruktion eingebaut wird (hier die Behauptung der Lüge, d.h. die Wahrheit wird verneint).

Mit diesem Rezept kann man die schönsten Paradoxa konstruieren:

Sätze dieser Art haben eine seltsame Wirkung, die für einen Gefühls-Manager interessant sind. Sie verwirren und vernebeln, sind ungemein suggestiv und enthalten Doppelbotschaften. Ein Guru, der das weiß (jeder Guru weiß das), wird Paradoxa in seinen Aktionen regelmäßig einsetzen.

Angenommen, ein Schüler kritisiert den Guru in einer Sache, die Hand und Fuß hat. Ein echter Guru stellt sich Vorwürfen eines Schülers nicht. Er reagiert mit einem Tadel: „Wenn Du meinen erhabenen Grad an Erleuchtung erreicht hast, dann wirst Du, mein lieber Schüler, einsehen, wie unsinnig solche Fragen sind." Der Schüler, der die Autorität des Gurus akzeptiert, befindet sich in einem Dilemma. Wenn er seinen Guru kritisiert, ist er in einem Paradoxon gefangen. Ein Guru ist für ihn jemand, der mehr Bescheid weiß als er selbst – sonst wäre er ja nicht sein Guru. Kann aber ein „nichtwissender Schüler" einem „wissenden Guru" ernsthaft einen Vorwurf machen? Redet er wie der Blinde vom Licht?

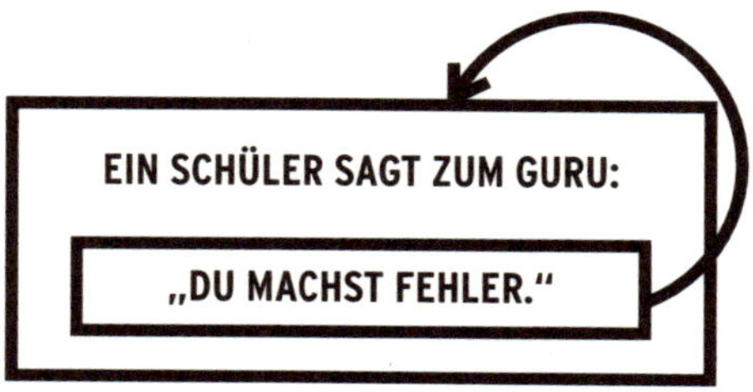

Gurus leben davon, ihrem Tun einen geheimen Sinn zu unterstellen. Jeder Widerspruch kann für einen Gläubigen ein Hinweis auf die Besonderheit des Gurus sein. Gurus sind wahre Exzentriker an Gegensätzen. Ein Guru kann zum Beispiel auf die Idee verfallen, die Organisation als aufgelöst zu betrachten und gleichzeitig in der Guru-Show weitermachen wie bisher. Die Jünger sind begeistert. Sie loben die Klugheit des Gurus, verkünden nach außen seine neue Botschaft und scharen sich weiterhin um ihn. Das Publikum ist durch ein Paradoxon verwirrt und darf sich an einem Ratespiel beteiligen.

Muster 57: Verkündigen Sie Paradoxa.

Haider hat Paradoxa dieser Art schon mehrmals praktiziert. Die FPÖ wurde als aufgelöst erklärt, der Name verändert und die *„Bewegung"* als „Nicht-Partei" deklariert.

Die meisten Selbst-Aussagen, die Haider über sich und seine Partei trifft, sind paradoxer Natur. Sie sind rhetorische Tricks, beinahe ohne Auswirkung auf das tatsächliche Verhalten oder das Verhalten seiner Jünger.

Eine beachtenswerte paradoxe Situation hat Haider im Frühjahr 2000 inszeniert. Er tritt von der Spitze seiner Partei zurück und definiert sich selbst als *„einfaches Parteimitglied"*. Dieses wunderschöne Paradoxon hat folgendes Muster. Der Guru sagt zu seinen Jüngern: „Ich bin nicht länger euer Guru. Jemand anders wird euch leiten." Die Schüler sind begeistert (manche brauchen allerdings etwas Zeit, um die Genialität dieses Schachzugs zu begreifen) und antworten im Chor: „Ja lieber Guru, du bist nicht mehr unser Guru!" – und Guru und Schüler machen weiter wie bisher.

Haiders sogenannter Rücktritt hat in der Macht-Struktur der FPÖ nichts verändert. An der Pro-forma-Spitze stehen treue Gefolgsleute des innersten Zirkels, die ihre Loyalität in der Vergangenheit ausreichend bewiesen haben. *„Lieber Jörg. Das Wichtigste, was ich dir sagen will: dass du dich immer auf mich verlassen kannst"*, ruft die neue „Chefin" bewegt dem „scheidenden" Chef zu. Sie lässt keinen Zweifel, dass sich nichts ändern wird: *„Das ist immer noch die FPÖ von Jörg Haider"*.[279]

Dieser führt die Partei auf gewohnte Art weiter. Haider ist aktiv an allen Wahlkämpfen beteiligt, tritt bei Parteitagen als Starredner auf, gibt die Wahlkampflinie vor und erscheint wie früher auf den Wahlplakaten. Unverändert steht er in engem telefonischen und persönlichen Kontakt zu den Spitzenfunktionären. Haider bleibt im Koalitionsausschuss, dem eigentlichen Lenkungsorgan der Regierung. Die FPÖ-Regierungsmitglieder kommen zum Rapport nach Kärnten, um die weitere Linie festzulegen. Haider ist, wie es einem politischen Guru geziemt, der Radikalste in seiner Partei. Fast jede Woche wird eine symbolische Aktion gestartet, die Regierung getadelt oder ein Spruch abgelassen, der FREUND und FEIND erregt. Nach wie vor verteidigt der innere Zirkel alle Aktionen von Haider, wie skurril sie auch sein mögen. Bereits einen Monat nach seinem *„Rücktritt"* schwenkt Haider – beunruhigt über die schlechten Umfragewerte – auf eine andere Sprache um. Im Bundesparteivorstand verkündet er, jetzt gehe es um *„alles oder nichts"* und daher habe wieder *„jeder"* auf sein Kommando zu hören.[280]

Rotations-Prinzip

Ein Guru lebt von der Anbetung seiner Fans. Schüler und Guru sind, so scheint es, durch intensive und stabile Gefühle verbunden. Tatsächlich hat ihre Beziehung ein instabiles und manchmal nur kurzfristiges Moment. Der Guru benötigt keine spezifischen Schüler, sondern eine Menge von ihnen. Jeder von ihnen ist nicht als Person, sondern nur in seiner Rolle als Schüler interessant. Personen, die diese Rollen erfüllen, kann man austauschen, durch andere ersetzen.

Auch die Schüler sind flexibel. Sie verharren nur solange unter den Fittichen des großen Meisters, solange sein Guru-Image intakt ist (in Einzelfällen kann dies allerdings lange währen.) Zerbricht das Image oder die Hoffnung auf eine bessere Zukunft, ist das Spiel aus. Die Schüler wandern enttäuscht zum nächsten Guru oder sind vom Guru-Spiel geheilt.

Für den Guru ist die Instabilität kein Nachteil. Er kann sie sogar fördern, um seine Macht zu festigen. Dazu verpasst er seiner Organisation ein Rotations-Prinzip. Niemand soll sich seiner Position wirklich sicher sein. Gurus greifen gerne in die Organisation ein. Sie nehmen neue Personen auf, entlassen andere und mischen die Ränge neu. Auch im inneren Zirkel herrscht ein Kommen und Gehen. Neue Jünger erlangen die Gunst des Gurus, andere werden verstoßen oder auf klingende Posten ohne wirkliche Macht verschoben. Die *„Bewegung“* soll in Bewegung bleiben, während der Guru selbst im Zentrum verharrt und seine Fäden nach allen Seiten andauernd neu webt.

Muster 58: Verwirklichen Sie in Ihrer Organisation ein Rotations-Prinzip.

Viele Vorgänge in der FPÖ gehorchen einem Rotations-Prinzip. Haider hat in mehreren Wellen alle Funktionäre, die sich seinem Willen nicht unterwarfen, an den Rand gedrängt, ausgeschlossen oder zum Weggehen veranlasst. Sie waren für die ihnen zugedachte Schüler-Rolle nicht geeignet. In der FPÖ herrscht ein Kommen und Gehen auf allen Rängen. Die FPÖ ist (von Ausnahmen abgesehen) die Partei mit der größten Fluktuation bei den Funktionären.[281] Viele Spitzenkandidaten, die mit großem Medienecho eingestiegen sind, werfen nach kurzer Zeit das Handtuch. Das Gastspiel des Aufdeckungs-

Journalisten Hans Pretterebner im Parlament z.B. hat nicht mehr als 11 Monate gedauert.[282]

Die schnelle Eingreiftruppe

Die Schaffung einer autoritären, dem Führer ergebenen Organisation verlangt dauernde Anstrengung. In vielen Fällen ist es notwendig, direkt von oben einzugreifen. Abweichende Meinungen, schädlicher Streit und drohende Fraktionsbildungen müssen unterbunden werden. Zudem empfiehlt es sich, von Zeit zu Zeit scheinbare Willkürakte zu setzen – um zu zeigen, wer der Herr im Hause ist und potenzielle Rebellen abzuschrecken.

Zur Sicherung der Macht ist oft ein rücksichtsloses Vorgehen notwendig. Maßnahmen dieser Art sind wenig populär. Der Guru muss dabei auf sein Image achten. In vielen Fällen ist es günstig, die „Grobarbeit" nicht persönlich, sondern durch beauftragte Personen vornehmen zu lassen. Sie sollen sich „die Finger schmutzig machen". Wer wäre dafür besser geeignet, als Personen im innersten Zirkel? Ihre Loyalität steht außer Zweifel bzw. kann gerade durch unliebsame Aufträge getestet werden. Personen, die sich hier bewähren, haben ihre Ergebenheit in stürmischen Zeiten nachhaltig bewiesen. Sie sind für höhere Aufgaben, z.B. für Ministerämter, hervorragend geeignet.

Muster 59: Schaffen Sie sich eine schnelle Eingreiftruppe.

Haiders Eingreiftruppe greift, wenn es sein muss, hart durch. 1992 wird der Landesparteiobmann von Salzburg abgesetzt und der damalige FPÖ-Generalsekretär Karl Schnell installiert. Sechs Jahre später muss Gernot Rumpold, unterstützt von der späteren Vizekanzlerin Riess-Passer, wieder nach Salzburg eilen. Diesmal ist Karl Schnell selbst an der Reihe. Per Weisung aus Wien werden im April 1998 sämtliche 700 Salzburger

FPÖ-Funktionäre abgesetzt – ein einmaliger Vorgang, der nur in einer Führer-Partei möglich ist. (Susanne Riess-Passer erwirbt sich mit dieser Aktion parteiintern den Ruf einer *„Königskobra"*.)[283]

Den innersten Zirkel erkunden

Den innersten Zirkel einer Sekte zu erkunden, ist ungemein aufschlussreich. Alle Personen, die sich hier befinden, sind vom Guru ausgewählt. In gewisser Weise sind sie seine Geschöpfe. Was sie sind und was sie tun, zeigt eindrucksvoll, was die Macht des Guru bewirkt, und was sie in Zukunft für Folgen haben könnte.[284] Informationen über den innersten Zirkel werfen ein bezeichnendes Schlaglicht auf die gesamte Organisation.

Fragen zur Einschätzung einer Sekte oder einer sektenähnlichen Organisation

- Welche Personen gehören zum innersten Zirkel?
- Was haben diese Personen vor ihrem Eintritt in diesen Kreis gemacht? Wodurch haben sie sich ausgezeichnet, um hier aufgenommen zu werden?
- Welcher Typus oder welche Typen von Persönlichkeit herrschen hier vor?
- Welche Beziehungen gibt es zwischen diesen Personen?
- Entwickeln sich diese Menschen während ihrer Zugehörigkeit zum engen Kreis um den Guru zu eigenständigen Persönlichkeiten? Bleiben sie brave Gefolgsleute ohne eigenen Willen?
- Wie geht der Guru mit Personen im inneren Kreis um? Welche Aufträge erteilt er ihnen und wozu genau braucht er sie?
- Warum und wann werden Personen ausgewechselt?

- Wie verfährt der Guru mit Personen, die den innersten Kreis verlassen oder gehen müssen?

Partei-Hierarchie

Die Hierarchie einer demagogischen Organisation unterscheidet sich von „echten Hierarchien“ – wie in Bürokratien oder Firmen – in entscheidender Weise. In einer echten Hierarchie sind Macht und Verantwortung auf einzelne Stufen verteilt. Formale und informelle Regeln legen fest, was z.B. ein Abteilungsleiter tun darf und was er zu tun hat. Er führt die Vorgaben seines Vorgesetzten aus und befehligt seine Mitarbeiter. Verletzungen der hierarchischen Kommando-Kette sind Regel-Verstöße. Der Abteilungsleiter wird sich hüten, Aufträge von Personen zu befolgen, die seinem Vorgesetzten übergeordnet sind, ohne die Zustimmung des Vorgesetzten einzuholen. Gleichzeitig wird er seinen Einflussbereich gegen direkte Eingriffe übergeordneter Personen schützen. Ein direkter Zugriff des Vorgesetzten auf seine „Untergebenen“ wird als Affront oder als unfreundlicher Akt empfunden. Die hierarchischen Regeln sind verletzt, ein Streit wahrscheinlich.

Regeln dieser Art besitzen in demagogischen Organisationen ein ungemein schwächeres Gewicht. Ihre Hierarchie ist eine „unechte“, weil der Führer direkten Zugriff auf alle Ebenen besitzt. Das Ideal des Führers ist ein gleichgeschalteter Verein. Das demagogische Welt-Bild enthält eine Tendenz zur Gleichmacherei. Der Glaube an DIE gleichartigen WIR führt zur Schaffung einer Partei DER WIR, die sich einem einzigen Willen unterordnen. Blinder Gehorsam wie blinde Befehls-Gewalt durchziehen die Organisation. Der Blick geht nach oben, zum Führer, zum innersten Kreis.

Muster 60: Geben Sie sich ein Durchgriffs-Recht auf die gesamte Organisation.

Dieses Bild gilt für die FPÖ prinzipiell, aber nicht für Details der Tagesgeschäfte. Haider führt die Partei zentralistisch, lässt aber zugleich seinen Landesparteiobmännern Freiraum. Haider greift direkt nur ein, wenn die Turbulenzen in den Ländern zu groß werden (was häufig vorkommt) oder eine Fehlentwicklung droht.[285] Haider besitzt in der FPÖ ein Vetorecht in allen Personalangelegenheiten. Im Statut der FPÖ steht zusätzlich ein Gummiparagraph, der Haider Befugnisse nicht nur auf Partei-Angestellte, sondern auf alle Funktionäre und Mitglieder einräumt. Laut Statut darf Haider *„bei Gefahr in Verzug vorläufige Maßnahmen treffen"*, eine Bestätigung *„durch die Bundesparteileitung bzw. den Bundesparteivorstand"* muss *„unverzüglich"* (d.h. im Nachhinein) eingeholt werden. Zugleich darf Haider nicht nur Angestellten der FPÖ Weisungen erteilen, sondern auch Funktionären und Mitgliedern – ein Recht, das sich im Statut keiner anderen Partei findet.[286]

Führer-Monopol

Eine autoritäre Führer-Partei gibt dem Mann an der Spitze ein dreifaches Monopol:[287]

1. ein Willensmonopol: Der Wille des Führers bestimmt die Dynamik der Organisation. Er legt die Marschrichtung fest und leitet die neuesten taktischen Manöver ein.
2. ein Wissensmonopol: Der Führer verfügt über das meiste Wissen. Er braucht niemandem in der Organisation über die Gründe seines Handelns Rechenschaft geben.
3. ein Erklärungsmonopol: Nur der Führer oder von ihm beauftragte Personen sind berechtigt, im Namen der Organisation Erklärungen abzugeben.

Muster 61: Geben Sie sich ein Willens-, Wissens- und Erklärungsmonopol.

Diese Prinzipien sind in Haiders FPÖ in vielen Bereichen verwirklicht. Haider besitzt ein Durchgriffsrecht auf alle Personen in der FPÖ. In der Regel folgen die Gremien seinen Wünschen. Haider führt die FPÖ mit Zuckerbrot und Peitsche. Er bindet Personen mit „Charisma“ und Versprechungen an sich und verfolgt Abtrünnige mit gnadenloser Härte. Haider erzeugt „in der FPÖ ein Klima der Angst, sodass niemand mehr, ohne um seine politische (oder oft auch berufliche) Existenz fürchten zu müssen, sich ein Wort gegen Haider zu sagen getraut, – ein „innerparteilicher Totalitarismus, der in Österreich seinesgleichen sucht.“[288]

Viele Besonderheiten der FPÖ folgen aus dem dreifachen Monopol Haiders. Haider trifft seine Entscheidungen, ohne sich jemandem gegenüber verantworten zu müssen. Funktionäre erfahren aus den Medien die neuesten Beschlüsse des großen Meisters. Am Bundesparteitag 1996 wurden die Delegierten durch einen überdimensionalen Bildschirm von Haider live aus der TV-Pressestunde informiert, dass Peter Westenthaler ihr neuer Generalsekretär sein werde.[289]

Flugsand

Die Personalpolitik einer Führer-Partei birgt Risiken eigener Art. Menschen werden vorrangig nicht nach fachlichen Qualifikationen, Expertenwissen, beruflichen Erfahrungen oder persönlicher Integrität ausgewählt, sondern nach ihrer Eignung als Schüler. Gernot Rumpold zur Personalpolitik der „Buberlpartie“: *„Wir waren wahnsinnig viel unterwegs, um Leute zu finden und in Funktionen zu bringen. In den Wirtshäusern, in den Diskotheken haben wir die Leute aufgegabelt, wo halt Leute sind. Wir haben gewusst, dass ein bisserl ein Flugsand dabei ist. Das ist ein Restrisiko. Das nimmt man in Kauf.“*[290]

Die FPÖ besitzt ein strukturelles Problem. Im Gegensatz zu ihrer Propaganda ist das „Flugsand-Risiko“ in der FPÖ, verglichen mit anderen Parteien, nicht geringer, sondern höher. Dieser Befund überrascht nicht. Viele Sekten oder sektenähnliche Organisationen sind von einem nicht endend wollenden Strom von Skandalen begleitet. Die Gründe liegen auf der Hand: eine eigenwillige Personalpolitik, die das Aufkommen sachkompetenter Persönlichkeiten behindert, das Fehlen interner Kontrollsysteme und das Prinzip der allgemeinen Verantwortungslosigkeit, das die Organisation durchzieht, weil viele jede Verantwortung auf die Spitze abschieben.

In der FPÖ finden sich unterschiedliche Arten von *„Flugsand"*. Eine Gruppe sind Menschen mit belasteter Vergangenheit, z.B. infolge ihrer Zugehörigkeit zu neonazistischen Organisationen.[291] In einem rechtskräftigen Urteil hält das Oberlandesgericht Wien fest, es sei erwiesen, dass es in der FPÖ „braunes Gedankengut" gäbe, und zwar nicht „bloß als vereinzelte Fehlleistungen".[292] Mehrere ranghohe FPÖ-Funktionäre, wie der Bundesgeschäftsführer Walter Meischberger, wurden wegen diverser Vergehen gerichtlich verurteilt. Der Politikwissenschaftler Fritz Plasser meint, in der FPÖ zeige sich ein „Kompetenzdefizit". In der Partei seien Leute „mit gravierendem Erfahrungsmangel am Werk", welche die „Tragweite ihrer Handlungen oft gar nicht erkennen".[293]

Der Mangel an kompetenten Experten ist für eine Partei in der Größenordnung der FPÖ erschreckend. Haider hat oft von den vielen *„Experten"* gesprochen, die die FPÖ aufbieten wird, und war nicht in der Lage, alle FPÖ-Ministerien mit Personen zu besetzen, die übliche Standards für ein Ministeramt erfüllen. Das Personalproblem der FPÖ ist kein Zufall, sondern das Ergebnis einer langjährigen Politik, „alle FPÖ-Politiker, die eigenständiges Format und eigene Hausmacht besaßen, die ihre Stellung nicht Haider verdankten, kaltzustellen oder zu eliminieren. Unter den von Haider nach oben gehievten Nachwuchspolitikern, die meist erst ganz kurze Zeit der Partei angehörten, befindet sich kein Einziger, der politisches oder intellektuelles Gewicht besitzt, sodass die gesamte Politik der FPÖ nur mehr von Haider allein bestimmt wird."[294]

Loyalität fordern, illoyal sein

Ein Guru fordert von seiner Gefolgschaft absolute Loyalität. Die Schüler sollen jede seiner Maßnahmen billigen, ihm die Stange halten und ihn verteidigen.

Ein echter Guru erwidert diese Gefühle nicht. Er fordert von seinen Schülern absolute Loyalität, ist aber nicht bereit, zu ihnen loyal zu sein. Wenn die Situation es erfordert, wird der Guru jeden wie eine heiße Kartoffel fallen lassen.

Muster 62: Fordern Sie Loyalität. Seien Sie illoyal.

Das Prinzip der Loyalität ist für Haider ungemein wichtig. Im Zweifelsfall ist Haider sogar bereit, einen Wahlsieg zu opfern, sollte seine Stellung in der FPÖ gefährdet sein. 1992 wagte Heide Schmidt, damals FPÖ-Kandidatin zur Bundespräsidentenwahl, öffentlich leisen Widerspruch zu Haider (es ging um einen Streit zwischen Georg Mautner-Markhof und Andreas Mölzer). Mitten im Wahlkampf ließ Haider Druck und Auslieferung ihrer Wahlplakate stoppen. Sie solle sehen, sagte er, wie sie alleine weiterkomme. Gernot Rumpold zu dieser Aktion: *„Wir haben sie einfach abstürzen lassen. [...] Sie war in allen Umfragen vorn. Wenn wir einen Drive draufgegeben hätten, hätte Sie es geschafft. Aber dann kam der Absturz, weil die Schmidt einfach nicht solidarisch war. Kein Kameradschaftsverständnis. Die war nicht bei der Partie dabei."*[295]

Demütigungs-Rituale

Gurus sind Experten in praktischer Psychologie. Sie kennen die wunden Punkte ihrer Anhänger und wissen, wie man jemanden bloßstellen kann.

Gurus sind einsam. Sie reden von FREUNDEN, haben aber kaum Freunde. Jeder FREUND ist ein potenzieller Feind. Muss er gehen, weil er für die Organisation untragbar geworden ist, dann wird er zum tatsächlichen FEIND. Er darf so behandelt werden, wie es FEINDEN zukommt. Gezielt kann jetzt das Wissen um seine schwachen Punkte eingesetzt werden. Seien Sie ein echter Guru. Demütigen Sie abtrünnige Verräter.

Abtrünnige beim Abgang zu demütigen hat viele Vorteile:

- Der Guru zeigt seine Macht.
- Potentielle Rebellen werden eingeschüchtert. Sie müssen befürchten, ein ähnliches Schicksal zu erleiden.
- Allen wird klargemacht, dass die abtrünnige Person ein FEIND ist (und von allen in der Organisation beschimpft werden darf).
- Ein persönlicher Angriff schwächt die Position des „Verräters". Er darf sich mit seiner Verteidigung beschäftigen. Andere Themen bleiben unerwähnt.

Muster 63: Demütigen Sie Abtrünnige.

Haider denkt in Demütigungs-Begriffen und demütigt gerne. Als Karl-Heinz Grasser (später Finanzminister in der ÖVP-FPÖ-Regierung) im Frühjahr 1998 den Parteiobmann *„als zur Zeit nichts besonders motiviert"* bezeichnet, spricht Haider von *„Verrat und schwerer politischer Demütigung"*.[296] Als der Wirtschaftssprecher Helmut Peter – ein Unternehmer – geht, ruft Haider ihm höhnisch nach: *„Wenn Peter Angst hat vor den Mächtigen, dann muss er sich in ihren Schutz begeben. Das ver-*

stehe ich, denn er lebt ja davon, dass sein Firmenruf nicht angegriffen wird.“ [297]

Abschied von Freunden

Haider hat auf seinem Weg nach oben beinahe alle „Freunde“, die ihm einmal behilflich waren, aus der Partei hinausgedrängt oder ausschließen lassen. Viele wurden bei ihren Abgang gedemütigt und als ANDERE beschimpft.[298]

- Mario Ferrari-Brunnenfeld macht Haider 1976 zum Landesgeschäftsführer in Kärnten und schickt ihn 1979 nach Wien in den Nationalrat. Haider bedankt sich dafür mit einem Intrigenspiel, das seinen Förderer in Etappen aus der Politik drängt. 1988 verordnet er ihm ein Funktionsverbot und verspottet ihn als *„eine Automarke“*.[299]
- Kriemhild Trattnig wird in Kärnten zu Haiders „Ziehmutter“.[300] Sie unterstützt ihn bei den Vorbereitungen zum Sturz von Steger im September 1986. Spätestens ab 1989 versucht Haider Trattnig loszuwerden. Am Vorabend zum Bundesparteitag 1992 in Gastein veranstalten die jungen Sekretäre von Haider ein Kabarett (auch Andreas Mölzer, später Haiders *„Kulturkonsulent“*, macht eifrig mit). Höhepunkt ist der Auftritt von Gernot Rumpold im Dirndlkleid mit „Trattnig-Perücke“ und Fistelstimme.[301] Trattnig wird als beschränkte Goldhaubenfrau verhöhnt, was die Funktionäre und Haider mit johlendem Gelächter quittieren. Trattnig fühlt sich, wie sie sagte, als *„Funktionärin beleidigt und als Frau herabgewürdigt“* und tritt noch am Parteitag aus der FPÖ aus. Später beschimpft Haider sie als *„kleinkariert, ausgebrannt und psychisch nicht belastbar.“* [302]

„Die Karriere des Jörg Haider ist in der österreichischen Nachkriegsgeschichte einzigartig: Mit brachialer Rhetorik und jugendlichem Elan rempelte sich der charismatische Einzelkämpfer nach oben. Er duldete nur Bewunderer um sich, wer nicht nach seiner Pfeife tanzte, wurde bislang stets auf ein Abstellgleis manövriert.“ (Joachim Riedl)[303]

„Jörg Haider kann keine Konkurrenz ertragen, kennt keine Partnerschaft, duldet keinen Widerspruch. Im Privatbereich ist das ein Persönlichkeitsdefizit. Im politischen eine Drohung.“ (Peter Pelinka)[304]

Merkmale einer autoritären Organisation

Die FPÖ weist folgende Merkmale einer autoritären Gruppierung auf:[305]

- Abweichungen von der Parteilinie sind nicht erlaubt.
- Alles, was der Guru macht, ist richtig – auch wenn dieses Verhalten bei ANDEREN kritisiert werden würde.
- Es herrscht Vertrauen, dass die Führung weiß, was am besten ist.
- Die Aktionen des Guru werden verteidigt, auch ohne zu wissen, was wirklich geschehen ist.

Parallelen zum Nationalsozialismus

Die Organisation der FPÖ weist bezeichnende Parallelen zur nationalsozialistischen *„Bewegung“* auf. Hitler hat bereits 1924 ihre Organisationsprinzipien so formuliert:[306]

1. Propaganda kommt vor Organisation. Propaganda muss der Organisation *„voraneilen“*. Die Organisation muss sich flexibel geänderten Propaganda-Erfordernissen anpassen.
2. Erst wenn die *„von einer Zentrale“* verbreiteten Ideen ein *„allmählich anwachsendes Menschenmaterial“* erreicht haben, muss dieses *„sorgfältig nach Führerköpfen“* durchsucht werden (S. 650).
3. Dies führt zu einem kleinen inneren Zirkel. Er besteht aus *„an sich unscheinbaren Menschen“*, die keinen *„Reichtum*

an theoretischen Erkenntnissen" besitzen müssen. Sie müssen *„Organisatoren"* und *„Agitatoren"* sein: *„Denn Führen heißt, Massen bewegen zu können"* (S. 650).

4. In der Organisation gilt das *„Prinzip des Führergedankens"* (S. 662). Jeder *„untersteht nur dem ersten Vorsitzenden"*. Es gibt keine Mehrheitsbeschlüsse (S. 634f.).
5. Die Propaganda versucht möglichst viele *„Anhänger"* zu erzeugen. Mitglied der Organisation darf nur werden, wer *„die Idee"* aktiv vertritt und verteidigt. Das sind höchstens zehn oder zwanzig Prozent der *„Anhänger"*. Diese müssen sorgfältig ausgesiebt werden. *„Die größte Gefahr, die einer Bewegung drohen kann, ist ein durch schnelle Erfolge abnorm angewachsener Mitgliederstand"* (S. 656).
6. Der innerste Kern der Organisation braucht nur aus einer *„Handvoll Menschen"* bestehen. *„Propaganda und Organisation, also Anhänger und Mitglieder, stehen damit in einem [...] gegenseitigen Verhältnis. Je besser die Propaganda gearbeitet hat, umso kleiner kann die Organisation sein, und je größer die Zahl der Anhänger ist, umso bescheidener kann die Zahl der Mitglieder sein."* (S. 653f.)
7. Jede Vergrößerung der Organisation verlangt *„äußerste Vorsicht"* und *„gründlichste Prüfung"*. *„Ausschließlich"* der *„Kern alleine"* darf *„die Bewegung"* leiten.

Zusammenfassend: *„Alle großen Bewegungen, mochten sie religiöser oder politischer Natur sein, haben ihre gewaltigen Erfolge nur der Erkenntnis und Anwendung dieser Grundsätze zuzuschreiben, besonders aber alle dauerhaften Erfolge sind ohne Berücksichtigung dieser Gesetze gar nicht denkbar."* (S. 657)

Das Machtsystem der Nazis

Wenn ein politischer Guru die Macht hat, ein politisches System nach seinem Willen zu gestalten, dann bildet das erprobte Organisationsmodell seiner *„Bewegung“* die Vorlage für die Umgestaltung der gesamten Gesellschaft.

Hannah Arendt charakterisiert in ihrem klassischen Werk „Elemente und Ursprünge totaler Herrschaft“ das Herrschafts-System der Nazis so:[307]

- Das Machtzentrum lag beim Führer und einer kleinen Clique, die wie eine Geheimgesellschaft organisiert war.
- Die wirkliche Macht lag in den Institutionen der *„Bewegung“*, die vom Machtzentrum direkt gesteuert wurden. Diese Institutionen waren außerhalb des Staates und des militärischen Apparates angesiedelt. Der Staat blieb nur als Fassade erhalten.
- Im innersten Kreis herrschte eine strikte Hierarchie. Der Führer gab sich niemals als Gleichrangiger.
- Die Vertrauten in der engsten Umgebung des Führers wurden häufig ausgewechselt – auch um zu verhindern, dass sich irgendeine Solidarität zwischen ihnen bildete.
- Alle Instanzen in der Partei und im Staat waren dem Willen des Führers unterworfen. Das Machtzentrum hatte absolutes Durchgriffsrecht.
- Es gab keine wirklichen Hierarchien mit festgelegten Autoritäten und Pflichten. Viele bürokratische Abläufe wurden von mehreren Organisationen gleichzeitig bearbeitet, denen jederzeit die Befugnisse genommen werden konnten.
- Dies schuf ein Klima allgemeiner Verantwortungslosigkeit: *„Ich habe nur meine Pflicht getan.“*
- Früher akzeptierte „Fakten“ wurden durch Propaganda und Terror außer Kraft gesetzt.
- Eine ungeheure Propaganda-Maschinerie zur Pflege des Führer-Mythos. Am Höhepunkt des Mythos – 1936 bis 1938 – glaubte die Mehrheit der Deutschen an den Führer

und war ‚innerlich' von seiner Besonderheit als überragender SUPER-WIR überzeugt.[308]

- Ein extremer Führer-Kult in der *„Bewegung"* und im Volk – ohne jemals einen Nachfolger aufzubauen.
- Eine absolut willkürliche Festlegung von FEINDEN durch die Macht-Elite. (Die Mehrzahl der Menschen in den Konzentrationslagern waren weder Regimegegner noch Verbrecher.)

Welt-Bild, Führer-Image und Führer-Persönlichkeit

Das demagogische Welt-Bild verlangt eine zentrale Instanz oder eine Person mit Führungs-Anspruch: den SUPER-WIR. Das Image des SUPER-WIR ist für demagogische Politik von wesentlicher Bedeutung. Sie ist ihre wichtigste Ressource. Der SUPER-WIR bündelt in seiner Person das demagogische Welt-Bild. Er verkörpert den höchsten Kampf von GUT und BÖSE. Als potenzierte GUTHEIT steht er an vorderster Front im Kampf gegen DIE ANDEREN. Er führt den Angriff, legt die Taktik fest, lenkt die Heerscharen und steht im Hagelpfeil der FEINDE. SUPER-WIR ist der, der am meisten kämpft, und der, der am meisten leidet. IHM gebührt unsere Hoch-Achtung und unser Mit-Gefühl.

Der Führer

Dieses Grundschema kann mit verschiedenen Image-Bildern aufgefüllt werden. Die Nationalsozialisten haben „den Führer" als religiösen und biologischen SUPER-WIR hochgejubelt. Er wurde in der Propaganda zum rassenreinen arischen Gott-Mensch hochstilisiert: ein Mittelding zwischen Erlöser und Befreier und Prototyp eines reinrassigen Ariers.[309]

Image-Bilder dieser Art wirken heute wie aus grauer Vorzeit. Zudem hat sich der Stellenwert von Idol-Bildern verschoben. Für moderne Demagogie genügt nicht ein Image-Bild allein. Die Menschen sind mittlerweile flexibler geworden. Sozialpsychologen sprechen davon, dass das Ich sich immer mehr in Teil-Ichs aufspaltet.[310] Viele Menschen leben gleichsam mehrere Leben parallel nebeneinander. Insbesondere jungen Menschen widerstrebt es, sich auf eine zentrale Rolle festlegen zu müssen. Sie wählen flexibel unterschiedliche Inszenierungen und haben gelernt, mit Widersprüchen umzugehen.

Muster 64: Verleihen Sie sich selbst mehrere Image-Bilder. Ignorieren Sie Widersprüche.

Haider trägt diesem Trend Rechnung. In schnellem Wechsel schlüpft er mal in die eine, mal in die andere Charakterrolle. Widersprüche werden übertüncht. Die scheinbare Leichtigkeit im Wechsel der Rollen macht Haider für Teile der Jugend attraktiv. Die FPÖ ist seit den Nationalratswahlen 1994 die stimmenstärkste Partei bei den unter 30-Jährigen.

Rollen-Spiele

Haider tritt auf der politischen Bühne u.a. in folgenden Rollen auf:[311]

1. Robin Hood, der Rächer des *„kleinen Mannes"*. Robin Hood ist das Opfer der *„Privilegienritter"* und *„Bonzen"*. Er steht außerhalb der Machtstrukturen (der *„Parteisekretariate"*) und lehnt sich gegen sie auf. Sogar als Spitzen-Politiker spielt Haider diesen Part, für den ihn manche bewundern: *„Die Landeshauptleute sind nicht die Laufburschen des Innenministeriums"*, so Landeshauptmann Haider im Jahre 1990.[312]
2. Eine Variante von Robin Hood, eine Spur schärfer, ist

Django. Django spielt das *„Lied vom Tod"* (wie Haider bei Wahlkampf-Auftritten) und liebt Gewalt-Sprache und Kriegsmetaphern.[313] Mitte der 90er Jahre gab es ein FPÖ-Werbevideo mit dem Titel *„Ein Mann geht seinen Weg"*. Der erste Teil ist Szene für Szene dem Sylvester-Stallone-Film „Rocky IV" nachempfunden, auch die Musik wurde teilweise übernommen."[314] Haider präsentiert sein Team auch als *„blaue Musketiere"* und lässt sich mit anderen als *„Die Unbestechlichen"* plakatieren. Seit neuestem erscheint er auf Parteitagen unter den Klängen von *„It's a final countdown"*.

3. Eine andere Inszenierung ist der Arbeiterkumpel. Der Millionär Haider legt für Wahlkampf-Plakete seine Designerkluft ab und zeigt sich mit anderen Kumpels, die gelbe Helme tragen. Haider gibt sich in der Öffentlichkeit gerne als Kamerad. Er ist fast mit jedem per Du. Solch einem Menschen kann man vertrauen: *„Er hat Euch nicht belogen"*, lässt Haider sich plakatieren. Haider ist es in den letzten Jahren gelungen, die FPÖ zur stärksten Arbeiterpartei zu machen. In den Wahlkämpfen 1999 war Haider in Broschüren und Plakaten in körperlichem Kontakt mit einer Gruppe von Arbeitern zu sehen, die herzlich miteinander verbunden waren. Unter der Gruppe standen die Vornamen der Abgebildeten (z.B.: *„Peter-Erich-Jörg-Andrea-Bernhard-Hilmer*), überragt vom Slogan *„Wir haben die Lösung: Steuern senken – Arbeit schaffen."*[315]
4. Eine weitere Figur ist der attraktive Sportler, ein Vor-Bild für Mann und Frau. Haider läuft Marathon, hüpft am Gummiseil von Brücken und lässt sich als Eishockeyspieler ablichten. In der Woche vor den Landtagswahlen 1999 in Kärnten gab es im Radio für die Hörer ein morgendliches Fitnesstraining unter der Regie des künftigen Landeshauptmannes. Die letzte Runde des Wahlkampfes wurde von Haider als Eishockey-Match eröffnet, das *„power play für Kärnten"*.[316] Zu dieser Rolle passt auch ein aggressiver Humor gegen Schwache und *„Minderwertige"*. Denn: *„Nur in einem ge-*

sunden Körper wohnt ein gesunder Geist", so ein Foto-Inserat der Kärntner FPÖ im Sommer 1999. (Auf dem Foto sind Jörg Haider und zwei FPÖ-Politiker in Sportskluft beim Sporteinsatz zu sehen.)[317]

5. All dies wird gepaart mit einem Schuss Erotik, nach Klaus Ottomeyer in der Inszenierung eines „Neo-Machos": „Haider erotisiert seine Fans (und auch seine Kritiker)."[318] Die Schriftstellerin Elfriede Jelinek versteht Haider „auch als homoerotisches Phänomen. Er fixiert seine Zielgruppe in einer ihr selbst kaum bewussten Weise erotisch auf sich – durch Kleidung (Leder!), Sportfotos, kosmetische Operationen, Halbakte am Ufer des Wörthersees."[319]
6. In all dem schwingt auch das Bild einer Person mit, die wie ein romantisches Genie außerhalb aller Systeme, Regeln und Normen steht und mit einer Prise Anarchismus von außen *„das System"* kreativ verändert. Haider befriedigt mit diesem Bild die Sehnsüchte vieler Menschen, Regeln zu durchbrechen, Grenzen zu überschreiten oder schlichtweg auch ein Millionär zu sein. Haider stellt seinen Reichtum ungeniert zur Schau – und gar mancher *„fleißige, kleine Mann"* fühlt sich dadurch nicht verhöhnt.

Notfälle

Image-Bilder dieser Art haben mit dem realen Menschen wenig zu tun. Sie sind Fantasie-Produkte, vermittelt in sorgsam ausgeklügelten Inszenierungen. Sie sind dem demagogischen Welt-Bild – selbst eine Erfindung – wie auf den Leib geschrieben.

Image hat mit Imagination zu tun, mit einem ‚inneren Bild'. Viele Beispiele zeigen, wie schnell ein sorgsam gezüchtetes Image verblassen kann. Eine tote Ratte in der Flasche eines Marken-Getränkes kann den Ruf vieler Jahre vernichten. Erfolgreiche Gurus haben ausgeklügelte Strategien für einen möglichen Notfall:

- Im Vorfeld eines drohenden Skandals die Bevölkerung oder die Organisation vorbereiten, z.B. indem man pauschal die eigenen Leute kritisiert.
- Den Ausbruch eines Skandals mit einer anderen Aktion, die Emotionen hervorruft, überlagern.
- Vorwürfe ableugnen oder als Erfindungen der FEINDE hinstellen.
- In einer Krise auf Tauchstation gehen.
- Wenn Leugnen nichts nützt: die Skandal-Person sofort aus der Organisation ausschließen und als eine DER ANDEREN erklären.
- Sündenböcke bei DEN ANDEREN nennen.
- Eine Reorganisation der Organisation ankündigen.
- Symbolische Maßnahmen inszenieren.

Ein Klubkassier geht auf Reisen

Diese Strategien können wir für die FPÖ am Finanzskandal Rosenstingl studieren – ein hervorragendes Beispiel für ein effizientes Krisen-Management einer demagogischen Partei. Obwohl die FPÖ durch die Machenschaften von Peter Rosenstingl in große Schwierigkeiten geriet, gelang es der Parteispitze, langfristigen Schaden abzuwenden. Die gerichtliche Verurteilung Rosenstingls eineinhalb Jahre nach der Aufdeckung fand in der Öffentlichkeit kaum noch Beachtung. Die FPÖ war, so schien es nachträglich, in die Affäre eines ihrer Spitzenfunktionäre kaum verwickelt.

Kurz der Hintergrund: Peter Rosenstingl war ranghoher FPÖ-Parlamentarier, Mitglied des Klubvorstands, Klubkassier und Verkehrssprecher der Partei. Rosenstingl hantierte jahrelang mit riesigen Summen und verwickelte sich in dubiose Finanzierungsgeschäfte, auch mit Parteigeldern der FPÖ – teilweise unter ausdrücklicher Billigung der zuständigen Parteispitze. Sie betrafen u.a. die gemeinnützige Wohnbaugesellschaft *„Freies Wohnen"* (gegründet von FPÖ-Funktionären), Gelder der NÖ-Landespartei und des *„Ringes Freiheitlicher Wirtschaftstreibender"*. Rosenstingl floh am 28. April 1998 ins Ausland, wurde in Brasilien ausgeforscht, später nach Österreich ausgeliefert und gerichtlich verurteilt. Der Finanzskandal um Rosenstingl war einer der größten Kriminalfälle der Zweiten Republik.

Verschleiern

Ob die FPÖ-Spitze schon früher über die kriminellen Handlungen ihres Klubkassiers informiert gewesen war, ist unbekannt. (Nach heutigem Wissensstand kann dies nicht nachgewiesen werden.) Interessant sind jedoch die Begleitumstände. Laut „Standard" vom 16.5.1998 war FPÖ-Wirtschaftssprecher Thomas Prinzhorn seit Sommer 1995 von „Scheckreitereien" Rosenstingls informiert gewesen. Im Herbst 1997 wurde Rosenstingls Gehalt als Parlamentarier gepfändet. 1997 war der niederösterreichische Landeschef Gratzer höchstpersönlich sechs Monate lang hinter mehr als einer Million Euro her, die er Rosenstingl aus „seiner" Klubkassa anvertraut hatte.[320] All dies blieb vertraulich.

Muster 65: Verschleiern Sie eigene Skandale, solange es geht.

Bemerkenswert ist auch, wie FPÖ-intern mit kritischen Informationen zu Rosenstingl umgegangen wurde:

- Heinrich Haltmeyer, Vizechef der FPÖ in Niederösterreich bis 1994, teilte im Frühjahr 1994 sowohl Haider als auch Generalsekretär Meischberger seine Bedenken über die Kreditgeschäfte Rosenstingls mit. Wenig später wurde er aller Parteiämter enthoben. 1995 trat er aus der Partei aus.[321]
- Siegfried Gruber, selbst FPÖ-Funktionär und Jurist in einer Bank, gab in einer eidesstattlichen Erklärung bekannt, er

habe der FPÖ-Spitze in Niederösterreich bereits 1997 einen (zur Wahrung des Bankgeheimnisses) anonymen Hinweis auf die Machenschaften Peter Rosenstingls gegeben. Bemerkenswert die Reaktion des FP-Landeschefs Gratzer. Statt gegen Rosenstingl vorzugehen, entfernte er den Aufdecker von seinen politischen Ämtern (am 5.1.1998 als Bezirks-Spitzenkandidat und am 26.3. desselben Jahres wegen *„Gefahr im Verzug“* [!] von seinen FP-Funktionen.).[322]
- Mit Datum 6.3.1998 wird Haider in einem persönlichen Schreiben von nicht bezahlten Schulden Rosenstingls informiert. Der Wortlaut des Briefes wurde später bekannt, der Brief trägt den Eingangsstempel vom 10.3. und einen Vermerk *„zur Stellungnahme“* an Rosenstingl, der mit Durchschlag an den *„lieben Jörg“* antwortete.[323]

Vorbeugen, ablenken

Droht ein Skandal oder ist ein Skandal noch nicht in die Öffentlichkeit durchgesickert, kann es günstig sein, sich als Guru vorbeugend von der Organisation zu distanzieren. Reden Sie kryptisch über unfähige Schüler und drohen Sie Konsequenzen an.

Muster 66: Bei drohenden Skandalen: Kritisieren Sie vorbeugend die eigenen Leute.

Beim Neujahrstreffen 1998 in Graz wettert Haider gegen *„geldgierige und gewinnsüchtige“* FPÖ-Funktionäre und beklagt *„Laxheit, Schlendrian und Geldgier“* in den eigenen Reihen. Mitte Jänner spricht er vom *„Versagen der Partei-Aufsichtsorgane“* (er selbst?) – *„[...] und plötzlich komme ich auf Funktionäre drauf, die Posten sammeln und Geld kassieren.“* Konkrete Namen werden nicht genannt. Haider meint: *„Ich kann mir durchaus vorstellen, dass sich die Partei im Laufe* *der nächsten Monate von dem einen oder anderen Abgeordneten trennt.* "[324]

Auf Tauchstation gehen

Bricht ein Skandal aus, dann ist es günstig, den Guru sofort in der Versenkung verschwinden zu lassen. Selbst zwei Tage Abstand sind hilfreich. Jede emotionale Erregung verliert im Zeitablauf seine Intensität. Je später der Guru öffentlich zum Skandal Stellung nimmt, desto günstiger für ihn.

Muster 67: Bei Ausbruch eines Skandals: Gehen Sie auf Tauchstation.

Am 28. April 1998 flieht Peter Rosenstingl mit seiner Freundin Cornelia Gretsch heimlich ins Ausland. Am 29.4. liefert ein Bote zwei Koffer mit Unterlagen von Rosenstingl bei der Firma Omikron ab, die in den Skandal verwickelt war. Bereits am 30.4. (!) wird Cornelia Gretsch in Abwesenheit gekündigt – sie war Sekretärin beim Ring Freiheitlicher Wirtschaftstreibender. Am 1. Mai tritt die Parteispitze zu einer Krisensitzung über den Fall Rosenstingl zusammen. Anwesend sind u.a. Haider, Westenthaler, Riess-Passer und Gratzer. Ihnen war bekannt, dass Rosenstingls Abreise eine Flucht war und dass ein Finanzskandal der Sonderklasse bevorsteht.[325] Die nächsten zwei Tage versuchen Funktionäre des Rings Freiheitlicher Wirtschaftstreibender (RFW) an die offenbar brisanten Unterlagen in den beiden Koffern zu kommen. Am Montag, den 4. Mai durchstöbern sie die beiden Koffer und nehmen sämtliche Buchhaltungs- und Bankbelege sowie die gesamte Lohnverrechnung des RFW Niederösterreich mit. (An dieser Aktion ist auch der Parteianwalt Dieter Böhmdorfer beteiligt. Er wird später Justizminister der ÖVP-FPÖ-Regierung.) Am nächsten Tag durchsucht der Sekretär des niederösterreichischen FPÖ-Land-

tagsklubs die Koffer und nimmt Ordner mit Bankbelegen und Buchhaltungsunterlagen der niederösterreichischen FPÖ mit.[326]

Die österreichische Öffentlichkeit erfährt erst am Sonntag, den 3. Mai vom Verschwinden Rosenstingls. Die FPÖ-Spitze gibt sich erstaunt. Die Nachricht habe ihn wie ein *„Keulenschlag"* getroffen (Klubobmann Ewald Stadler).[327] *„Ich bin fassungslos – für mich ist das genauso überraschend gekommen, wie für alle anderen"*, meint der FPÖ-Finanzsprecher Erich Schreiner.[328] Sofort wird in bewährter Manier Nebel produziert. Man müsse sich gegen Vorverurteilungen wehren (*„es gilt die Unschuldsvermutung"*, Bernhard Gratzer),[329] enthebt jedoch Rosenstingl sofort all seiner Funktionen (4.5.). Was wirklich los ist, wird allerdings nicht gesagt.

Und Haider? Der freiheitliche Pressedienst meldet am 4.5., dass Haider, welch ein Zufall, in Taiwan sei und dort Vizepräsident Lien-Chan getroffen habe. Haider bleibt die ganze Woche im Fernen Osten, auch in Hongkong soll er gewesen sein. Dieses Verhalten ist kein Einzelfall. Haider war z.B. bei der Absetzung aller FP-Funktionäre in Salzburg auf Bergtour. Der Meinungsforscher Karl Spitzenberger: „Haider ist stets im Ausland, wenn etwas platzt. Dann kommt er zurück und gibt sich völlig überrascht – und das nehmen ihm viele ab. Oder besser – sie nehmen es ihm noch ab."[330]

Der Guru steht über jedem Skandal

Haider bleibt volle neun Tage im Fernen Osten verschollen. Er ist für kein Interview erreichbar. Fern der Heimat wartet er ab, bis die stärksten Emotionen abgeklungen sind. Tagelang brütet er, welche Schritte zu setzen sind.

Am 11.5.1998 erscheint Haider wieder in der Öffentlichkeit. An diesem und am nächsten Tag inszeniert er Folgendes: Er spielt den Ahnungslosen und behauptet, die Krisensitzung am 1. Mai habe ohne ihn stattgefunden. Mehr noch: Er sei nicht einmal informiert gewesen.[331] Haider spielt das Opfer (Muster 17). *„Eine Sauerei! Er sei seit zwölf Jahren der Trottel der Partei, opfere ebensolange nur der Sache wegen sein Privatleben, seine Gesundheit und Freizeit – und das sei nun der Dank.*“ Haider droht mit seinem Rücktritt. Das sei schließlich eine *„Frage des Anstands*“.[332]

Muster 68: Drohen Sie mit Rücktritt.

Haider hat wiederholt der eigenen Partei mit Rücktritt gedroht – ein Vorgang, der in dieser Form nur in einer Führerpartei Sinn macht. Haider hat auch schon gedroht, die FPÖ zu verlassen und eine neue *„Bewegung*“ zu gründen. Die Parteifunktionäre der FPÖ brauchen Haider mehr als er die Partei.

Weiter im Fall Rosenstingl. Das Opfer-Spiel wird von Haider durch die Rächer-Rolle ergänzt. Gratzer, Mentil und Schreiner müssen zurücktreten. In bewährter Manier werden Sündenböcke bei DEN ANDEREN genannt. Vor Monaten schon habe es Anzeigen gegeben. Die Behörden hätten sich allerdings nicht gekümmert.[333]

Haider nützt die Gelegenheit, um seine Außen-Position als Führer zu festigen. Er reklamiert für sich die Rolle des Ober-Kontrollors der Partei. Dazu wird er mit neuen Vollmachten ausgestattet. Alle FPÖ-Mandatare müssen ab jetzt (parteiintern, d.h. Haider gegenüber) ihr Einkommen offenlegen und einen Vertrag unterzeichnen, in dem sie sich verpflichten, die Ziele und Wahlversprechen einzuhalten. Wer dagegen verstoße, solle gerichtlich geklagt und zu Schadenersatz verurteilt werden.

Auch nach außen soll das Prinzip der *„gläsernen Kasse*“ gelten. Die gesamten Finanzen der Partei sollen offengelegt werden. In Zukunft könne jedermann, so der Generalsekretär Peter Westenthaler, über ein Computersystem ständig Einschau in die Finanzen der Freiheitlichen nehmen.[334]

Muster 69: Zur Dämpfung eines Skandals: Setzen Sie symbolische Aktionen.

Dass das Prinzip der *„gläsernen Partei"* in der Folgezeit niemals realisiert wurde, versteht sich nach dem Gesagten von selbst. Es ging ja nicht darum, in der Organisation etwas zu ändern, sondern eine symbolische Aktion zu setzen, die ohne Folgen bleiben konnte. Ihr Zweck war es, das getrübte ‚innere Bild' über die FPÖ aufzuhellen.

Eine weitere wichtige Image-Maßnahme war die sofortige Verstoßung des Übeltäters. Noch vor Haiders Rückkehr aus dem Fernen Osten wird Rosenstingl (unter Mitwirkung Haiders?) aus der Partei ausgeschlossen. Rosenstingl wird damit zu einem DER ANDEREN. Nun hat man Gelegenheit, alle Register der Hass-Sprache auf den neuen FEIND anzuwenden. *„Der Rosenstingl, ein wilder Abgeordneter, der mit uns nichts zu tun hat"*, so der FP-Klubchef Stadler, sei ein *„gewöhnlicher Gauner"*.[335] In diesem Ton wird ab sofort über ihn in der FPÖ geredet. Eine freiheitliche Landesrätin nennt ihn später *„eine kriminelle Blattlaus"*.[336]

Muster 70: Verstoßen Sie Skandal-Träger als ANDERE.

Der nächste Schritt ist eine sofortige Gegen-Attacke. Die FPÖ startet eine wilde Kampagne (mit Schreiduellen im Parlament) gegen die Regierung, insbesondere die SPÖ. Hochrangige SP-Funktionäre seien *„auf der Lohnliste der Mafia zu finden."* [337] Klima sei mit der Ost-Mafia verwickelt und Vranitzky stünde *„bis zum Hals im Sumpf der Ost-Mafia"*.[338]

Muster 71: Zur Überlagerung eines eigenen Skandals: Skandalisieren Sie DIE ANDEREN.

Partei-Image und Führer-Image

Die Affäre Rosenstingl konnte Haiders Image nur kurzfristig trüben. Haider hat sich durch sein kluges Krisenmanagement sowohl als Opfer (er hat unter unfähigen Funktionären zu leiden) als auch als Täter (er räumt konsequent mit Missständen auf) inszeniert. Im Opfer-Täter-Spiel bei Skandalen ist ein wichtiges Moment enthalten, das für eine sektenähnliche Organisation von zentraler Bedeutung ist: die Trennung des Image des (unfehlbaren) Guru vom Image der (fehlbaren) Organisation.

> Muster 72: Trennen Sie das Image des Gurus vom Image der Organisation.

- Der Guru führt die Organisation möglichst straff. Keine wichtige Entscheidung soll ohne seine Zustimmung getroffen werden.
- In der Propaganda wird der Guru möglichst weit von seiner Organisation entfernt. Der Guru steht außerhalb der Organisation. Er hat mit ihren Mängeln nichts zu tun.[339]

Der Schatz einer sektenähnlichen politischen Partei ist das Image ihres Führers, nicht das der Partei. In Wahlkämpfen wird, mehr als bei anderen Parteien, der Mann an der Spitze hervorgestellt und seine persönlichen Tugenden gepriesen. Haider entwirft die Slogans für seine Wahlkämpfe meist selbst. Bei fast allen Wahlen stellt er persönliche Tugenden und seine ausgezeichnete Rolle im demagogischen Welt-Bild in den Vordergrund:

- *„Der Jörg, der traut sich was“* (1983, 1984)
- *„Sie sind gegen ihn, weil er für euch ist“* (1994; eine Erklärung, warum DIE ANDEREN den SUPER-WIR verfolgen.)
- *„Er sagt, was wir denken“* (1994; SUPER-WIR als Ausdruck der Gedanken DER WIR.)

- *„Einfach ehrlich – einfach Jörg“* (1994, 1995)
- *„Er hat euch nicht belogen“* (1995. In Kontrast zu DEN ANDEREN, Muster 14)
- *„Einer, der noch zuhören kann und die Sorgen der Menschen ernst nimmt“* (1999)
- *„Einer, der sich ehrlich mit euch freut“* (1999)

Verantwortungslosigkeit

Gurus fordern von Ihrer Gefolgschaft Verantwortung für *„die Idee“*. Wer keine Verantwortung zeigt, muss gehen. Wie Loyalität (Muster 62), ist auch Verantwortung einseitig. Sie gilt nicht für den Guru. In einer Sekte fordert niemand den Guru zu verantwortungsvollem Handeln auf.

Muster 73: Übernehmen Sie keine Verantwortung.

Haider übernimmt keine Verantwortung für die Folgen seines Tuns. Bei Angriffen schlüpft er blitzschnell in die Rolle des Opfers (Muster 17), wie im Zusammenhang mit den *„Sanktionen der EU“* gegen die ÖVP-FPÖ-Regierung. Sein eigener Anteil am Zustandekommen dieser Situation bleibt unerwähnt, vermutlich sieht sich Haider wirklich als *„Opfer“*. „Opfer“ tragen keine Verantwortung. Sie trifft niemals irgendeine Schuld.

Das Prinzip der Verantwortungslosigkeit gilt für alles, was die FPÖ macht. Haider ist bei allen wichtigen Entscheidungen führend beteiligt und zögert nicht, sich von jeder Maßnahme der Partei zu distanzieren, wenn es opportun erscheint. Im Wahlkampf 1999 war Haider aktiv im Wiener Wahlkampf engagiert. Dabei wurde in einer für Österreich noch nie dagewesenen Weise gegen *„die Ausländer“* gehetzt. Im Februar 2000 meinte Haider: *„Das war nur die Wiener FPÖ. Ich habe das missbilligt und danach personelle Konsequenzen gezogen“*.[340] Die „personellen Konsequenzen“ sahen tatsächlich so aus, dass Haider vier Monate nach den Wahlen die Wiener Spitzenfunktionäre Kabas und Scheibner als Minister vorschlug. (Bundespräsident Klestil lehnte die Berufung von Kabas wegen des Ausländerwahlkampfs in Wien ab.)

Distanz und Belohnung wechseln nach Bedarf. Haider gibt Personen politische Ämter und politische Macht, die augenscheinlich unfähig sind (und wie im Fall des Justizministers Krüger nach kurzer Zeit scheitern). Haider ist es gelungen, sein Prinzip der Verantwortungslosigkeit auch in der Öffentlichkeit zu verankern. Bei der Abberufung von Krüger waren z.B. in der Öffentlichkeit kaum kritische Stimmen zu vernehmen, nach welchen Kriterien jemand in der FPÖ zu Ministerwürden gelangen kann.

Die FPÖ besitzt in der österreichischen Öffentlichkeit einen bemerkenswerten Sonderstatus. Nach dem Meinungsforscher Peter Ulram wird sie nicht als traditionelle Partei wahrgenommen. Auch in der Regierung könne sie sich provokante Entscheidungen, vor allem in der Personalpolitik, leisten und werde dafür nicht zur Verantwortung gezogen. Nach wie vor agiere die FPÖ, so Ulram im Juni 2000, in einem Ambiente von „Narrenfreiheit". Sie müsse sich nicht einmal verantworten, dass sie im Regierungsprogramm mit der ÖVP fast nichts von ihren Kernthemen durchgebracht habe.[341]

Der *„Rücktritt"* als Parteiführer im Mai 2000 gibt Haider die Möglichkeit, sich von der von ihm installierten Regierung noch mehr zu distanzieren. Als De-facto-Chef einer Regierungspartei erscheint er in der Öffentlichkeit als Kritiker seiner eigenen Minister. Aus einer Außenposition zu seiner Partei und seiner Regierung spielt Haider Opposition. Er fühlt sich nicht verantwortlich für das, was die von ihm eingesetzten Minister tun – vor allem, wenn es um unpopuläre Maßnahmen geht. Haider stört die Arbeit der Regierung durch immer radikalere Sprüche. Bereits Ende Mai 2000 droht er mit dem Ende der Koalition.[342] Die Spaltung in Partei-, Regierungs- und eigenes Image ist perfekt. Aus seiner Außenposition kann Haider jederzeit mit Getöse wieder in den Ring steigen, die Regierung stürzen und sich selbst erneut als Retter der Nation preisen. Das, was die Regierung bis dahin getan oder nicht getan hat, kann in der Propaganda für Neuwahlen verblassen. Der wiederauferstandene Held kann nach altbewährtem Rezept mit neuen Heilsversprechen verkauft werden.

Ausgrenzung als Prinzip

In einer sektenähnlichen politischen Bewegung durchzieht ein Prinzip der Ausgrenzung die ganze Organisation.

- Der innerste Zirkel wird vom Führer ausgegrenzt. Er gibt sich nicht als Teil von ihnen, weil er auch außerhalb der Organisation steht.
- Die Mitglieder der Partei sind von den Entscheidungen des Führers und des innersten Kreises ausgeschlossen. Was hier diskutiert wird, unterliegt der Geheimhaltung. Entscheidungen werden von oben diktiert, Widerspruch wird geahndet.
- DIE ANDEREN Parteien werden von der Partei DER WIR durch Sprache, Wortwahl, Vorwürfe und Aktionen ausgegrenzt. SIE machen eine andere Art von Politik, die als solche dem Publikum zur Kenntnis zu bringen ist.
- DIE ANDEREN, egal welche der wechselnden Gruppen, werden von DEN WIR ausgegrenzt – bis hin zu Gegensatz-Bildern und ihren Folgen (Kapitel 2). Demagogische Politik grenzt permanent aus. Sie lebt von Ausgrenzung, weil sie andauernd eine scharfe Grenze zwischen DEN (erfundenen) WIR und DEN (erfundenen) ANDEREN errichten muß.

Die Ausgrenzung der FPÖ gegen DIE ANDEREN manifestiert sich auf viele Arten. FPÖ-kritische Journalisten berichten regelmäßig, dass ihnen Kontakte und Informationen vorenthalten werden. Fallweise werden Zeitungen und Zeitschriften boykottiert, z.B. die Zeitschrift „profil" vom Frühsommer 1991 bis Anfang 1995.[343] Nach kritischen Berichten über Haiders Leistungen als Landeshauptmann wird die Kärntner „Kleine Zeitung" als *„linkslastiges Kampfblatt"* bezeichnet. Der Kärntner FPÖ-Geschäftsführer fordert seine Funktionäre auf, *„aus Protest ihre Abonnements abzubestellen und Redakteuren nicht mehr für Interviews und Auskünfte zur Verfügung zu stehen"*.[344] Peter Westenthaler über die Informationspolitik der FPÖ als Regierungspartei: *„Pressefreiheit ist, dass wir uns aussuchen können, mit wem wir reden."*[345]

Im Juni 2000 wurde ein neuer Höhepunkt von Ausgrenzung dem eigenen Regierungspartner gegenüber publik. In einem E-Mail, verfasst von Haiders persönlichem Sprecher Karl-Heinz Petritz, wurden die FPÖ-Minister und ihre Mitarbeiter *„hingewiesen, dass in nächster Zeit öffentliche Kontakte mit Wirtschaftskammerpräsident Christoph Leitl nicht mehr erwünscht seien* [...]" Die Botschaft war klar. Ein Mitarbeiter: *„Wir waren uns sofort bewusst, dass Jörg Haider für die Zukunft jeglichen Kontakt mit Leitl untersagt hat"*. Widerspruch zwecklos. Zuwiderhandeln wird bestraft.[346] (Leitl hat sich wiederholt als Haider-Gegner zur Wort gemeldet. Er gilt inoffiziell als Nummer zwei der ÖVP.)

Ausgrenzung ist ein zentraler Bestandteil demagogischen Denkens. Selbst Begriffe, die scheinbar alle vereinnahmen, wie *„das Volk"*, beruhen auf Abgrenzung. *„Das Volk"* umfasst nicht alle Menschen in einem Land. Zumindest die herrschende Gruppe gehört nicht dazu. Nach außen grenzt sich *„das Volk"* zu anderen Kulturen, Rassen und Ländern scharf ab.[347] Die *„Umvolkung"* des *„Volkes"* ist ein bedrohlicher Vorgang, weil er dem Prinzip der Ausgrenzung zuwiderläuft.

Der Guru hasst seine Gefolgschaft

Ein Guru steht über allen und grenzt alle anderen aus. Ein Guru ist einsam. Er kann sich selbst nicht als Teil einer Gemeinschaft denken. Gurus unterscheiden zwischen „Wissenden“ und „Nicht-Wissenden“.[348] Der Guru ist der, der am meisten „weiß“. Unterschiedlich zu sein ist die Basis für den Guru-Job. Sie begründet die Überlegenheit des Guru und die Unterwerfung der Jünger. In diesem Rollen-Spiel sind tiefe menschliche Bindungen kaum möglich. Guru und Schüler konstruieren sich ‚innerlich‘ und wechselseitig als andersartig. Ein wahrer Guru lebt in einer Welt, in der er sich selbst an die Spitze aller Menschen stellt. (Gurus können auch mit anderen Gurus nicht als gleichrangig verkehren. Jede Begegnung artet zum Macht-Spiel aus.) Sich besser als andere zu denken, führt zur Verachtung anderer. Im Extremfall hasst ein Guru seine Gefolgschaft. Er benötigt sie für sein Rollenspiel, aber er sieht sie nicht als reale, autonome, selbstbestimmte Menschen.

Historische Parallele

Das Prinzip der Ausgrenzung und des Hasses auf die eigene Gefolgschaft kann am Nationalsozialismus nachgewiesen werden. Die NSDAP begann als Geheimgesellschaft und grenzte immer die *„geschworene Sippengesellschaft“* der Eingeweihten scharf von der gegen sie verschworenen Welt ab. Das Prinzip einer Geheimgesellschaft ist immer, „dass ausgeschlossen ist, wer nicht eindrücklich eingeschlossen ist, dass jeder ein Feind ist, der nicht dazugehört, oder, in der Anwendung dieses Prinzips durch die Nazis, dass jeder einer minderwertigen Rasse zugehört, dessen Stammbaum nicht untersucht ist.“[349]

Die Nazis haben sich vom deutschen Volk umjubeln lassen und es zugleich abgrundtief gehasst. Adolf Hitler wurde in der Propaganda mit unerschöpflicher menschlicher Wärme geschildert. Tatsächlich war er ein extrem kalter Mensch, unfähig zu Freundschaft- und Liebesbeziehungen.[350] Seine Fähigkeit, ANDERE zu hassen, bezog sich auch auf das „eigene" Volk. Schon 1923 teilte Hitler die Deutschen in ein Drittel Feiglinge, ein Drittel geborene Verräter und ein Drittel Helden ein.[351] Ein Jahr nach der Machtergreifung meinte Goebbels, dass die Deutschen, die nicht in der Partei seien, sich glücklich schätzen sollten, dass sie überhaupt noch am Leben seien.[352]

Die Persönlichkeit des Guru

Zum Guru-Geschäft sind nur wenige Menschen geeignet. Den meisten wäre ein solcher Job schlichtweg zu anstrengend. Gurus handeln aus einem tiefen inneren Antrieb. Die Persönlichkeits-Merkmale politischer Gurus folgen direkt aus dem demagogischen Welt-Bild:

1. Sie müssen die Fähigkeit haben, in hohem Maße an die Ängste und Bedrohungen zu glauben, die die Propaganda behauptet.
2. Sie müssen die Fähigkeit haben, in hohem Maße an die außergewöhnlichen Eigenschaften des SUPER-WIR zu glauben, die nach außen hin angepriesen werden.

Politische Gurus sind gläubige Menschen, selbst wenn sie sich ideologiefrei gebärden. Sie haben die Fähigkeit, ‚innere Welten' zu betreten, die anderen verschlossen sind. Sie gehen intensiv in Angst- und Bedrohungs-Welten hinein und entwerfen gleichzeitig grandiose ‚innere Bilder' über sich selbst, die mit der Realität nichts zu tun haben. Je mehr und je stärker ein Guru sich in diese ‚inneren Welten' zu versenken vermag, desto mehr tritt das auf, was Psychologen Paranoia und Narzissmus nennen.

Paranoia

Paranoia bedeutet wörtlich „neben" (para) dem „Geist" (nous). Paranoia ist „ein Geisteszustand", so ein Lexikon der Psychologie, „bei dem Menschen das Gefühl haben, verfolgt zu werden [...] oder einer Verschwörung anderer gegen sie ausgesetzt zu sein".[353] Christa Zöchling spricht bei Haider von „paranoider Geisteshaltung". Haider „hat sich eine Fantasiewelt geschaffen, von der er glaubt, dass *‚die Linken'* in ihr Macht und Einfluss haben und über die Köpfe der Menschen bestimmen. Das ist eine simple, ja primitive Welt-Anschauung, aber er glaubt fest daran."[354]

Je intensiver jemand an ein demagogisches Welt-Bild glaubt, desto mehr lebt er in einer gegen ihn verschworenen Welt. In der FPÖ tummeln sich viele Menschen, die den abenteuerlichsten Verschwörungs-Phantasien anhängen (mehr davon im 5. Kapitel). Haider erweckt oft den Eindruck, er würde tatsächlich die absurden Vorwürfe glauben, die er ohne den Funken irgendeines Beweises vorbringt – wie dem Bestehen einer sozialistischen Verschwörung im Ausland gegen Österreich, die Mord-Vorwürfe an *„die Linken"*, den Vorwurf, Demonstranten seien vom Gewerkschaftsbund bezahlt, oder seine Unterstellung, Politiker ANDERER Parteien hätten Landesverrat begangen und müssten deshalb juristisch verfolgt werden.

Narzissmus

In einer griechischen Sage verliebt sich ein schöner Jüngling namens Narziss in sein eigenes Spiegelbild. Er sieht im Wasser das Bild einer wunderschönen Person und übernimmt es in sein ‚Inneres'. Es wird zu seinem Selbst-Bild. Das Spiegel-Bild gaukelt ihm eine großartige Persönlichkeit vor.[355] Ein Narziss ist von sich berauscht. Er hält sich für umwerfend großartig. Ein Narziss täuscht sich über sich selbst, weil er unfähig ist, seine Schatten-Seiten wahr- und anzunehmen. Personen mit narzisstischen Zügen besitzen manchmal ein ungewöhnliches „Charisma“. Der Glorienschein, mit dem sie sich ‚innerlich‘ sehen, erscheint wie eine ‚äußere‘ Aura, die viele fasziniert. Narzissten fühlen sich ungemein lebendig, wenn sie im Zentrum der Beobachtung stehen.[356]

Politiker mit narzisstischen Zügen „törnen“ ihr Publikum an. Man kann sich gegenseitig „toll finden“.[357] Der umschwärmte Führer verkörpert die Sehnsucht ich-schwacher Menschen. ER erscheint, wie man auch gern sein würde: makellos schön, fit, braungebrannt, mit schicken Klamotten behängt, immer gut aufgelegt, fröhlich grinsend und umgeben von sündteuren Status-Symbolen: der SUPER-WIR, wie er leibt und lebt.

Haiders Persönlichkeit wurde von vielen Seiten psychologisch durchleuchtet. Einige Therapeuten haben im Auftrag der ÖVP Haider analysiert und ÖVP-Parlamentarier jahrelang diesbezüglich geschult.[358] In vielen Befunden wird Haider als „narzisstisch gestörte“ Persönlichkeit geschildert.[359] Haider gibt sich einen Sonderstatus, setzt sich über übliche Regeln hinweg, besteht auf Bewunderung, will dominieren und teilt andere nach Sieger und Besiegte ein. Christa Zöchling hat in ihrer Haider-Biografie viele psychologische Momente von Haider beschrieben. Haider hat nach ihrer Einschätzung „eine Charaktereigenschaft, die all das, was er tut, bis in das Kleinste kennzeichnet. Es ist der kindische und potentiell gefährliche Drang, immer und überall Erster, der Beste zu sein, mehr geliebt und mehr gefürchtet als andere.“[360] Ein alter Schulfreund, der Haider aus seinen Jugendtagen kennt: „Haider ist geltungssüchtig, machtgierig und einsam. Er spürt nicht, dass die Lawine, die er in Gang bringt, ihn selbst vernichten wird.“[361]

Ein selbstgefälliger Mensch hasst es, von anderen kritisiert zu werden. Haider genießt den Jubel der Masse wie eine Droge und verfällt bei Misserfolgen in Depression. Provokationen machen Haider unsicher oder wütend. „Je mehr man ihn drückt", so sein alter Mentor Günther Winkler, „desto ungeschickter und patscherter wird er. Er sagt dann *„Ich lasse mich doch nicht demütigen, nicht steinigen"*.[362] Seine Schwester Ursula Haubner: *„[...] aber ich kenne ihn ja, wie er ist, wenn er [...] von jemandem provoziert wird. Dann bleibt er nichts schuldig. Dann gibt er eine scharfe Antwort zurück [...] Auf Provokationen hat er schon als Kind sehr heftig reagiert. Ein anderer schluckt halt alles runter, aber er redete immer zurück."*[263]

Dieses Muster durchzieht Haiders Leben. „Scharfe Worte, noch dazu öffentlich vorgebracht, hat Haider nie verwunden."[364] *„Der Jörg verträgt einfach keine Kritik. Wagt es trotzdem jemand, ihn anzugreifen, reagiert er immer wieder gleich. Er ist tödlich beleidigt."*[365] Ruth Wodak, Professorin für Linguistik, interpretiert das „Meinetwegen" bei Entschuldigungen (*„Meinetwegen entschuldige ich mich"*) als Spezialität Haiders: „Mit einem *‚meinetwegen'*", meint sie, „würden solche Entschuldigungen zwar nicht gegenstandslos, aber doch ‚stark abgeschwächt', weil damit signalisiert werde, dass der Sprecher zu dieser Aussage erst gezwungen werde. Am ehesten vergleichbar sei das mit der Reaktion von Kindern, die sich zu unfreiwilligen Entschuldigungen gezwungen sehen und diesen üblicherweise ein ‚von mir aus' voranstellen."[366]

Der in Neuseeland geborene Journalist Tom Appleton hat Haiders Dementis im Ausland beobachtet: *„‚Es ist nicht möglich'*, sagte er vor einer Journalistenregie der ‚Post' [gemeint ist die Washington Post], *auf irgendein Element* [der Programme und Ideen der Nazis] *als positiv zu verweisen, aufgrund des Faktums des Holocaust'"*. Die Journalistin Nora Boustany schilderte, diese Worte seien mit „deadpan earnestness" vorgetragen worden. Tom Appleton dazu: „Damit ist jener Gesichtsausdruck gemeint, mit dem Komiker normalerweise diejenigen Dinge vortragen, die sie im nächsten Augenblick durch einen kurzen Auflacher als Witz kenntlich machen. Offenbar hatte man in Amerika Schwierigkeiten, Haiders Bemerkungen nicht als Witz aufzunehmen. In Österreich entschuldigt er sich, ein klassisches Beispiel einer gespaltenen Persönlichkeit, für jene Aussagen, *‚die ihm zugeordnet worden‘* seien, als ob er solche Aussagen nie gemacht hätte. Als ob es einen guten und einen bösen Haider gäbe, Haider 1 und Haider 2, und Haider 1 müsse sich für die Sprüche des Haiders 2 entschuldigen. [...] Haiders Formulierungen bestätigen [...], dass Haider selber gar nicht versteht, wofür er sich eigentlich entschuldigt“[367] – vielleicht würde es sein illusorisches Selbst-Bild zum Einsturz bringen.

Die Fallen des Guru

Im Guru-Spiel ist der Guru die am meisten gefährdete Person.[368] Ein enttäuschter Fan kann seine vordergründige Liebes-Beziehung zum Guru auflösen und die Illusion beenden. Ein Guru hat es viel schwerer, weil es nicht um ein Fremd-Bild, sondern um sein eigenes Selbst-Bild geht. Gurus, die die Propaganda-Sprüche über ihre Grandiosität in ihr ‚inneres Bild‘ übernehmen, befinden sich – ich sage das mit vollem Ernst – in wirklicher Gefahr. Ob Haider die Image-Bilder seiner Propaganda – die er selbst entwirft – tatsächlich glaubt, wissen wir nicht, es gibt allerdings Indizien dafür. Haider redet oft wie selbstverliebt von sich in dritter Person.[369] Auffallend ist sein Mangel, sich glaubwürdig zu entschuldigen, sich selbstkritisch zu äußern oder das Fehlen jeden Anflugs von Humor oder Parodie über sich selbst.[370] Der Wiener Psychiater und Psychoanalytiker August Ruhs hat 1996 ein Psychogramm Haiders erstellt. Leute mit seiner Psychostruktur, meint er, können es „höchstens bis zum Zynismus, nie aber bis zum Humor bringen“. Sie verfügten über ein grandioses Phantasie-Selbst von der Art einer verletzlichen Diva „bei extrem hoher Kränkbarkeit und Neigung zu emotionaler Erpressung und Beziehungsabbruch.“[371]

Gurus sind einsame Menschen. Sie benötigen andere als

Schüler, aber nicht als gleichrangige Kritiker. In der Regel erlauben sie anderen nicht, ihnen ein realistisches Feedback zu geben, das sie nachdenklich macht und an dem sie menschlich wachsen könnten. Gurus grenzen alle anderen aus. Sie sind unfähig zur echten Teamarbeit. Sie stellen sich über und außerhalb aller Systeme. Dort wo sie stehen, gibt es keine andere Person. Niemand gleicht ihrer Größe. An der Spitze sei es einsam, meint Gernot Rumpold. Hier müsse man, sagt er bewundernd über Haider, *„viel mehr geben, als man nehmen kann. Wenn ein Politiker oben ist, ist Leere"*.[372]

4. Führen Sie

Wollen Sie als Demagoge erfolgreich sein, dann benötigen Sie neben Ihrem Glauben an ein demagogisches Welt-Bild (Kapitel 1), neben Ihrer Fähigkeit, Gefühls-Manager zu spielen (Kapitel 2) und neben einer sektenähnlichen Organisation (Kapitel 3) ein hohes taktisches Geschick. Es umfasst u.a.

- ein ausgefeiltes Konzept für Wahlveranstaltungen,
- Interviews und
- TV-Debatten;
- eine Taktik, wie man Aufmerksamkeit in den Medien erringen kann, um Themenführer zu werden,
- für das Verhalten bei Angriffen, und
- wie man die Stimmung in der Bevölkerung zeitpunktgenau zum Wahltag mobilisiert.

Angleichen

Ein wichtiges Prinzip erfolgreicher Kommunikation ist das Prinzip des Angleichens.[373] Durch Angleichen macht man sich einer anderen Person oder einem Publikum ähnlich. Wenn wir zu einem Begräbnis gehen, wählen wir eine Kleidung, die Trauer signalisiert. Wir passen uns mit der Kleidung bewusst an die Kleidung der anderen an und zeigen, dass wir mit ihnen fühlen. Angleichen kann auch in der Sprache geschehen. Wer bei einem wissenschaftlichen Kongress im Dialekt redet oder im Wirtshaus komplizierte Fremdwörter verwendet, hat es schwer, die Zuhörer zu überzeugen. Besser ist es so zu reden, wie es dort üblich ist. Ähnliche Prinzipien sind im Kontakt mit einer Gruppe von Menschen wirksam.

Muster 74: Gleichen Sie sich Ihrer Ziel-Gruppe an.

„Ein Chamäleon geht auf Reisen" (Joachim Riedl)[374]

Haider hat das Prinzip des Angleichens schon in jungen Jahren verstanden. Bereits in den siebziger Jahren passt Haider sich in der Kleidung dem Publikum flexibel an. „Wenn der Jugendfunktionär damals übers Land fuhr, dann packte er regelmäßig mehrere Garderobevarianten in seinen Mini und schlüpfte vor jeder Veranstaltung im Straßengraben in das jeweils entsprechende Kostüm: Trachtenjanker für die Dorfwirtshäuser, Jeans für die Disco, Anzug und Schlips für das liberale Seminar. Man traf ihn nie im falschen Rock."[375]

Haider bemüht sich, die Sprache seines Ziel-Publikums zu reden. Er benützt andere Inhalte und andere Argumente, wenn er vor ehemaligen SS-Offizieren eine Rede schwingt, einer angesehenen Zeitung ein Interview gibt, im Bierzelt die Stimmung anheizt, vor Managern redet oder bei einer Fernseh-Debatte agiert.[376] Und als der Oberösterreicher Haider nach Kärnten gegangen ist, hat er sofort den Kärntner Dialekt erlernt.

Bewusstes Nichtangleichen

Haider setzt Techniken des Angleichens taktisch ein. Angleichen erfolgt nur für das Zielpublikum und für Einzelpersonen in der Phase der Werbung (s. Kapitel 3), nicht jedoch DEN ANDEREN gegenüber.

Dazu ein Beispiel, das in der Öffentlichkeit keine Beachtung gefunden hat. Es betrifft eine Debatte im ORF am 5.12.1993. Das Thema war „Was tun gegen den Terror?". Anlass waren die Briefbomben, die u.a. dem Wiener Bürgermeister Helmut Zilk die linke Hand zerfetzten. Die Diskussion fand in Wien statt. Haider war nicht nach Wien gekommen und wurde live vom ORF-Studio Klagenfurt in die Diskussion eingespielt. Alle Personen in Wien waren schwarz gekleidet. Haider war an diesem Tag äußerst leger angezogen: blaues Hemd, blaue Jeans und eine grün/weiß karierte Jacke. Der Hintergrund, vor dem Haider eingeblendet wurde, war oben rötlich-blau, nach unten gelb-grau. Sein Bild bot einen deutlichen Kontrast zur Schar der in schwarz Trauernden in Wien.

Lassen Sie beide Bilder auf sich wirken. Welche Botschaften transportierte Haider bei diesem Anlass mit seiner Kleidung?

Die Bierzelt-Show

Ein wichtiger Teil in Haiders Wahlkämpfen ist sein Auftritt vor Publikum, in Bierzelten oder auf öffentlichen Plätzen. Die FPÖ plant alle Wahlkämpfe zentral, meist entwirft Haider persönlich die Wahlplakate. Haider will sich bei möglichst vielen WählerInnen in direktem Kontakt präsentieren. Er nimmt bei Wahlgängen ein enormes Reiseprogramm auf sich, meist mit Hubschrauber und mehreren Auftritten pro Tag.

Diese Aufführungen sind bis in kleine Details ausgeklügelt und durch die Erfahrungen der Jahre perfektioniert. Hier wird nichts dem Zufall überlassen. In der kurzen Zeit, die zur Verfügung steht, soll das Publikum maximal emotionalisiert werden. (Die meisten Auftritte dauern nur 20 Minuten.) Elemente der Haider-Shows sind:

1. Eine genaue Erkundung des zu erwartenden Publikums in der Vorbereitungsphase durch lokale FPÖ-Politiker.
2. Der rote Faden durch Haiders Reden sind seine Sprüche. Sie entstehen nicht spontan, sondern werden sorgsam ausgearbeitet (jedes Wort ist wichtig) und – vermutlich – mit Trainern geübt.

3. Bevor Haider auftritt, wird er kurz informiert, wie das Publikum und die Stimmung sind.
4. Vor Haiders Erscheinen wird versucht, die Stimmung anzuheizen und eine Spannung aufzubauen. Haider kommt grundsätzlich zu spät.
5. Erscheint Haider, sind alle Lokalfunktionäre blitzartig zu Statisten degradiert: ER ist da! Sein Auftritt wird glanzvoll inszeniert: mit Musik, Klatschen, Lichteffekten oder einem Tusch der Kapelle.
6. Haider erklimmt leichtfüßig die Bühne und beginnt sofort zu sprechen. Haider spricht frei und orientiert sich an seinen Wortgags (auf Österreichisch: „Sagern"), die er vorher ausgeklügelt hat. Sie sind meist auf Papier festgehalten. Diese verbalen Fixpunkte sind der Leitfaden, an dem sich Haider von einem Thema zum nächsten hantelt.[377]
7. Haiders Reden folgen einem modulartigen Baukastensystem. Es enthält die vorbereiteten Gags, sortiert nach Themenblöcken.
   Haider beginnt mit dem Thema, das für das Publikum am geeignetsten erscheint. Kommt der einstudierte Gag gut an, bleibt er beim Thema. Er reizt es so lange aus, bis die Resonanz spürbar nachlässt. „Merkt er, dass – was von Ort zu Ort verschieden ist – dieser oder jener Spruch nicht gut ankommt, verlässt er schlagartig das Thema, um ohne Übergang zum nächsten zu springen."[378]
8. Haider testet sein Publikum permanent. Er erfasst recht gut die Stimmung und reagiert flexibel. Oft gelingt es ihm, mit dem Publikum vom Anfang bis zum Ende auf einer intensiven Erregungs-Welle zu surfen. Aufgrund eigener Beobachtungen vermute ich, dass Haider in seinem Gefühls-Management durch instruierte Personen im Publikum unterstützt wird, und zwar von Claqueuren und Signalgebern. Die Claqueure haben die Aufgabe, bei jedem Gag möglichst begeistert zu klatschen und Wirbel zu machen. Die Signalgeber helfen Haider die Stimmung im Publikum noch besser aus-

zuloten. Sie teilen Haider durch Handzeichen mit, wie gut ein Gag nach ihrem Erleben mitten in der Menge angekommen ist.

9. Der nahtlose Übergang von einem Themenblock zum anderen stört in einer emotional aufgewühlten Atmosphäre nicht. Die gleichen Gefühle, wie Angst, Empörung oder Hass, können im Wechsel zu einem anderen Inhalt beibehalten werden. Wichtig ist das Gefühls-Moment, nicht der Inhalt – die Wirkung, nicht das Argument.

Sound Bites

Haider erlangt mit seinen Sprüchen in der Öffentlichkeit regelmäßig Aufmerksamkeit. Sie sind medial vorbereitet und entsprechen dem, was Medien hören wollen: pointierte, zündende Sätze, 7 bis 15 Sekunden lang, sogenannte „sound bites."

Muster 75: Klopfen Sie kurze Sprüche mit hohem Aufmerksamkeitswert.

Haiders „Sprüche gehen unter die Haut und wirken dort größtenteils unbewusst, [eine] quasi-hypnotische Massensteuerung".[379] Diese Wirkung wird mit Licht- und Musikeffekten verstärkt und nach den Regel wirksamer Konditionierung im Publikum verankert. „In Wahlkampfzeiten lässt er nach seinen Auftritten den sogenannten *‚Haider-Rap'* spielen. Das ist ein vertonter Zusammenschnitt von Satzfetzen aus seinen Reden, auf CD gepresst. Die Jugendlichen tanzen dann zum Refrain – *‚Lieber ein Wolf im Schafspelz, als ein Schaf im Wolfspelz*'".[380]

Das Sprüche-Spiel

Haider und die FPÖ steuern die öffentliche Meinung in Österreich mit einem Spruch nach dem anderen. Das Sprüche-Spiel der FPÖ funktioniert nur im Zusammenspiel mit anderen Mitspielern. Norbert Lubasser hat die Spielzüge so beschrieben:

1. „[...] Haider [...] hat den ersten Zug. Er muss mit einer möglichst auffälligen Bemerkung möglichst viel Aufmerksamkeit auf sich lenken [...] Wobei wirklich schlimm ist: Er meint, was er sagt.
2. Jetzt kommt die Opposition ins Spiel. Wie der Hund des Herrn Pawlow reagiert sie sofort [...] und ereifert sich über den Spruch des Mannes aus Kärnten [...].
3. Die Medien spielen fleißig mit, weil, wie Erhebungen immer wieder ergeben, Haider ein ‚Selbstrenner' ist. Selbst in innenpolitisch viel weniger interessanten Zeiten konnte der damalige Oppositionschef [...] die Aufmerksamkeit der Leser, Seher und Hörer auf sich ziehen.
4. Haiders Anhänger kommen dreifach ins Spiel:

- Sie applaudieren ihrem Idol,
- verteufeln die Gegner und
- versuchen die Botschaft, egal welchen Inhalts (den sie natürlich auch ernst nehmen), an Stammtischen weiterzugeben [...]

Haider ist ein Meister dieses Spiels. Er erreicht sein Spielziel immer. Weil alle anderen sich von ihm hineinziehen lassen."[381]

Tabuthemen

Haider und die FPÖ haben ihr Sprüche-Spiel über viele Jahre optimiert. Eine starke Wirkung kann man erreichen, indem man Tabus anspricht.

Muster 76: Sprechen Sie Tabus an.

Im durch die jahrzehntelange große Koalition erstarrten politischen System Österreichs war es leicht, Tabuthemen anzusprechen, wie die Aufteilung von Posten auf die großen Parteien, die nicht reflektierte Geschichte Österreichs oder Missstände in der Bürokratie, über die vorher nicht berichtet wurde.

„Unsere Ehre heißt Treue", verkündet ein unbekannter FPÖ-Funktionär, der gerade mit Haiders Hilfe Parteichef von Niederösterreich geworden war. Der Wahlspruch der SS wird in ganz Europa berichtet, der Sprecher blitzschnell zum Medienstar. Nachdem man die Methode verstanden hat, die hier zur Anwendung kommt, kann man Generalsekretär Peter Sichrovsky nur zustimmen, der Spruch sei *„unbewusst, nicht absichtlich"* verwendet worden.[382] Die FPÖ ist über den Wert ihrer Strategie genau im Bilde: *„Wir kennen das aus der Geschichte der FPÖ. Immer, wenn wir auf diese Art in die Schlagzeilen gerieten, sind wir meist positiv ausgestiegen."*[383]

Das Haider-Nazi-Spiel

Haider bricht nicht alle Tabus, die man brechen kann. Im kulturellen Bereich tritt er im Gegenteil für die Beibehaltung ein und weist gelegentlich sogar Kulturschaffende zurecht, die an ihnen rütteln. Starke Wirkung erzielen Haider und die FPÖ immer noch mit Nazi-Sprüchen. „Es ist ein Grundmuster in Haiders Karriere, dass er mit unterstellten oder tatsächlichen nationalsozialistischen Anspielungen die größte Furore macht."[384]

Muster 77: Erregen Sie Aufsehen durch Nazi-Sprüche.

Die öffentliche empörte Aufmerksamkeit richtet sich in der

Regel auf den Inhalt von Haiders Nazi-Sprüchen, nicht auf die termingerecht eingesetzte Methode: „Immer, wenn es der FPÖ schlecht geht, verschärfen sich die Worte und die Medien steigen darauf ein" (der Kommunikationsexperte Dietmar Ecker).[385]

Ein Beispiel aus einem Haider-Verteidigungs-Spiel

Haider gelingt es oft, die Themen vorzugeben, die in der Öffentlichkeit diskutiert werden. Haider schafft es sogar, in Situationen zu punkten, in denen er der Verlierer sein müsste. Dies kann z.B. anhand von TV-Debatten gezeigt werden, die politische Misserfolge von Haider zum Thema hatten.

Ein Beispiel ist das sogenannte *„Ausländervolksbegehren"* der FPÖ aus dem Jahre 1993, mit nur 417.000 Unterschriften eine der größten Niederlagen Haiders. Am Abend der Bekanntgabe der Stimmenzahl war Haider im ORF zu einem „Runden Tisch" geladen.[386] Haider wird zuerst das Wort erteilt. Er schildert seine Version der Lage: Unterschriftswillige Bürger und Bürgerinnen seien behindert worden, alle relevanten gesellschaftlichen Institutionen hätten auf sie sozialen Druck ausgeübt. Dies habe zu einem Ergebnis geführt, das für ihn persönlich enttäuschend sei. Bei den nächsten Wahlen würden jene, die sich jetzt wegen dieses Druckes nicht unterschreiben getraut hätten, der Regierung schon zeigen, was sie wirklich von ihr hielten.

Alle drei Kontrahenten (Hans Mayr von der SPÖ, Heinrich Neisser von der ÖVP und Peter Pilz von den Grünen) akzeptieren in ihren Stellungnahmen fast ohne Kommentar seine Themen-Vorgabe, seine Selbst-Definition und seine Spielregeln – und geben ihm so Gelegenheit, Themenführer zu werden. Hans Mayr nimmt Haiders Beschwerde ernst (*„In der Wiener Wahlbehörde hat kein einziger FPÖ-Funktionär auch nur eine einzige Beschwerde [...] abgegeben"*) und verwendet Argumente aus der Propaganda zum Volksbegehren: *„Keine Frage [...] ist, dass wir sicher jeden Flüchtling aufnehmen können, aber sicher nicht die Arbeitsmarktprobleme des Ostblocks lösen können."*

Auch Heinrich Neisser übernimmt (im Konjunktiv) Haiders Sichtweise (*„Ja, ich möchte sagen, wenn es Behinderungen gegeben hat, das würde ich auch nicht billigen"*) und führt dann Haiders Misserfolg nicht auf eine bewusst gewählte Taktik, sondern auf einen Irrtum bezüglich seines *„Stils"* zurück, über den man Haider aufzuklären hat. Peter Pilz legt Haider nahe, Buße zu tun und bietet ihm ein gemeinsames Nachdenken über Haiders Niederlage an. In diesem Tenor geht es im Gespräch weiter. Am Schluss kann Haider das Volksbegehren sogar als Erfolg hinstellen, weil es einen Anstoß für eine gemeinsame Diskussion des anstehenden *„Ausländerproblems"* gegeben habe.

Ein Beispiel aus einem Haider-Angriffs-Spiel

Die Debatte mit Bundeskanzler Vranitzky am 21.9.1994 war einer der erfolgreichsten Fernsehauftritte Haiders. Vranitzky pflegt hier einen „normalen" Konversations-Stil. Er nimmt Fragen von Haider ernst und beantwortet sie. Haider hingegen setzt sich über Vranitzkys Fragen hinweg. Er spult eine Attacke nach der anderen ab, gibt neue Themen vor, auf die Vranitzky wieder antwortet usw. Haider wird auf diese Weise zum Themen-Führer. Vranitzky unternimmt kaum einen Versuch, Haiders Diskussionsstil zu kommentieren. Haider wirkt dynamisch, Vranitzky defensiv.

Der Höhepunkt der Debatte ist Haiders Gag mit einer Tafel – eine damals neue Art, im Fernsehen Aufmerksamkeit zu erringen. Auf ihr war groß die Summe zu sehen, die ein Funktionär der von der SPÖ dominierten Arbeiterkammer bezog. Der Zeitpunkt für der Attacke war gut gewählt. Das Gespräch sollte ursprünglich vierzig Minuten dauern (tatsächlich dauerte es dann über eine Stunde) und Haider startet seinen Hauptangriff zur Halbzeit (in der 21. Minute). Haider hatte nur ein Ziel: Er wollte, dass die ZuseherInnen sich an dieses Thema erinnerten und Vranitzky damit in die Ecke treiben – was ihm auch gelang.

Überraschungs-Angriffe

Die Vranitzky-Haider-Debatte zeigt eine Abfolge, die Haider und die FPÖ oft bei Streitgesprächen wählen. Sie umfasst vier Phasen:

1. Die Einschmeichel-Phase:

Meist kommt zu Beginn eine positive Phase, bei dem das Gemeinsame betont wird und von Versöhnung, Demokratie oder Toleranz die Rede ist. Der FEIND soll sich in Sicherheit wiegen und vom nachfolgenden Angriff überrascht werden: *„Manchmal überrasche ich meinen Gegner [...] auch mit einer De-Eskalationsstrategie – sodass der überhaupt hilflos wird.“* [387]

Muster 78: Verbreiten Sie vor einem Angriff Harmonie-Stimmung.

In der Debatte mit Vranitzky beginnt Haider staatsmännisch und definiert sich als *„Wir“*, in Gemeinsamkeit mit Vranitzky. Es gehe darum, so sagt er, einen *„Beitrag für Österreich und für dieses Land zu leisten.“*

2. Der Info-Überfall:

Im geeigneten Zeitpunkt werden überfallsartig und dramatisch neue Informationen präsentiert, die nicht bekannt waren. Sie gipfeln in einem massiven Vorwurf.

3. Die Kern-Frage:
Haider fordert von seinen Kontrahenten eine sofortige Stellungnahme zu dem Vorwurf.

4. Die permanente Wiederholung der Kern-Frage:
Im Laufe der Diskussion wird der Angriff immer wieder erneuert und bekräftigt. Egal, was die anderen reden, Haider kommt immer wieder auf sein Überfalls-Thema zurück und fordert zu einer Erklärung, Entschuldigung oder Verurteilung auf.

Vorwurf jetzt, Beweis später

Bei ihren Überraschungs-Angriffen erhebt die FPÖ oft Vorwürfe, ohne gleich Beweise zu nennen. Es werden Dinge behauptet, deren Wahrheitsgehalt in der Debatte nicht unmittelbar überprüft werden kann. Häufig wird gesagt, ein Beweis werde später nachgereicht, d.h. die Suggestion verbreitet, der Vorwurf sei sachlich fundiert, – ohne dass dies dann auch erfolgt.

Muster 79: Erheben Sie einen Vorwurf. Kündigen Sie Beweise für später an.

Skandal-Management

Demagogen betreiben ein effektives Skandal-Management. Zielpunktgerecht zum Wahltag soll die Bevölkerung in Rage versetzt werden. Dazu werden Skandale präsentiert und die Stimmung genau zum Wahltag angeheizt. Die moderne Medienwelt lebt von Hypes: emotionalen Ereignissen, die einige Tage anhalten und dann wieder verebben. Das Beste, was einem Demagogen gelingen kann, ist ein Hype über die Vergehen

DER ANDEREN genau am Wahltag. „*Wahltag ist Zahltag*", inserierte die FPÖ (auch ein Slogan der Nazis)[388] – gemeint ist „Wahltag ist Gefühlstag", besser noch: „Empörungs-" oder „Wut-Tag".

Muster 80: Emotionalisieren Sie termingerecht.

Haider über seine Strategie: „*Ich habe [...] ein großes Schatzkästlein mit interessanten Sachen, und vor TV-Auftritten hole ich das eine oder das andere Gustostückerl heraus. Das hat wesentlich mehr Effizienz, als die Informationen laufend in Zeitungen zu platzieren.*"[389]

Die Nationalratswahlen 1994 sind ein Beispiel für ein gelungenes Skandal-Management der FPÖ.[390] In einer nur sechswöchigen Kampagne gelang es, die Wählerpräferenz von 17,5 auf 22,5 Prozent zu steigern. Dabei ging es ausschließlich um polarisierende und emotionalisierende Themen. Der Höhepunkt war die eben erwähnte Konfrontation mit Vranitzky am 21. September. Die Wahl des Zeitpunktes war strategisch gewählt: 18 Tage vor den Nationalratswahlen und 11 Tage vor den (politisch ansonsten wenig bedeutsamen) Wahlen zur Arbeiterkammer. Durch das gewählte Thema wurden die Arbeiterkammer-Wahlen in der öffentlichen Meinung mit den Nationalratswahlen verbunden (vorher gab es diese Verbindung nicht) und das erwartete schlechte Abschneiden der SPÖ-Fraktion in der Arbeiterkammer wirkte als zusätzlicher Emotions-Schub für die FPÖ und ihre Anhänger.

Nach der spektakulären Nennung des Skandal-Themas nur 18 Tage vor dem Wahltermin dominierte die FPÖ den Wahlkampf in der letzten Phase. Schlagartig wurde der Themenkomplex „Arbeiterkammer/Funktionärseinkommen/Privilegien/Skandale" zum Hauptthema. Am Vortag der Diskussion (19./20.9.) nannten im begleitenden Track-Polling von Fessel+GfK nur 7 Prozent der Befragten spontan diese Themen auf die Frage nach ihrem Wahlmotiv. Fünf Tage nach der TV-

Debatte lagen die Nennungen bei 26 Prozent (25./26.9.), eine Woche später bei 25 Prozent (3./4.10.). Der Wahltag fand in einer aufgewühlten Stimmung statt. „Es erscheint schlüssig", schreiben die Politologen Schaller und Vretscha, „die freiheitliche Skandalisierung des ‚Parteien- und Kammerstaates' als entscheidende Ursache für die [...] deutlichen Gewinne der FPÖ und das markante Abrutschen der SPÖ [...] zu bewerten."[391]

Wahlkampf-Planung

Ziehen Sie daraus eindeutige Schlüsse:

- Wählen Sie jenes Thema, das zum Wahltag die größte Emotionalisierung verspricht.
- Wählen Sie den richtigen Zeitpunkt, um Ihr Thema öffentlich bekanntzumachen.
- Überlegen Sie genau, wie Sie Ihr Thema präsentieren. Es soll ein möglichst großer Überraschungs-Effekt eintreten.
- Planen Sie, wie Sie Ihr Thema gewinnbringend mit Ereignissen vor der Wahl verbinden können.

Die Medien als Wahlhelfer

Haider verdankt seinen Erfolg auch dem Mitspiel der österreichischen Medien, allen voran der „Kronenzeitung", die als relativ größte Tageszeitung der Welt eine Reichweite von 43, an Sonntagen bis zu 80 Prozent hat. Die Massenmedien wirken als Multiplikatoren für die Skandalisierungs-Kampagnen von Haider.[392] Im Wahlkampf 1994 beschäftigten sich 60 Prozent der tagesaktuellen Medien-Berichte mit Skandalen und Privilegien oder mit Spekulationen über den Wahlkampfstil und mögliche Koalitions- und Regierungsvarianten.[393] In den letzten zehn Wochen vor den Nationalratswahlen 1994 sank der

Anteil der Sachthemen (Wirtschafts- und Umweltthemen) in der innenpolitischen Berichterstattung kontinuierlich ab (von 34 Prozent Anfang August auf 4 Prozent vor der Wahl), während der Anteil der Berichte zu den Themen „Privilegien, Politikereinkommen, Skandale" drastisch anstieg (von 4 Prozent Anfang August auf 39, 40 und 27 Prozent in den letzten drei Wahlkampfwochen). Die Medien haben 1994 in ihrer Berichterstattung die Kampagne von Haider perfekt mitgemacht. Je näher der Wahltag heranrückte, umso mehr schwenkten sie auf eine Berichterstattung um, die Haiders Mobilisierung begünstigte.

Die FPÖ ist eine Medien-Partei, die für ihre Absichten die Massen-Medien in besonderer Weise benötigt. Haiders Stil, sein Auftreten, seine Sprache sind auf eine möglichst große mediale Wirkung ausgerichtet. Haider benötigt für seine Politik Medien, die seine Sprüche, seine Gags, seine Vorwürfe weitergeben, ohne dabei seine Muster und Methoden aufzuzeigen oder zu kritisieren.

Haider wählt Mandatare der FPÖ nach Loyalität und Medienwirksamkeit. Politische Erfahrung spielt oft keine Rolle. Bei den Nationalratswahlen 1999 wurde der ehemalige Skistar Patrick Ortlieb auf den zweiten, Theresia Zierler, Moderatorin einer Fernsehsendung, auf den dritten Platz gereiht. Zierler, die selbst Kommunikationstrainerin ist, wurde später zur Generalsekretärin befördert. Vor den Wahlen 1999 fand für eine Reihe von Kandidaten ein Hearing statt. Jede Landesorganisation konnte 30 Bewerber für einen Parlamentssitz nominieren. Jeder einzelne wurde von einer Jury bewertet, in der hohe FPÖ-Funktionäre sowie externe Berater vertreten waren. Getestet wurde, wie sich die Bewerber vor der Fernsehkamera verhielten, insbesondere ihre *„persönliche Belastungsfähigkeit in Stresssituationen"*.[394]

Kriterien dieser Art haben mit Ideologie im üblichen Sinn wenig zu tun. Christian Seiler beschreibt die Funktionäre der FPÖ als ein „wildes [...] Durcheinander, Dynamik, Pragmatik,

Marathon, Kenzo, aber auch Mensuren, Stammtischgeschwätz und schwere Bierräusche. Alles ist möglich, solange der Deckel Haider auf dem Topf ist.“[395]

Demagogische Kommunikation

Demagogische Politik kann sich in einem Land nur durchsetzen, wenn es dem Demagogen und seinen Helfern gelingt, nicht nur bei Großveranstaltungen, sondern auch bei einer Vielzahl kleiner Ereignisse wirkungsvoll zu punkten, z.B. bei Diskussionen zu dominieren oder kritische Journalisten zu überlisten. Dazu ist es hilfreich, übliche Regeln zu verletzen, die in der Kommunikation stillschweigend beachtet werden, z.B. das Prinzip des Vertrauens.

Das Prinzip des Vertrauens

Jeder Kontakt mit anderen bedarf eines Minimums an gegenseitigem Vertrauen. Wenn ich überzeugt bin, dass der Bankbeamte mich betrügen will, kann ich ihm meine Ersparnisse nicht anvertrauen. Wenn ich weiß, dass der Bäcker Gift ins Mehl mischt, werde ich nichts kaufen. Alle Alltags-Handlungen sind von Vertrauen getragen. Es ist das Bindeglied der Gesellschaft. Ohne ein Mindestmaß an Vertrauen entsteht Anarchie, Bürgerkrieg und Chaos.

Jedes Gespräch mit anderen basiert auf Vertrauen. Wenn mir jemand etwas sagt, muss ich annehmen, dass er manchmal, aber nicht immer lügt. Würden wir uns beide für andauernde Lügner halten, könnten wir miteinander nicht sinnvoll sprechen. Eine Gesellschaft, in der alle lügen, ist nicht lebensfähig.[396]

Das Prinzip des Vertrauens hat unzählige Gesichter. Im Alltag unterstellen wir anderen

- ein Minimum an positiven Absichten (sie betrügen uns manchmal, aber nicht immer);
- dass sie Worte und Begriffe so verwenden, wie es allgemein üblich ist;
- dass sie gewisse Fakten, wie Statistiken oder Zahlen, außer Streit stellen;
- dass sie nicht davon ausgehen, man könne die Vergangenheit beliebig interpretieren;
- dass sie gewisse Regeln einhalten, z.B. die Art, wie man eine Diskussion führt.

Wenn wir weiter nachdenken, fallen uns noch viele andere Regeln ein. Aber – und das ein weiteres wichtiges Prinzip – nicht alle dieser Normen kann man eigens nennen. Niemand kann eine vollständige Liste darüber aufstellen, welche stillschweigenden Voraussetzungen er beim Reden beachtet. Viele Grundlagen von Kommunikation sind unbemerkter Natur. (Experten sprechen von „implizitem Wissen".) Man befolgt sie einfach – und erwartet von anderen, dass auch sie sie beherzigen.

Vertrauen und demagogisches Welt-Bild

Demagogen misstrauen dem Vertrauen. In ihrem Denken ist dafür wenig Platz. Wer daran glaubt, dass es DIE ANDEREN tatsächlich gibt, lebt in einer Welt von FEINDEN. IHNEN darf er kein Vertrauen erweisen. Einem FEIND muss man jedes Verbrechen unterstellen (Muster 38). Am leichtesten und radikalsten gelingt dies, wenn es möglich ist, ‚innere Bilder' über DIE ANDEREN als Gegensatz-Bilder zu konstruieren (Kapitel 2).

Die mangelnde Vertrauens-Basis hat noch einen tieferen Grund: Sie hat mit der Konstruktion des demagogischen Welt-Bildes selbst zu tun. Dieses Welt-Bild ist eine reine Erfindung. Alles an ihm ist Fiktion: die Gruppe DER WIR und DER ANDEREN, die hervorragenden Eigenschaften des SUPER-WIR, die Sündenböcke und Propagandazahlen, die Missetaten DER ANDEREN, die erfundenen Geschichten und Skandale. Für Erfindungen gibt es keine Basis. Sie schweben im luftleeren Raum. Das demagogische Welt-Bild hat nichts in der Welt, woran es sich festhalten könnte. Seine Wahrheit entsteht nicht durch „Fakten", durch den Verstand, durch akzeptierte Regeln – sondern durch gesteuerte Gefühle, durch Beifall und Erfolge, durch Macht, durch eine autoritäre Organisation. Demagogisches Denken besitzt keine Vertrauensbasis. Es hat nur den SUPER-WIR. Ihm gebührt UNSER ganzes Vertrauen.

Der Vorteil demagogischer Kommunikation

Demagogische Kommunikation besitzt damit eine andere Qualität. Machen Sie sich den Unterschied zwischen demagogischer und alltäglicher Kommunikation klar. Demagogische Kommunikation eröffnet Ihnen ein riesiges Betätigungsfeld, das es zu nützen gilt.

- Alltägliche Kommunikation geht von einer Grundlage aus, auf die es sich beziehen kann. Stillschweigend und selbstverständlich werden unzählige Regeln beachtet. Dem Prinzip des Vertrauens kommt ein hoher Stellenwert zu. Es wird unmittelbar gelebt.
- Demagogische Kommunikation hingegen besitzt diese Grundlage nicht. Stillschweigend und selbstverständlich werden übliche Regeln von Kommunikation außer Kraft gesetzt. Dem Prinzip des Vertrauens kommt ein geringer Stellenwert zu. Es kann bewusst aufgehoben werden.

Mit einem Demagogen diskutieren zu wollen, lässt eine eigenartige Schieflage entstehen. Einer Person, die das Prinzip des Vertrauens befolgt, steht eine Person gegenüber, die es viel schwächer beachtet und in Teilbereichen bewusst außer Kraft setzt. In diesem Ungleichgewicht hat der Demagoge viele Trümpfe in der Hand. Aus einem riesigen Fundus stillschweigend gelebter Regeln kann er bewusst einige außer Kraft setzen und so den FEIND verwirren und mundtot machen. Hunderte Beispiele belegen die Wirksamkeit dieser Strategie, die kaum jemand durchschaut. Viele Personen, die Haiders Politik ablehnen, ziehen in Diskussionen mit FPÖ-Funktionären regelmäßig den kürzeren. Ein an sich einfacher Vorgang erscheint unerklärlich. Er hinterlässt ratlose, verärgerte und oft resignierte Menschen.

Muster 81: Setzen Sie das Prinzip des Vertrauens (teilweise) außer Kraft.

Demagogische Kommunikation nützt dieses Muster in hohem Maße. Viele der bisher beschriebenen Muster sind Abwandlungen dieser Strategie.

Ein Beispiel für Muster 37 (unterstellen Sie DEN ANDEREN immer schlechte Motive): Sie sind zu einer Debatte über die Reform einer Behörde eingeladen und wissen, mit wem Sie diskutieren werden. Diese Person ist Ihr FEIND. Recherchieren Sie im Vorfeld, ob es irgendeine Verbindung des FEINDES mit dieser Behörde gibt. Sie finden z.B. heraus, dass ein Schwiegervater aus erster Ehe hier einen hohen Posten innegehabt hat. Für den Höhepunkt der Debatte besitzen Sie nun ein treffliches Argument. Erklären Sie lauthals, es sei absolut klar, warum Ihr Kontrahent so agiert (egal, was er vorher gesagt hat) – nämlich: weil sein Schwiegervater soundsoviel Euro (erfinden Sie irgendwelche Zahlen) bei dieser Behörde bezogen hat.

Muster 82: Erheben Sie lauthals Beschuldigungen.

Diesem Muster folgend hat Haider wiederholt Journalisten des ORF vor laufender Kamera attackiert. Sie würden ihm nur deshalb kritische Fragen stellen, weil sie selbst (als ANDERE) *„Privilegien"* zu verteidigen hätten.[397] Die Journalisten befinden sich in einer für Haider günstigen Falle. Sie sind einem „Objektivitäts-Gebot" verpflichtet (eine strenge Formulierung des Prinzips des Vertrauens), und wissen oft nicht, wie sie auf solche Angriffe antworten sollen, ohne dieses Gebot zu verletzen.

Provozieren

Eine gute Taktik bei Angriffen:

1. Machen Sie den ersten Schritt. Beschuldigen Sie. Beleidigen Sie den FEIND.
2. Lassen Sie DEN ANDEREN toben.
3. Schalten Sie auf cool und werfen Sie DEN ANDEREN vor, emotional zu agieren. Fahren Sie ruhig und sachlich in Ihrem Angriff fort.

„Lügen, bis die Balken sich biegen"
(Klaus Ottomeyer)[398]

Wer das Prinzip des Vertrauens missachtet, kann ungewöhnliche Dinge tun und Regeln lustvoll überschreiten. Viele Menschen lügen, aber die meisten haben eine gewisse Scham, faustdicke Lügen mit der größten Selbstverständlichkeit zu verkünden. Als Demagoge haben Sie dieses Gefühl schon lange überwunden. Demagogen kennen keine Scham. Lügen Sie wie gedruckt.

Muster 83: Lügen Sie.

„[Die] Strategie [des] ‚Lügens, bis sich die Balken biegen' [ist] bei Haider von beinharter Konsequenz. [...] Ein Bedauern darf auf keinen Fall spürbar werden, weil es dem Gegner bereits zugestehen würde, dass er in irgendeinem Punkt Recht haben könnte."[399] Ihr FEIND hat in keinem einzigen Punkt Recht.

Wortwörtlich nehmen

Ein guter Trick ist es, das, was jemand gegen Sie vorbringt, wortwörtlich zu nehmen. Eine kleine Ungenauigkeit in seinem Satz berechtigt Sie, den ganzen Satz zu dementieren.

Picken Sie sich eine falsche Nuance in einer Behauptung heraus, um Ihrem FEIND eine Unwahrheit vorzuwerfen.

Muster 84: Nehmen Sie Aussagen Ihrer FEINDE wortwörtlich.

In der Debatte bei n-tv am 6.2.1999 wurde Haider gefragt, wie er zu einer Aussage des burgenländischen FPÖ-Obmanns Rauter stehe, der Gratisvorstellungen des Spielberg-Films „Schindlers Liste" für Jugendliche kritisiert hatte. Haiders Antwort kam wie aus der Pistole geschossen. *„So einen Politiker gibt es bei uns gar nicht."*[400]

Was war geschehen? Der Frager hatte versehentlich von „Walter Rauter" anstelle von „Wolfgang Rauter" gesprochen.

Das Ende des politischen Gesprächs

Demagogisches Sprechen ist geeignet, das Ende jedes politischen Gespräches einzuläuten. Ein Volk, das sich demagogischer Politik verschreibt, verliert die Fähigkeit zum politischen Reden überhaupt.

Um das zu verstehen, müssen wir erkennen, dass Sprache nur ein Modell ist. Alles, wovon wir sprechen, kann nur ungenau, mehrdeutig oder verkürzt wiedergegeben werden. ‚Realität' und Sprache unterscheiden sich durch ungeheure Größenordnungen. ‚Realität' ist viel komplexer als die Sprache, die sie erfassen will. Angenommen, ich wäre jetzt bei Ihnen und Sie würden mir erzählen, was Sie gestern Abend gemacht haben. Sie sprechen ein paar Sätze und erzählen mir von gestern Abend. Ich schreibe mir Ihre Sätze auf und halte sie so fest.

Nehmen wir weiters an, ein Kameramann hätte Sie gestern Abend begleitet und Sie gefilmt. Wir nehmen uns die Zeit, diesen Film zu betrachten, um zu erkunden, was Sie gestern Abend „wirklich“ getan haben. Im Anschluss daran gehen wir nochmals Ihre Sätze durch und überlegen Wort für Wort, inwieweit sie der ‚Realität‘ entsprechen. Was haben Sie ausgelassen? Was wurde verzerrt?

Unterschiede zwischen Sprache und ‚Realität‘ sind für „normale“ Kommunikation meist kein Problem. Wenn ich Ihren Worten lausche, gilt für mich das Prinzip des Vertrauens. Es erlaubt mir, hinter Ihren Sätzen eine ‚Realität‘ zu erkennen. Sie machen das Gleiche mit mir und wir beide können angeregt über Ihren gestrigen Abend plaudern.

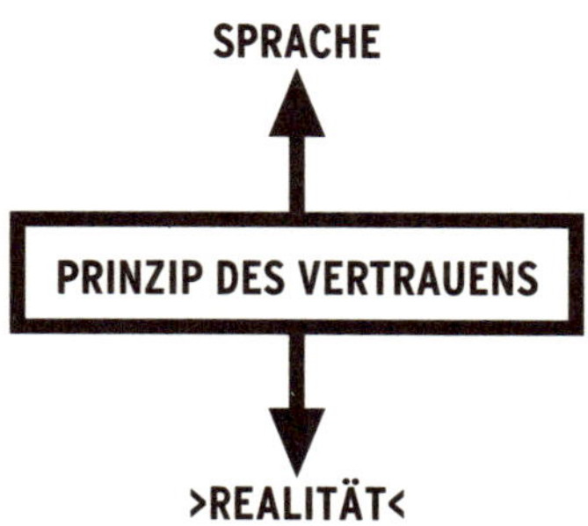

Demagogische Kampf-Rhetorik zerstört diesen Prozess. Immer kann an dem, was ein FEIND gesagt hat, auf Lücken, Undeutliches, Mehrdeutiges etc. hingewiesen werden. Wird alles wortwörtlich genommen, hört sich jedes Gespräch auf. Jede Debatte verliert ihren Sinn. Alles löst sich in rhetorische Nebel-Wolken auf. Keiner weiß mehr, wovon die Rede ist. Genau zu diesem Zweck setzen Demagogen Sprache ein.

Ein Nebel-Beispiel

Sehen wir uns dieses Prinzip anhand eines längeren Beispiels an.[401]

Thomas Prinzhorn war der Spitzenkandidat der FPÖ zu den Nationalratswahlen 1999. In einem Interview mit den „Stuttgarter Nachrichten“ meinte er: *„Mit unserer Kinderpolitik wollten wir ein Signal setzen. Asylanten und Ausländer haben eine ganze Reihe von Vorteilen. Sie bekommen zum Beispiel Medikamente zur Hormonbehandlung vom Sozialamt gratis, um ihre Fruchtbarkeit zu steigern. Inländern wird das nur sehr selten gewährt.“*[402]

Wenige Tage später (22.9.1999) wird Prinzhorn im ORF gefragt: „Stimmt dieses Zitat?“ Prinzhorn: *„Das Zitat stimmt“*. In den Augen „normaler“ Kommunikatoren ist damit ein eindeutiges Faktum gesetzt. Ein Spruch ist schwarz auf weiß dokumentiert und vom Verfasser ausdrücklich bestätigt. Über diese ‚Realität‘ kann man nun diskutieren. Man könnte Prinzhorn oder die FPÖ fragen, warum sie am Höhepunkt des Wahlkampfs ein geradezu klassisches Argument an Ausländer-Hetze einsetzen.

Ähnliches versucht Freimut Duve am 6.2.2000 bei n-tv im Gespräch mit Haider. Duve fasst Prinzhorns Äußerungen sinngemäß richtig zusammen. Wörtlich sagt er über Prinzhorn: „Er sagt so etwas wie: Die Ausländer kriegen Hormone, damit sie sich vervielfältigen können.“ Duve bezieht sich inhaltlich richtig auf eine sichere ‚Realität‘, die ein „normaler“ Kommunikator nicht in Frage stellen wird.

Haider reagiert darauf anders. Er kennt den Spruch recht gut, der in dem von ihm gesteuerten Wahlkampf eine Rolle gespielt hat. (Vielleicht hat er ihn sogar selbst erfunden oder von seinem Wahlkampf-Team designen lassen, Muster 75). Weil Haider das Prinzip des Vertrauens konsequent außer Kraft setzt, kann er das, was Duve fragt, glatt leugnen. Anscheinend hat Duve den Satz von Prinzhorn in irgendeinem Detail

„falsch" wiedergegeben – er wurde ja nicht wortwörtlich zitiert. Haider: *„Wenn das so wäre, hätte ich ihn ausgeschlossen. Wenn es so wäre, ist es aber nicht."*

Duve ist fassungslos: „Er hat es also gar nicht gesagt?" Haider antwortet, indem er das Prinzip des Vertrauens wiederum durchbricht. Er klärt den Irrtum, den er anscheinend sieht, nicht auf, sondern geht zum Gegenangriff über: *„Nein. Das ist ihm im Wahlkampf ursprünglich angedichtet worden"* (ein Satz, der – egal wie man ihn versteht – inhaltlich falsch ist).

Duve ist dem Prinzip des Vertrauens verpflichtet. Vermutlich hat er das Interview gelesen. Er „weiß", dass er etwas Richtiges gefragt hat und kann nicht glauben, was Haider sagt. Kurz darauf fragt er noch einmal nach. Wieder wird er von Haider abgespeist: *„Wenn er es gesagt hätte, wäre er schon draußen."* Duve ist sprachlos, Haider triumphiert.

Damit ist in den Augen „normaler" Redner ein neues „Faktum" geschaffen: Haider dementiert etwas, was Prinzhorn nachweislich gesagt hat. Genau das wird vom ORF einen Tag später (7.2.) dokumentiert: Man sieht und hört das ursprüngliche Zitat, das Tonbandoriginal von Prinzhorn (in dem er das Zitat bestätigt) und Haiders Aussage in n-tv.

Haiders neue Reaktion auf diesen Tatbestand bleibt im alten Muster. Als Demagoge kann er keinen Fehler zugeben (Muster 16). Erneut wird der Spieß umgedreht und dem ORF vorgeworfen, *„einer in Bedrängnis geratenen SPÖ Schützenhilfe zu leisten."* Gleichzeitig wird klargestellt, dass es gegen Thomas Prinzhorn, Zweiter Präsident des Nationalrats, *„keine parteipolitischen Konsequenzen"* geben werde. Haider tischt eine neue Variante auf: Prinzhorn habe nie gesagt, dass sich Ausländer *„besser vermehren, weil sie Gratishormone erhalten."* Prinzhorn werde alle klagen, die ihn *„ständig verleumden." „Es ist schamlos, gegenüber Prinzhorn Anschuldigungen zu erheben, wenn es dafür keine Anhaltspunkte gibt."* Prinzhorn ist damit aus der aktuellen Debatte freigespielt: *„Da ich es so nicht gesagt habe, betrifft mich die Sache nicht."*

Muster 85: Kündigen Sie zu Bekräftigung Ihrer Argumente eine Klage an.

Haider ist der klagefreudigste Politiker Österreichs. Sein Leibanwalt Dieter Böhmdorfer – den Haider später zum Justizminister macht – hat hunderte Personen geklagt. Allein über 350 Medienverfahren sind bekannt.[403] Gleichzeitig hat Haider viele Klagen angekündigt, die – wie im Fall Prinzhorn – in der Folgezeit niemals erfolgt sind.

Dementis

Die FPÖ setzt in ihrer Kampf-Rhetorik das Prinzip des Vertrauens systematisch außer Kraft. Sie leugnet eine gemeinsame Basis von ‚Realität', auf die sich Sprache beziehen kann. Mit dieser Methode kann jeder Dialog zerstört werden. Man weiß nicht mehr, was Worte besagen. Alles löst sich in einem Nebel auf. Jede Behauptung, egal, wie gut sie belegt ist, kann dementiert werden.

Die Pointe ist umwerfend und weitreichend: Es gibt keine „Fakten"! Lösen Sie „Fakten" durch Dementis auf!

Muster 86: Dementieren Sie, was Sie wollen.

Dementieren Sie auch Ihre Dementis, die Dementis von den Dementis, die Tatsache, dass es eine Debatte gegeben hat, dass überhaupt dementiert wurde usw. *„Die Äußerung ist so nicht gefallen"* (Susanne Riess-Passer).[404]

Gegenangriff

Dementis sind kein Selbstzweck. Sie sind nur der Anfang. Im nächsten Schritt geht es darum, die Gesprächsführung wieder zu erlangen. Günstig ist ein sofortiger Gegenangriff.

Muster 87: Bei Angriffen: Gehen Sie sofort zum Gegenangriff über.

Prinzhorns Hormon-Spruch-Geschichte hat eine Fortsetzung. Am nächsten Tag (8.2.2000) war die neue Vizekanzlerin Riess-Passer Gast in der ZiB 2. Auf die Dementis angesprochen sagt sie:

1. *„Schauen Sie: Das, was in der n-tv-Diskussion, die Sie ansprechen, gesagt wurde, von Freimut Duve, war ein anderes Zitat“* (Das Prinzip des Vertrauens ist außer Kraft gesetzt. Riess-Passers eigene Aussage ist wortwörtlich richtig, aber inhaltlich falsch).
2. *„Das Zitat war falsch zitiert“* (ein wunderschöner suggestiver Satz)
3. *„und das hat der Haider dort gesagt“* (hat er nicht. Das ist Haiders Wahrnehmung der Situation, weil er – automatisch oder bewusst? – das Prinzip des Vertrauens durchbricht).
4. *„Das ist richtig so“* (Lobet den Guru, Muster 61).
5. *„Thomas Prinzhorn hat seine Klarstellung getroffen“* (Was ist hier klar?)
6. *„als 2. Präsident des Nationalrates.“* (Aufwertung durch das Amt, suggestive Verknüpfung mit etwas, was hier keine Rolle spielt, Muster 45)
7. *„Das ist auch von allen Fraktionen im Haus so akzeptiert worden“* (erfundene Autoritäten, Muster 51, inhaltlich falsch),
8. *„und ich glaube, dabei sollte man es auch belassen“* (suggestive Sätze – wobei genau sollte man was belassen?).
9. *„Aber“* (Killerwort, das den vorangegangenen Inhalt löscht.

Hervorragend geeignet zum Übergang auf ein anderes Thema.)

10. „*wenn wir schon so genau sind mit der Berichterstattung*" (Unterstellung schlechter Motive, Muster 37),

11. „*lassen Sie mich ...* " (Gegenangriff, neues Thema).

Diese Zeilen, in wenigen Sekunden vorgebracht, sind eine Glanzleistung demagogischer Rhetorik – das Ergebnis jahrelanger harter Arbeit. Satz für Satz führen sie suggestiv vom Thema weg. In kurzer Zeit hat die Sprecherin die Führung im Gespräch wieder in der Hand.

Studieren Sie diese Struktur. Sie werden Sie in vielen Auftritten der FPÖ wiederfinden. Nützen Sie diese Reihenfolge, sollte Ihnen jemand einen Vorwurf machen. Setzen Sie am Ende einen kraftvollen Gegenangriff.

Zusammen-Schau

- Ein (vermutlich designter) Spruch wird zum richtigen Zeitpunkt medienwirksam platziert.
- Der dadurch entstandene Wirbel wird angeheizt. Es geht um die Mobilisierung von Gefühlen zur Wahl.
- In ruhigeren Zeiten ist der Spruch unbrauchbar geworden. Die Behauptung, er sei jemals gefallen, wird in einem Nebel von Dementis aufgelöst.

Die gesamte Aktion bildet eine abgeschlossene Einheit. Sie kann in dieser Form mit einem neuen Inhalt jederzeit wiederholt werden. (Beispiele dafür werden von der FPÖ fast jede Woche geliefert.)

Argumente-los

Werden Vertrauens-Prinzipien außer Kraft gesetzt, kann jeder Dialog zerstört werden. Jedes Argument, das ein ANDERER vorbringt, wird sachlich unterhöhlt (seine ‚Realitäts-Basis' wird aufgehoben) und in einen persönlichen Gegen-Angriff überführt. Der sich ausbreitende Gefühls-Nebel verhüllt die Argumente der FEINDE. In keinem Moment brauchen Sie auf irgendein Gegenargument inhaltlich eingehen.

Muster 88: Schweigen Sie die Argumente Ihrer FEINDE tot.

Im Frühling 2000 gelang es der ÖVP-FPÖ-Regierung, die Bevölkerung mit den sogenannten *„Sanktionen der EU"* zu empören. Die Argumente der Betreiber dieser Maßnahmen wurden dabei fast zur Gänze totgeschwiegen. (Vgl. Kapitel 5).

Rahmen-Spiele

Eine wirksame Art, das Prinzip des Vertrauens zu unterhöhlen, ist der willkürliche Wechsel des Rahmens, in dem etwas Sinn gibt (vgl. damit die Techniken des Umdeutens in Kapitel 2). Der Satz „Ich liebe Dich" hat eine andere Bedeutung, wenn es eine Mutter zu ihrem Kind, ein Liebender zu seiner Gefährtin, ein Kabarettist zum Publikum, ein Geiselnehmer zu seiner Geisel oder ein Demonstrant zu einem Polizisten sagt. In jedem Fall wird der Satz in einen anderen Rahmen gestellt. Die gleichen Worte sagen etwas anderes.

Jeder Satz, den wir sprechen und den wir hören, ist nur in einem bestimmten Rahmen sinnvoll. Wer das Prinzip des Vertrauens beachtet, versucht im Gespräch in einem gemeinsamen – stillschweigend unterstellten – Rahmen zu bleiben.

Demagogen misstrauen „normaler" Kommunikation. Wenn es sein muss, wird blitzschnell der Rahmen gewechselt. Diese

Taktik nützen Demagogen trefflich für Dementis. Das, was sie gestern gesagt haben, ist heute ungültig: Es hat sich auf einen Rahmen bezogen, den der FEIND (absichtlich!) missverstanden hat. Er will nicht wahrhaben, in welchem Kontext es „eigentlich" gemeint war.

Mit diesem Trick betreten Sie das Reich der Freiheit. Sie können jeden Spruch sagen, der Ihnen einfällt, und im Nachhinein einen Rahmen zimmern, in dem sein Inhalt zu verstehen ist.

Muster 89: Ändern Sie willkürlich den Bedeutungs-Rahmen Ihrer Aussagen.

Finden Sie es anstößig, wenn ein FPÖ-Funktionär öffentlich den Leitspruch der SS *„Unsere Ehre heißt Treue"* verkündet? Warum stülpen Sie den Nazi-Rahmen über diese Worte? Ehre und Treue haben doch noch andere Bedeutungen. Haider dazu: *„Wenn jemand Anständigkeit, Ehrlichkeit, Treue und Leistungsbereitschaft zu seinen Prinzipien macht, ist das okay."* Auf Nachfrage der Zeitung, dass er doch wohl wisse, von wem dieser Wahlspruch stamme, meinte er nur knapp: *„Das kommentiere ich nicht."*[405] – der Rahmenwechsel soll nicht thematisiert werden (Muster 90).

Verwirr-Spiele

Schnelle Rahmen-Wechsel verwirren. Der FEIND wird hin und her gehetzt, ohne den Vorgang zu verstehen. „Als Haider von einem CNN-Reporter nach den Wahlen auf sein berüchtigtes Beschäftigungspolitik-im-Dritten-Reich-Zitat angesprochen wurde, war er mit der Antwort, dieses sei außerhalb des Kontexts zitiert worden, so schnell zur Stelle, dass dem Interviewer gar nicht einfiel nachzufragen, in welchem Kontext so ein Zitat denn weniger oder gar nicht problematisch sei."[406]

Eine besonders dreiste Umdeutung hat der FPÖ-Justizminister Böhmdorfer in eigener Sache unternommen. Haider hatte bei einer Pressekonferenz in seinem Beisein vorgeschlagen, missliebige Oppositionelle wegen *„Herabwürdigung des Staates“* (§ 248 des Strafgesetzbuches) vor Gericht zu stellen. Der Justizminister fand das *„sicherlich verfolgenswert“* und *„überlegenswert“*, ja sogar *„akzeptabel“*. In einem Bericht in der „Neuen Freien Zeitung“ (herausgegeben von der FPÖ) hieß es: *„Böhmdorfer unterstütze den Vorschlag. Über strafrechtliche Konsequenzen bei der Verletzung der Gelöbnisformel sei nachzudenken.“*[407]

In einem Interview dementiert er später diesen Satz *„Nein, das stimmt nicht. Das habe ich in dieser Form nicht gesagt. Ich habe ausdrücklich gesagt, ich unterstütze und fördere das nicht.“*

Die Zeitschrift „Falter“: „Nein, Sie haben wörtlich gesagt, Sie finden Haiders Idee *‚akzeptabel‘*“.

Böhmdorfer: *„Ich finde es akzeptabel, dass man so etwas diskutiert. Ich finde, wenn man das Gegenteil diskutiert, ist es auch akzeptabel. Ich finde jede Diskussion akzeptabel, weil es dabei um die Ausübung der Grundrechte der Meinungsfreiheit der Europäischen Menschenrechtskonvention geht. Ich bin jemand, der für die Enttabuisierung von Themen eintritt.“*[408]

Dieses Muster ist genial. Stimmen Sie allem zu, was der Guru sagt! Ihre Zustimmung bezieht sich ja nicht darauf, was er gesagt hat, sondern auf die Tatsache, dass er überhaupt etwas gesagt hat.

Sprache ohne Sinn

In diesem Sprach-Verständnis verliert sich die herkömmliche Bedeutung von Worten. Lassen Sie alles, was Sie sagen, in einem Regenbogen möglicher Kontexte und Deutungen schillern. Solange dabei das Welt-Bild gewahrt und der Führer gepriesen bleibt, ist alles in Ordnung. Was andere ‚Realität‘ nennen mögen, darf in einem Nebel gefühlvoller Sprache verschwinden. Worte werden plastisch, verformbar. Es steht Ihnen frei, jede Deutung zu behaupten, die im Augenblick Nutzen bringt. Was Sie sagen, braucht für Ihre FEINDE keinen Sinn ergeben. Geben Sie auf Fragen keine ernsthafte Antwort. „Sachauskünfte gibt es nicht, Scherzantworten schon“ (die Journalistin Anneliese Rohrer).[409]

Über Muster reden

Haider ist in Österreich in einem Klima großgeworden, wo ihm kaum jemand wirklich Paroli geboten hat. Viele bewundern ihn für seine Gerissenheit und klatschen ihm offen oder heimlich Beifall, wenn er seinen FEINDEN auf der Nase herumtanzt. Jene, die Haider bekämpfen wollen, reagieren oft emotional und meist mit Inhalten, ohne der Bevölkerung zu erklären, mit welchen Methoden hier Politik betrieben wird. Die Kenntnis der Muster, die in diesem Buch beschrieben werden, könnten ein Anfang sein, die Taktiken demagogischer Politik besser zu verstehen. Für den Demagogen ist das gefährlich. Er muss verhindern, dass von seinen Mustern gesprochen wird.

Muster 90: Leugnen Sie jedes Muster.

Ein Beispiel für Muster 25 (Polarisieren Sie):

Frage der Zeitschrift „profil“ Anfang Februar 2000: „Die drohende Polarisierung macht Ihnen keine Sorge?“

Haider: *„Ich polarisiere ja nicht. Die FPÖ versucht die Dinge in ruhige Bahnen zu lenken. Die Sozialisten und die Grünen fürchten ja nur um ihre zu Unrecht erworbenen Subventionen.“*[410]

Umgekehrt macht es Sinn, bewusst ein Muster anzuwenden und zugleich den FEINDEN dieses Muster vorzuwerfen.

Muster 91: Werfen Sie den FEINDEN das vor, was Sie gerade tun.

Dieses Muster kann in den Kampfdebatten der FPÖ regelmäßig beobachtet werden. In einer Debatte um den unsäglichen SS-Spruch (ZiB 3, 6.5.2000) beschuldigt die Generalsekretärin Theresia Zierler die Grünen und die SPÖ ihrerseits eine Nazi-Sprache zu verwenden (Muster 87). Gleichzeitig wirft sie ihnen innerhalb von wenigen Minuten zweimal vor, vom Thema abzulenken.

Muster-Versprechen

Viele Leute in Österreich haben die Polarisierung und die Verrohung der Sprache durch Haider satt. Haider kommt dieser Stimmung von Zeit zu Zeit nach, indem er Reue gelobt, Besserung verspricht, sich vom Gefühls-Management der Vergangenheit distanziert, eine gemäßigtere Politik oder eine Ruhepause ankündigt. Bekenntnisse dieser Art sind Taktik (ähnlich der Verbreitung von Harmonie-Stimmung vor einem Angriff, Muster 78). Sie eignen sich gut für Zeiten, in denen Gefühle nicht aufgeputscht werden brauchen.

Muster 92: Geloben Sie Besserung.

Autogramm statt Unterschrift

Manche dieser Versprechungen gibt Haider auch in schriftlicher Form. Worte, ob gesprochen oder geschrieben, besitzen für einen Demagogen eine andere Bedeutung. Wird das Prinzip des Vertrauens (teilweise) außer Kraft gesetzt, kann ein Demagoge ruhigen Gewissens alles unterschreiben, was positiv klingt.

Papier ist geduldig. Unterschreiben Sie jede positive Absichtserklärung, die von Ihnen gefordert wird. Im anderen Fall würden Sie ja zugeben, dass Sie eines der demagogischen Muster praktizieren (Muster 90). Die „Tatsachen", die Sie mit Ihrer Unterschrift besiegelt haben werden, sind ohnedies ohne Belang. Sie können wie „Fakten" aller Art bestritten werden.

Muster 93: Unterschreiben Sie jede positive Absichtserklärung.

- Als Reaktion auf die Briefbomben im Dezember 1993 einigten sich am 16.12.1993 die Vorsitzenden aller Parlamentsparteien auf ein 12 Punkte umfassendes Übereinkommen, das nicht nur eine klare Absage an jeden Rechtsextremismus und jede Verharmlosung des Nationalsozialismus enthielt, sondern auch die selbstauferlegte Verpflichtung zur Mäßigung in der Sprache.[411] Wenige Tage später verdächtigt Haider den Innenminister, in den Ermittlungen zu den Bombenattentaten absichtlich falsche Spuren zu legen und *„interessensgeleitete Ermittlungen"* zu führen.[412]
- In einer Erklärung zum „Internationalen Tag zur Beseitigung von Rassendiskriminierung" betont die ÖVP-FPÖ-Regierung die ganz besondere Verantwortung Österreichs, *„jeglichen Formen von Rassendiskriminierung, Rassismus, Antisemitismus und Fremdenfeindlichkeit mit Entschlossenheit entgegenzutreten."* [413] Fast zeitgleich bekräftigt die Wiener FPÖ, auch den nächsten Wahlkampf mit der „Ausländerfrage" führen zu wollen.

Absichtserklärungen über ein künftiges „Wohlverhalten" enthalten einen unlösbaren Widerspruch. Für Politiker, die sie ohnehin beachten, sind sie eine Selbstverständlichkeit. Sie bedürften keiner Unterschrift. Für Demagogen, die ihnen laufend zuwiderhandeln, würden sie – nähmen sie sie ernst – das Ende ihrer Art von Politik bedeuten.

Dieser Widerspruch kann anhand der *„Präambel zum Koalitionsabkommen"* studiert werden. (Sie wurde am 3.2.2000 von Haider und Schüssel im Beisein von Bundespräsident Klestil unterzeichnet). Haiders Unterschrift wurde in der Regierungs-Propaganda als Argument verwendet, er hätte einen Charakterwandel bekundet bzw. habe sich auf etwas festgelegt, was für seine Politik in Zukunft bindend wäre. Die Präambel enthält ein Bekenntnis zu *„den geistigen und sittlichen Werten, die das gemeinsame Erbe der Völker Europas sind, [...] Respekt, Toleranz und Verständnis für alle Menschen"* usw. Haiders Sprache hat sich in der Folgezeit in keiner Weise gemäßigt. Haider hat bereits bei der Unterzeichnung gezeigt, was er von ihr hält. Er hat nämlich mit seiner Unterschrift auch *„jegliche Form von Diskriminierung, Intoleranz und Verhetzung in allen Lebensbereichen"* verurteilt und zugesichert, diese *„mit Nachdruck"* zu bekämpfen[414] – und schlägt genau am gleichen Tag Hilmar Kabas und Herbert Scheibner, beide verantwortlich für den Ausländerwahlkampf in Wien, als Minister vor.

Wohlklingende Absichtserklärungen können für einen Demagogen keine Konsequenzen haben. Beinahe jeder Satz der Präambel wurde in den nachfolgenden Monaten von Haider in Wort und Tat widerlegt. Anfang Juli 2000 stellt Peter Westenthaler die Präambel als Ganzes infrage: *„Die Präambel ist ja formuliert worden, als es noch keine Sanktionen gegen Österreich gab."*[415] (Zur Erinnerung: Die sogenannten Sanktionen wurden offiziell drei Tage vor Unterzeichnung der Präambel bekanntgegeben.)

Mit dieser Strategie kann man alles unterzeichnen, was für das eigene Image zuträglich ist. Unterschreiben Sie jede Willenserklärung, die heute einen Vorteil bringt. Morgen ist die Welt ohnehin anders. Unterschreiben Sie heute, was Sie wollen, und erklären Sie morgen, der Rahmen habe sich verändert, in dem Ihre Unterschrift gedacht war (Muster 89). Durchbrechen Sie mit Ihrem Autogramm das Prinzip des Vertrauens (Muster 81)!

Haiders „Unterschrift: kein faustischer Pakt, mit dem er seine Seele verkauft, sondern bloß ein Autogramm" (Joachim Riedl).[416]

5. Übernehmen Sie die Macht

Die große Verschwörung

Das demagogische Welt-Bild enthält ein dynamisches Moment. Es erklärt die längerfristige Strategie und die längerfristigen Ziele – wohin Demagogie führen wird, wenn sie nicht von außen, von den FEINDEN, gestoppt wird. Um das zu verstehen, müssen wir noch einen Schritt tiefer in die Angst-Welt eines Demagogen hineingehen und ihre schaurige Schönheit in voller Pracht erfahren.

Das demagogische Welt-Bild ist in seinem Kern ein Verschwörungs-Mythos. DIE DA haben sich gegen UNS verschworen. Der erfundenen Gruppe DER ANDEREN werden dabei geheimnisvolle Vorgänge unterstellt. Alles, was man nicht versteht und was einen bedrückt, kann DEN ANDEREN in die Schuhe geschoben werden. Schuld sind DIE.[417] Je weniger man weiß, desto stärker kann der Glaube an die Verschwörung werden. Die Tatsache, dass man kaum etwas in Erfahrung bringen kann, ist ein Beweis für die Macht der Verschwörer. Sie kontrollieren die Medien und können alles vertuschen. Selbst die, die vorgeben, die Verschwörung aufdecken zu wollen, sind Teil der Verschwörung.

Eine echte Verschwörungstheorie ist von sogenannten „Fakten" zur Gänze abgeschottet – eine reine Erfindung, wie das demagogische Welt-Bild selbst. Robert Anton Wilson hat ein aufschlussreiches Lexikon der Verschwörungstheorien geschrieben. (Einige der Theorien, die hier aufgelistet sind, werden auch von FPÖ-Politikern vertreten.) Eine wahrhaft einflussreiche Verschwörung, so meint er, kann niemals „aufgedeckt" werden (weil sie sonst nicht machtvoll wäre): „Daher kann niemand auch wirklich verrückte Verschwörungstheorien widerlegen, denn sie alle haben eine seltsame Schleife in ihrer Konstruktion: Jeder Beweis gegen sie funktioniert nämlich gleichzeitig als Beweis für sie, wenn man die Dinge so sehen will."[418]

Ein Beispiel aus dem Frühjahr 2000. Die ÖVP und die FPÖ haben *„die Sanktionen der EU"* wiederholt als Verschwörung *„der Linken"* (und des österreichischen Bundespräsidenten) bezeichnet (Beweise wurden nie geliefert, aber das benötigt ein Verschwörungs-Mythos nicht). Ist die Theorie einmal etabliert, dann ist alles, was *„die Linken"* tun, ein Indiz für die Verschwörung. Trifft sich der SPÖ-Chef Alfred Gusenbauer mit europäischen Politikern, dann „beweist" das augenscheinlich die Verschwörung, in die er (schon vor seiner Wahl als SPÖ-Chef?) verwickelt ist. Tritt er für das Ende der *„Sanktionen"* ein, dann ist das noch ein stärkerer Nachweis, dass etwas faul ist: Offensichtlich will er jetzt die Spuren verwischen. Jedes Dementi bekräftigt die Verschwörung. Welcher Verschwörer würde zugeben, dass er ein Verschwörer ist? Alles, was er tut, ist verdächtig, und am verdächtigsten ist, wenn er nichts tut.

Muster 94: Verbreiten Sie Verschwörungs-Mythen.

Verschwörungs-Mythen der FPÖ

In der FPÖ stehen Verschwörungs-Mythen hoch im Kurs. Unterschiedliche Versionen existieren einträchtig nebeneinander, „Fakten" und Widersprüche spielen keine Rolle. In Österreich ist nach Haider eine mafiaartige Verschwörung der *„Altparteien"* an der Macht. Haider predigt die abenteuerlichsten Komplott-Theorien: *„Da gibt es den Salonmarxisten Fischer, den Parlamentspräsidenten, der immer in die Duma nach Moskau fährt, um sich dort die Informationen und Anweisungen zu holen."* [419] Bundeskanzler Vranitzky wurde im Zusammenhang mit der EU-Volksabstimmung beschuldigt, er erfülle *„außerösterreichische Aufträge: Vranitzky ist ein Bilderberger – ich weiß, dass die Freimaurer da viel anschaffen."* [420]

Sie wissen nicht, wer die Bilderberger sind?[421] Wissen Sie auch, warum Sie das nicht wissen? „Weil sie", so ein verschwörungsbegeisterter Journalist, „zu allmächtig und allgegenwärtig [sind], um aufgedeckt zu werden".[422] Bill Clinton ist übrigens auch Bilderberger, genauso wie David Rockefeller – aber mehr darf ich in diesem Buch nicht verraten...

Einer der Verschwörungs-Spezialisten der FPÖ ist Ewald Stadler, langjähriger Klubobmann und einstmals Nummer Zwei in der FPÖ. Er hat zahlreiche parlamentarische Anfragen an den früheren Justizminister Michalek gestellt, wo allen Ernstes vor der *„Gefahr, dass Österreichs Justizwesen zu einem Freimaurerbiotop verkommt"*, gewarnt wurde.[423] Stadler hat eine Fähigkeit, die einen wahren Demagogen auszeichnet. Ein FPÖ-Abgeordneter über ihn: *„Er kann in kurzer Zeit ein- und dieselbe Geschichte völlig unterschiedlich analysieren und trotzdem den Eindruck vermitteln, dass er beide Versionen glaubt."*[424]

Misserfolge wegen Verschwörungen

Misserfolge der FPÖ oder unliebsame Ereignisse werden von der FPÖ oft durch Verschwörungen „erklärt".[425] 1992 wurde der jüdische Friedhof in Eisenstadt geschändet. (Die Täter wurden 1996 ausgeforscht. Es handelte sich um ein Mitglied des Rings Freiheitlicher Jugend und einen freiheitlichen Gemeinderats-Kandidaten.) Grabsteine wurden umgeworfen und mit NS-Parolen und *„Heil Haider"* besprüht. Während die Polizei am rechtsextremen Rand der FPÖ nach den Tätern sucht, tischt Haider eine Verschwörungstheorie auf: Für ihn, so FPÖ-Blätter, bestehe der Verdacht, dass der Innenminister *„die Ermittlungsergebnisse deshalb nicht bekanntgeben will, weil als Mittäter Mitglieder der Sozialistischen Jugend infrage kommen"*[426] – selbstredend ohne jede Anhaltspunkte. Auch die Verschwörungs-Mythen zu den Bombenattentaten folgen einem ähnlichen Muster. Haider verdächtigt *„linke Kreise"*, östliche

Geheimdienste und schließlich sogar die Regierung, die sich zeitgerecht eine *„Auftragsarbeit"* bestellt habe. Haider wirft dem Innenminister vor, *„eine ideologische Abrechnung mit den Freiheitlichen durch Vorverurteilungen, Schuldzuweisungen und konstruierte Verbindungen"*[427] zu versuchen. *„Ich habe den Verdacht, dass es sich um interessensgeleitete Ermittlungen handelt."*[428]

Auch internationale Rückschläge sind das Ergebnis von Verschwörungen. In der FPÖ-Erklärung zum Austritt aus der Liberalen Internationale am 10.7.1993 wurde ein *„allmächtiges Machtkartell, das mit allen Mitteln kämpft"*, beschworen. Wörtlich heißt es: *„Wir übertreiben nicht, es gibt viele mysteriöse Todesfälle im Zusammenhang mit dem Missbrauch der Macht. [...] Sie kämpfen, um als System zu überleben."*[429]

Lassen Sie diesen Satz auf der Zunge zergehen. In welcher Welt lebt jemand, der so denkt?[430]

Die Welt-Verschwörung

Die Steigerung des Verschwörungs-Wahns ist der Glaube an eine weltweite Verschwörung. Hier findet das demagogische Welt-Bild seinen krönenden Abschluss. Die gesamte Welt kann in DIE WIR und DIE ANDEREN unterteilt werden. Ein kleiner Kern DER ANDEREN hat – auf geheimnisvolle und unbekannte Weise – alle wirklichen Machtstellen besetzt. Unsichtbare Kommandozentren steuern das gesamte wirtschaftliche und gesellschaftliche Leben. WIR alle sind bedroht, ohnmächtige Opfer einer riesigen Verschwörung. Ein solches Denken passt perfekt zu einer sektenähnlichen Organisation nach dem Muster einer Verschwörergruppe. Die eigene innere Welt wird nach außen projiziert, auf DIE ANDEREN: Überall lauern FEINDE. DIE ANDEREN haben sich zu einer riesigen Verschwörung zusammengerottet.

Der Glaube an eine Weltverschwörung ist der erschreckende

Kern und glanzvolle Höhepunkt im demagogischen Denken. Viele Beispiele von Haider und der FPÖ weisen in diese Richtung. Haider glaubt an die Macht der *„Freimaurer"*, der *„Bilderberger"*, der *„Sozialistischen Internationale"*, vermutlich auch *„der Juden"* – jedenfalls *„gewisser Kreise"* der *„Ostküste"*. In Berichten und Leserbriefen der Wochenzeitschrift „Zur Zeit" (Herausgeber sind Haiders *„Kulturberater"* Andreas Mölzer und FPÖ-Bundesrat Johann Gudenus) ist von der *„Weltherrschaft des Judentums"*, dem Europa des *„Jüdischen Weltkongresses, der Hochgradfreimaurer und Bilderberger"* und Ähnlichem die Rede.[431] Im Kärntner Grenzland-Jahrbuch 1989, herausgegeben von der FPÖ, Landesgruppe Kärnten, spricht Kriemhild Trattnig, langjährige Förderin von Haider, von der Verschwörung der *„Welt-Hochfinanz"*, die ihre Fäden überallhin zieht. Auch *„die Kommunisten"* würden mit der *„westlichen Hochfinanz"* geheim zusammenarbeiten. *„Wenn jedoch der Kommunismus das Instrument einer Verschwörung der Superreichen unter Assistenz von skrupellosen Wissenschaftlern ist, wird dies alles logisch durchschaubar."* [432] Alle ANDEREN in einer weltweiten Verschwörung vereint – in der Tat ein Triumph der Logik.

Wozu Verschwörungs-Mythen gut sind [433]

1. Sie erklären komplexe krisenhafte Entwicklungen auf möglichst einfache Weise. Es gibt eine zentrale Ursache: das BÖSE, DIE ANDEREN.
2. Sie manipulieren Menschen durch Aktivierung von Ängsten und bewusster Desinformation.
3. Sie legitimieren die Unterdrückung DER ANDEREN: Wenn *„die Linken"* sich gegen Österreich verschworen haben, dann ist es legitim, sie strafgesetzlich zu verfolgen.
4. Sie rechtfertigen die Macht des Guru-Führers, der sich der Verschwörung entgegenstemmt und sie vereiteln will.

5. Sie integrieren DIE WIR in eine Schicksalsgemeinschaft, vereint im *„Schulterschluss"* gegen DIE.
6. Sie stabilisieren demagogische Herrschaft, indem sie von internen Problemen ablenken und die Wahrnehmung auf DIE VERSCHWÖRER richten, die es zu bekämpfen gilt.
7. Sie mobilisieren die Anhängerschaft, aktivieren Hass auf die Sündenböcke und lenken kollektive Energien in Aggressionen gegen DIE ANDEREN um.

Haider glaubt, was er sagt

Haiders taktische Winkelzüge und ideologische Stellungswechsel verwirren viele Menschen. Sie erkennen kein politisches Programm und kein eigentliches Ziel. Viele politische Kommentatoren fragen, was Haider wirklich will.

Eine Antwort auf diese Frage liegt nach meiner Einschätzung im Ernstnehmen des demagogischen Welt-Bildes und der Verschwörungs-Mythen, die hier enthalten sind – bis hin zur Annahme einer weltweiten Verschwörung. Man braucht lediglich das, was Haider sagt, ernst nehmen. Haider glaubt an sein einfaches Welt-Bild. In der TV-Debatte mit Viktor Klima am 1.12.1995 (Klima war damals Verkehrsminister und wurde später Finanzminister und Bundeskanzler) hat Klima das „einfache Welt-Bild" von Haider angesprochen. Haider ruft spontan dazwischen: *„Es stimmt!"*

Haider lebt (das ist meine persönliche Meinung) in einer Angst-Welt, die von furchterregenden Wolken durchzogen ist. Haider ist ein Spezialist im Umgang mit Ängsten. Er kann taktisch Ängste bei anderen aktivieren und ist zugleich selbst von einer Grundangst beherrscht. Wer Haider bei seinen öffentlichen Auftritten beobachtet, erkennt überraschende Stimmungswechsel. Haider schwankt zwischen dem Gefühl, mächtig (seine Inszenierungen und Erfolge genießend) und dem Gefühl, klein und ohnmächtig zu sein.

Solange Haider in dieser Angst-Welt verharrt (und es gibt keine Anzeichen für einen grundlegenden Wandel), muss und wird er langfristig folgende Ziele verfolgen:

1. das Projekt einer umfassenden Macht-Ergreifung – vielleicht sogar über Österreich hinaus;
2. eine dauernde Radikalisierung und Eskalation in Wort und Tat.

Beide Ziele ergeben sich aus seinem Welt-Bild. Wer in einer dunklen Angst-Welt lebt, kann sich nicht zufrieden geben, einzelne Reformen durchzusetzen. Kein Erfolg, wie groß auch immer, kann die ‚inneren' Angst-Wolken wirklich vertreiben. Das Gefühl der Bedrohung bleibt bestehen. Es verlangt nach *„Bewegung"* und drängt nach Erlösung – nach neuer Hoffnung, nach zusätzlicher Macht, nach höheren Gefühls-Dosen, nach radikalerer Sprache, nach mehr demagogischem Nebel. Im Welt-Bild ist eine innere Dynamik enthalten, die nach stetiger Ausweitung der Macht ruft. Jeder Erfolg ist nur ein Zwischenschritt für den eigentlichen Kampf gegen die weltweite Verschwörung der FEINDE.

Das Projekt der Macht-Ergreifung

Haiders langfristige Ziele folgen direkt aus seinem Welt-Bild. Haiders Ziel erschöpft sich nicht darin, den Juniorpartner in einer Koalitionsregierung zu stellen, ja nicht einmal darin, stimmenstärkste Partei zu werden. Haider hat viel weitreichendere Pläne. Er will das gesamte politische System Österreichs von Grund auf umgestalten. Haider hat wiederholt das demokratische System Österreichs insgesamt, die Legitimität der politischen Parteien und der Zweiten Republik grundsätzlich in Frage gestellt. Haider führt, wie es der Theoretiker der „Neuen Rechten" Alain de Benoist schon Ende der sechziger Jahre formuliert hat, einen Kampf um die *„kulturelle Hegemonie"* im Land. Vor der Machtergreifung geht es darum, die Deutungshoheit über die vorherrschenden politisch-gesellschaftlichen und kulturellen Denkmuster zu erlangen.[434]

Muster 95: Planen Sie langfristig eine radikale Änderung des politischen Systems.

Haider verfolgt mit „großer strategischer Geduld"[435] einen langfristigen Plan. Bestandteile dieses Plans sind:

- „Überwindung des als *‚formal-demokratische Maskerade'* überholten Parteienstaates und der repräsentativen Demokratie;
- Übernahme des Regierungsvorsitzes durch den gewählten Bundespräsidenten bei gleichzeitiger Abschaffung des Kanzlers als Regierungschef;
- Reduzierung und weitgehende Entmachtung des Kabinetts, dem das Recht auf gesetzliche Initiativen genommen würde;
- Entmachtung des Parlaments durch eine ‚plebiszitäre Demokratie', in der parlamentarische Abstimmungen weitgehend durch Volksentscheide ersetzt würden."[436]

Haider will die gesamte Gesellschaft von Grund auf verändern.[437] Notwendig sei eine *„Totalreform des Verfassungsrechtes."* Sozialpartnerschaft, Kammern und grundlegende Elemente des Sozialstaates sollen abgeschafft werden. An Stelle von Kollektivverträgen sollen Betriebsvereinbarungen treten. Alle Bürger, auch Frauen, sollen einer *„allgemeinen Wehr- und Dienstpflicht"* unterliegen, die Freiheit der Kunst sei einzuschränken, der Sozialdemokratie wird jede Daseinsberechtigung abgesprochen.

Langfristig soll die Basis der Gesellschaft unterhöhlt werden. Das bedeutet u.a.:

1. eine Umdeutung aller politischen Begriffe (wie Partei, Staat, Sozialstaat, Politiker, Bundespräsident, Gewerkschaft, Kammer) (vgl. Kapitel 1 und 2).[438] Sprachänderung ist Bewusstseinsänderung. Ist das Bewusstsein (unbemerkt) verwandelt, geschieht ein Umschwung manchmal „wie von selbst".[439]

Haider ist es gelungen, das politische Denken in Österreich nachhaltig zu verändern. Viele seiner Begriffe finden sich sogar bei seinen Gegnern.

2. ein Frontalangriff auf alle gesellschaftlichen und politischen Machtträger: Sie alle sind Instrumente DER ANDEREN.
3. eine konsequente Umdeutung der *„offiziellen"* Geschichte Österreichs, vor allem des NS-Regimes: Es ist *„Schluss mit der permanenten Kriminalisierung der eigenen Geschichte zu machen, gleichsam als wäre das Leben der Kriegsgeneration ein einziges Verbrecheralbum."*[440]
4. die Infrage-Stellung jeder moralischen Autorität.

Angriff auf jede moralische Autorität

Jedes soziale Gebilde braucht ein Mindestmaß an moralischer Autorität, will es überleben. Sind seine Mitglieder überzeugt, dass DIE DA OBEN nur *„Gauner"*, *„Verbrecher"*, *„Kriminelle"* etc. sind, dann kann ihre Macht nicht lange Bestand haben.

Muster 96: Stellen Sie jede moralische Autorität in Frage.

Es ist schwer zu sagen, wer in Österreich als „moralische Autorität" gelten kann. Auffallend ist jedoch, dass alle Personen und Institutionen, die dafür in Frage kommen, von Haider und der FPÖ – teilweise in rüden Worten – kritisiert werden. Dies ist kein Zufall. Um das *„verfilzte System"*[441] radikal umzuwandeln, muss jeder Autorität, die Bestehendes verteidigt, moralische Berechtigung abgesprochen werden. Am Ende soll nur noch der SUPER-GUTE SUPER-WIR übrigbleiben, dem die *„Rettung des morschen Staatsgebäudes"*[442] anvertraut werden kann.

Eine ehrwürdige Persönlichkeit in Österreich ist sicherlich der Altkardinal Franz König. Im Zuge des Anti-Ausländer-Volksbegehrens verspottet ihn Haider als *„Linksverbinder"* und *„Pensionist"*.[443] Als der ÖVP-Obmann und Vizekanzler Erhard

Busek den Kardinal verteidigt, wird er von Haider als *„geistiger Irrläufer"* und *„personifizierte Anstands- und Instinktlosigkeit"* beschimpft.[444] Auch andere Teile der katholischen Kirche werden von Haider, wenn es opportun erscheint, angegriffen, z.B. die Caritas. Im Mai 1999 hat der Wiener FPÖ-Chef Hilmar Kabas laut nachgedacht, ob *„Caritas-Heime Keimstätten des illegalen Drogenhandels"* seien.[445] Der Katholischen Aktion, die eine Kampagne gegen Ausländerfeindlichkeit startet, wird vorgeworfen, sie stelle sich in den Dienst der Agitation, und ihre Hintermänner versuchten, eine *„Politik von der Kanzel"* zu machen.[446] Kircheninterne Kritiker des konservativen Bischofs Krenn werden pauschal als *„politisch pragmatisierte Jagdgesellschaft"* abgeurteilt.[447]

Eine andere traditionelle Autorität ist der Bundespräsident. Im Zuge der Regierungsbildung der ÖVP-FPÖ-Regierung wurde Bundespräsident Klestil von der FPÖ wiederholt beleidigt. Ihm wurde vorgeworfen, die *„Sanktionen der EU"* im Ausland bestellt zu haben, und ein Untersuchungsausschuss wurde angedroht. Hilmar Kabas hat Klestil als *„Lump"*, dann als *„Hump"* oder *„Dump"* bezeichnet. Klestil hatte Kabas als Minister abgelehnt. Als Grund wurde der Wiener Wahlkampf bei den Nationalratswahlen 1999 genannt. Kabas dazu: Klestil *„hat nur das nachgeplappert, was die vereinigte Links-Linke über unseren Wiener Wahlkampf so ausstreut."* Die Ablehnung durch *„diesen Präsidenten"* sei eine persönliche Auszeichnung: *„Das ist wie eine Ordensverleihung für mich."*[448]

Die Moral DER ANDEREN ist BÖSE

Im demagogischen Welt-Bild werden DIE WIR moralisch GUT, DIE ANDEREN als moralisch BÖSE gesetzt. Im moralischen Welt-Bild der Demagogie ist Moral nur bei DEN WIR, insbesondere beim SUPER-WIR angesiedelt. Personen, die andere Maßstäbe geltend machen, werden im Namen der Moral der GUTEN und des SUPER-GUTEN mit dem Kampfbegriff *„Gutmensch"* belegt. Ein *„Gutmensch"* ist einer von DEN ANDEREN, der für seine politischen Ansichten moralisch argumentiert. Im Namen der GUTHEIT DER WIR ist diese Moral als Unmoral zu entlarven. Sie ist eine Moral des BÖSEN. *„Gutmenschen"* sind geistige Verbrecher. Sie üben *„Tugendterror"* aus, *„der ebenso gefährlich wie anderer Terror"* ist:[449] *„Die politisch Korrekten kennen keine moralischen Maßstäbe, wenn es um ihre eigene Macht und um die Durchsetzung ihrer ideologischen Ansprüche geht. Sie wollen bestimmen, was gut und böse in der Demokratie ist. Sie tyrannisieren die frustrierte Öffentlichkeit in einer so penetranten Art und Weise, dass plötzlich der Briefbombenterror ein menschliches Antlitz hat [...] Vergessen wir auch nicht, dass fanatische Gutmenschen aus derselben Sympathisantenszene kommen, in der sich die Terroristen von Ebergassing nur allzu wohl gefühlt haben."*[450]

Demokratie-Regeln

Neben Personen sichern Regeln die Lebensfähigkeit sozialer Systeme. Ein demokratisches System ruht nicht nur auf der geschriebenen Verfassung, sondern auf vielen ungeschriebenen Normen, die die führenden Politiker stillschweigend zu beachten haben.[451] Demagogen, die das Prinzip des Vertrauens in politischer Sprache außer Kraft setzen (Kapitel 4), werden nicht zögern, ungeschriebene Gesetze der Demokratie zu brechen, wenn es einen Vorteil bringt (um im gleichen Schritt ihren FEINDEN „totalitäre Methoden" vorzuwerfen).

Muster 97: Brechen Sie ungeschriebene Gesetze der Demokratie.

- Haider präsentiert bei einer Pressekonferenz geheime Dokumente aus dem Fahndungscomputer des Innenministeriums.[452]

- Bei der Wahl des Rechnungshofpräsidenten im Parlament kennzeichnen die FPÖ-Abgeordneten ihre Stimmzettel und unterlaufen so das Prinzip der geheimen Wahl.
- Am 16.2.1994 erzwingt eine Protestgruppe unter Führung eines FPÖ-Stadtrates und des FP-Klubchefs eine Unterbrechung der Sitzung des Salzburger Landtages, um ihren Protest über den Abbruch eines denkmalgeschützten Hauses kundzutun.[453]
- Die Nationalratswahl 1995 muss in zwei Orten aufgrund einer Wahlanfechtung wiederholt werden. Der FPÖ fehlten damals nur wenige Stimmen auf ein weiteres Mandat. Bei einem Wahlauftritt in dem burgenländischen Dorf Donnerskirchen, einem der beiden Orte, verspricht Haider eine Spende für die Gemeindekasse in der Höhe von einer Million Schilling (ca. 73.000 Euro) – die FPÖ erringt anschließend einen überwältigenden Wahlsieg.[454]

Haider hat wiederholt klargemacht, dass er nicht gewillt ist, übliche Standards einzuhalten. Für ihn zählt nur der Erfolg.

Frage der Zeitschrift „profil“: „Werden Sie in Zukunft politische Ausrutscher besser vermeiden, um sich nicht wieder entschuldigen zu müssen?“

Haider: *„Die Political Correctness ist nicht wesentlich. Es gibt nur einen demokratischen Maßstab. Und das ist die Wahl. Die FPÖ hat unter meiner Führung einen einmaligen Erfolgsweg beschritten. Diejenigen, die Wahlen verlieren, müssen sich fragen, was sie falsch gemacht haben, nicht ich“.*[455]

Die schräge Welt

Demagogische Politik kann scheinbar sichere Fundamente unterhöhlen: gewachsene Strukturen, die moralische Integrität führender Personen, den gesellschaftlichen Konsens und ungeschriebene Regeln der Demokratie. Das demagogische Welt-Bild tritt mit dem Versprechen an, Unsicherheit und Zweifel zu beseitigen (Kapitel 1). Die scheinbare Sicherheit wird jedoch durch eine faktische Unsicherheit erkauft. Herkömmliche Strukturen lösen sich auf. Die Welt wird instabiler, die Menschen versinken in einem Nebel von Gefühlen. Gängige Kriterien verschwimmen: Zahlen, Fakten, Expertenwissen, die Vergangenheit – all das verliert seine Bestimmtheit. Das Ergebnis ist eine schräge Wirklichkeit, eigenartige Zwischenzustände hypnotischer Art. Die letzte Konsequenz hat George Orwell in „1984" so beschrieben: „Alles löste sich in Nebel auf, [...] in Welt des leeren Scheins". Es gehorcht in zunehmendem Maße der „hypnotischen Macht der Partei". „Nicht nur der Wert der Erfahrung, sondern überhaupt das Vorhandensein einer gegebenen Wirklichkeit wurde von der [...] Partei stillschweigend geleugnet."[456]

Belege für Schritte in diese Richtung finden sich in großer Zahl. Haiders Einfluss hat Österreich zunehmend schräger gemacht. Übliche Kriterien verlieren ihren Wert. Was immer Haider für wahr hält, wird von einem Teil der Bevölkerung für wahr gehalten. Haider erweckt oft den Anschein, als ob jedes scheinbar sichere „Faktum" bestreitbar wäre. Ein Zitat aus seiner gestrigen Rede? *„Nie gesagt."* Eine Tonbandaufzeichnung von einem Interview? *„Nie gegeben."* Ein Video von einem Auftritt? *„Eine plumpe Fälschung."*

Je mehr Macht das erfundene Welt-Bild der Demagogie erlangt, desto erfundener wird die Welt. Sie wird nebelhaft, plastisch, schräge. Alte Sicherheiten verlieren sich, alles schwankt. Will Haider noch Kanzler werden? Natürlich nicht. Denn *„die Kanzlerschaft war doch immer ein Marketingargument für mich. Man kann ja nicht vorne stehen und sagen, dass wir die Zweiten bleiben wollen. Das weiß doch jeder."* Natürlich ist auch das nur eine Täuschung, ein Trick, ein Fake. Einige Tage später aus gleichem Mund: *„Natürlich ist ein Kanzlerkandidat Jörg Haider möglich. Sag niemals nie. Alle Spielarten sind drinnen."*[457] Natürlich bedeutet Ja Nein und Nein Ja und morgen gilt natürlich das Gegenteil.

Diese Taktik hat Methode. Andere zu verwirren ist eine Technik, um (wie ein Hypnose-Experte schreibt) „das bewusst rationale Denken zur Erleichterung einer Trance zu überwinden."[458] Die Regeln der Logik und des gesunden Menschenverstandes verblassen. Ein hypnotischer Nebel senkt sich über das Land. Je dichter er wird, desto leuchtender erstrahlt für die gläubigen Jünger die Person des SUPER-WIR und verspricht neue Sicherheit in einer unsicher gemachten Welt.

Stetige Steigung

Demagogische Nebel-Produktion enthält ein inneres dynamisches Moment. Es drängt nach Steigerung, nach radikalerer Sprache und Aktionen. Diese Triebkraft zu verstehen, ist von entscheidender Bedeutung für die langfristige Einschätzung demagogischer Politik.

Viele Quellen speisen die eingebaute Eskalations-Spirale. Ein politischer Guru schafft bei seinen Jüngern eine intensive Heilserwartung. Sie glauben an eine neue Art von Politik. Etwas ganz Besonderes wird kommen. Vor der Bildung der ÖVP-FPÖ-Regierung meinte Haider, *„die FPÖ stände ja unter einem besonderen Erfolgsdruck. Die Erwartungshaltung wäre, dass sich im Grundlegenden etwas ändert."*[459]

Jeder Guru schürt die Hoffnungen seiner Jünger, indem er eine glänzende Zukunft verspricht. Gurus gebärden sich oft als Propheten. Ein Teil ihres Images ist ihre behauptete Fähigkeit, die Zukunft richtig vorherzusagen.[460] Gurus prophezeien das Ende des Alten und das Herankommen einer neuen Zeit. Haider spricht seit langem von dem *„morschen Machtgebäude der beiden alten Parteien"*, *„in der SPÖ"* sei *„schon süßer Leichenduft feststellbar"*.[461] Haider nimmt aufgrund seiner Erfolge für sich in Anspruch, die Zukunft richtig einzuschätzen: *„Ich bin sicher nicht unfehlbar. Aber es haben sich alle meine Entscheidungen […], die anfangs kritisiert wurden, im nachhinein immer als richtig herausgestellt.“*[462] *„Es ist immer das eingetreten, was ich gesagt habe.“*[463]

Die Heilserwartung der Jünger, der Glaube an das unausweichliche Sterben der *„alten Systemparteien“*, ein illusionärer Glaube an die eigene Prophezeiungs-Kraft, die Notwendigkeit, der Radikalste in der demagogischen *„Bewegung“* zu sein, um das Monopol als Gefühls-Manager nicht zu verlieren – alles Triebfedern einer Tendenz zu stetiger Eskalation. Im Hintergrund schimmert die große Bedrohung, die Welt-Verschwörung. Ein politischer Guru steht unter Druck. Er muss all seine Kräfte aufbieten, sich der großen Verschwörung entgegenzustemmen.

Macht und Eskalation

Die innere Tendenz nach Eskalation kann nur dann nach außen wirken, wenn die entsprechenden Machtmittel bereit stehen. Jeder Machtzuwachs ist eine erneute Chance, eine höhere Stufe an Emotionalisierung zu erreichen. ‚Realität‘ und Welt-Bild stehen in permanenter Spannung. Je mehr sich das erfundene Welt-Bild als handfeste Wirklichkeit etablieren kann, desto mehr Möglichkeiten bestehen, die Welt als demagogische Welt umzugestalten. Jeder Erfolg ist nur ein Zwischenschritt auf einem nie endend wollenden Weg. Auf jeder neuen Stufe der Macht gilt die Devise „Jetzt geht es erst richtig los.“ Wenn Demagogen über mehr Macht verfügen, produzieren sie mehr und nicht weniger FEINDE. Mehr Einfluss bedeutet mehr Ausgrenzung, mehr Hetze, mehr Auflösung alter Strukturen, mehr Willkür des Führers, mehr Nebel, mehr Versinken in kollektiver Trance. Weil im Hintergrund die große Welt-Verschwörung lauert, wird die Grenze zwischen

FREUND und FEIND immer weiter hinausgeschoben. Ist der politische FEIND besiegt, werden neue FEINDE gefunden. Nach außen kann ein neuer Kampf eröffnet werden: WIR vom Inland gegen DIE vom Ausland: gegen andere Länder, gegen die EU, gegen ...

Historische Parallele

Wohin demagogische Paranoia letztlich führen kann, haben die Nationalsozialisten eindrucksvoll demonstriert. (Um es nochmals klar zu sagen: Ein Vergleich ist keine Gleichsetzung, eine Ähnlichkeit keine Gleichheit.) Die Nazis waren von der Weltverschwörung der Juden überzeugt, „Fakten" spielten keine Rolle. (Selbst die offensichtliche Hilflosigkeit der Juden im Holocaust vermochte die Fabel von der Allmacht der Juden nicht zu zerstören.) Jede Phase im Machtzuwachs war für die Nazis nur der *„Anfang der nationalsozialistischen Revolution"*, die versprochene *„Erlösung"* wurde Schritt für Schritt immer weiter in die Zukunft verschoben. Jeder Sieg am Schlachtfeld war der Auftakt zu neuen Schlachten. Am Schluss ging es um den *„totalen Krieg"* und um die Weltherrschaft. Selbst ein Erfolg im Weltkrieg hätte die stetige Radikalisierung im Denken nicht gestoppt. Für die Zeit nach dem *„Endsieg"* war die Ausrottung aller herz- und lungenkranken Deutschen und der Aufbau einer neuen arischen Rasse geplant. Entscheidend war, *„dass es bei dieser Auslese niemals einen Stillstand geben kann"*.[464]

Startschuss

Haider gebrauchte die Macht, die ihm die Regierungsbeteiligung der FPÖ Anfang Februar 2000 verschafft, um augenblicklich eine neue Eskalationsspirale zu starten. Der Anlass waren die Proteste fast aller EU- (und vieler anderer) Länder sowie von hohen EU-Gremien gleich nach Beginn der (offiziellen) Regierungsverhandlungen am 25.1.2000.[465] Bereits am 27.1. beantragt der belgische Premier Guy Verhofstadt eine Sondersitzung des EU-Außenministerrates, um eine „EU-Erklärung" zu Österreich abzugeben. In einem Brief an den EU-Ratspräsidenten Antonio Guterres fordert er eine „gemeinsame Erklärung der EU-Partner".[466] Einen Tag später informiert dieser Präsident Klestil, dass die belgische Regierung eine gemeinsame Reaktion aller EU-Staaten fordere. Ähnliche Warnungen spricht der französische Präsident Jacques Chirac aus (u.a. in zwei Telefonaten mit dem ÖVP-Chef und damaligen Außenminister Wolfgang Schüssel.)[467] Am Samstag, den 29.1. teilt Präsident Chirac zu Mittag der Öffentlichkeit mit, dass EU-Maßnahmen gegen die Beteiligung der FPÖ an einer österreichischen Regierung unerlässlich seien.[468]

Was macht Haider in diesen entscheidenden Stunden? Ein „rationaler" Politiker hätte vermutlich versucht, die aufgebrachten Gemüter durch besonnene Erklärungen zu beruhigen. Haider will genau das Gegenteil. Er weiß, dass die neue Regierung die Heilserwartungen seiner Jünger nicht erfüllen kann. Ihre Gefühle brauchen einen anderen Inhalt, einen neuen FEIND. Demagogen aller Schattierungen haben Erfahrung darin, den FEIND im „Ausland" zu suchen und so von eigenen Schwierigkeiten abzulenken. (Eine andere Möglichkeit schlummert im Regierungsabkommen – diesmal mit Tschechien. Die FPÖ hat einen Passus hineinreklamiert, der *„sachgerechte Lösungen […] der in Folge der Benesch-Dekrete […] nach Österreich vertriebenen deutschsprachigen Bevölkerung"* verlangt. Den Streit mit Tschechien, der hier angelegt ist, kann Haider jederzeit entfachen).

Haider wählt am Nachmittag des 29.1. eine Aktion, die starke Wirkungen auf die Gefühle aller Beteiligten verspricht. Er sucht sich zwei treibende Akteure heraus (Chirac und die belgische Regierung) und beschimpft sie, so gut er kann: *„In Belgien müssen Eltern auf die Straße gehen, weil sie Angst haben,* *dass die Regierung mit den Verbrechern konspiriert"*[469] – eine Anspielung auf die Affäre Dutroux, mit der die im Amt befindliche Regierung nichts zu tun hat. Die Angegriffenen reagieren auf eine Weise, die für Haider optimal ist. In einer Blitzaktion schmieden sie einen Maßnahmenkatalog für den Fall, dass die FPÖ an der Regierung beteiligt wird. Er wird am 31.1. von Ratspräsident Guterres bekanntgegeben. Viele Kommentatoren sind sich einig, dass die verkündeten Maßnahmen wegen der Beleidigungen von Haider schärfer ausgefallen sind als ursprünglich geplant.

Muster 98: Eskalieren Sie.

Auch in Österreich geht die erste Runde an Haider. Schüssel, der die Koalition um jeden Preis zustandebringen will, lässt Haider gewähren. Er kritisiert am nächsten Tag zwar seinen *„Stil"*, verteidigt aber die Inhalte (man müsse sich gegen *„überzogene Kritik"* zur Wehr setzen).[470] Damit ist der Rahmen abgesteckt, in dem die neue Zusammenarbeit stattfinden kann. Haider und die FPÖ bekommen den Freiraum, den sie für ihre Eskalation benötigen. Ernsthafte Kritik oder gar Konsequenzen der ÖVP-Spitze sind (und waren) nicht zu befürchten.

Die EU-Verschwörung

Haider nutzt seine Chance. Blitzschnell wird ein Verschwörungsmythos aus dem Hut gezaubert (Muster 94) – ein Reflex aus seinem Welt-Bild.[471] Verantwortlich für die heftigen Reaktionen sei nicht die FPÖ (Muster 73: Übernehmen Sie keine Verantwortung), sondern eine *„internationale Allianz"*, angeführt von Bundespräsident Klestil und Exkanzler Klima. Bereits am 30.1. wird Klestil massiv kritisiert, am 1.2. verbreiten die Freiheitlichen, die Reaktionen der EU-Partner seien von Klima und Klestil *„bestellt"* worden.[472] Am 6.2. wird ein

Untersuchungsausschuss gefordert, der die beiden vorladen solle. Einen Tag später droht Peter Westenthaler mit neuen *„Enthüllungen“* und *„schriftlichen Dokumenten“* [474] (die natürlich niemals vorgelegt werden). Daneben werden auch andere Varianten aufgetischt. Haider entlarvt neben der *„Sozialistischen Internationale“* auch *„hohe Funktionäre der jüdischen Gemeinde in Wien“* als Drahtzieher. Sie hätten versucht, *„beim State Department in Washington gegen uns Stimmung zu machen.“* [475] Sein *„Kulturberater“* Andreas Mölzer verdächtigt das Dokumentationsarchiv des österreichischen Widerstands.[476] In der von ihm betreuten Zeitschrift „Zur Zeit“ widmet er der ausländischen Kritik gar eine Sondernummer. In der Einleitung werden die Dinge auf den Punkt gebracht: *„Hintergründe“* sind *„der alte Deutschenhass [...] und jüdische israelische Ambitionen“* [477] – ein altbekannter Mythos.

Der eine FEIND

Verschwörer-Mythen haben den Vorteil, verschiedene Personenkreise, die ansonsten nichts miteinander zu tun haben, zu bündeln: Sie werden zu einer FEINDES-Gruppe zusammengefasst. Auf sie kann gemeinsam die Aufmerksamkeit gelenkt werden. *„Es gehört zur Genialität eines Führers, selbst auseinanderliegende Gegner immer nur als zu einer Kategorie gehörend erscheinen zu lassen.“* [478] All die verschiedenen FEINDE sind im Grunde ein einziger FEIND. Der äußere FEIND formt mit dem inneren eine gemeinsame Gruppe von FEINDEN.

Im Frühjahr 2000 ist der äußere FEIND *„die EU“*, der innere die neue *„Fundamentalopposition“*. Sie billige, so die Propaganda der FPÖ, die *„Terrormethoden“* der Demonstranten und begehe Landesverrat, weil sie mit den FEINDEN im *„Ausland“* gemeinsame Sache mache. Bei den Wiener Arbeiterkammerwahlen im April 2000 wurde auf riesigen 32-Bogen-Plakaten die Botschaft *„SozialistischeÖsterreichBeschmutzer“* verkündet. Gemeinsam mit den Grünen führten sie eine *„Verleumdungs- und Besudelungskampagne"* gegen Österreich.[479] Innerer und äußerer FEIND bilden eine Einheit, verschworen gegen *„das Volk"*.

Muster 99: Bündeln Sie Ihre FEINDE.

Das Welt-Bild im Strafgesetz

Der Verschwörung der FEINDE muss nicht nur mit Worten, sondern auch mit Taten entgegengetreten werden. Mitte Mai 2000 will Haider ANDEREN Politikern, die das *„Treuegelöbnis"* auf die Republik gebrochen haben, das Amt aberkennen lassen. Ausdrücklich wird dabei der Bundespräsident genannt. Dies betrifft Politiker, *„die nicht Manns genug sind, sich im Zusammenhang mit den Maßnahmen der EU-14 vor das eigene Land zu stellen."*[480] Ende Mai wird die Forderung verschärft. Haider (ein gelernter Jurist) möchte § 248 des Strafgesetzbuches (Verächtlichmachung der Republik) auf die FEINDLICHE Opposition angewandt wissen. Genannt werden SPÖ-Chef Gusenbauer und der Grüne EU-Parlamentarier Voggenhuber.[481] Im Klartext: Haider will seine FEIND-Definition im Strafgesetz verankern, d.h. in letzter Konsequenz, seine politischen FEINDE einsperren[482] (ähnliche Bestimmungen hatte es unter Franco, Mussolini und Hitler gegeben).

Die Verhaiderung der ÖVP

Und die ÖVP? Sie ist angetreten, Haider zu zähmen. Die Partei-Spitze schweigt zu diesen Vorschlägen. Mehr noch: Viele der Aktionen, die Haider startet, werden von der ÖVP nach einiger Zeit mitgetragen. Die Zusammenarbeit mit der FPÖ funktioniert hier so: Haider macht in seinem Eskalations-Spiel den nächsten Schritt. Die ÖVP-Spitze schweigt, schwächt ab oder verharmlost. Nach einiger Zeit, oft nur wenigen Tagen, „verstehen" Teile der Spitze der ÖVP den Vorteil der neuen demagogischen Tat. Erst zögerlich, dann mit wachsender Begeisterung schließt sie sich der Anregung von Haider an, bis sie schließlich offizielle Parteilinie wird.

Österreich im Eskalations-Taumel

Viele Beispiele belegen diesen zeitlichen Ablauf, der in einzelnen Fällen unterschiedlich lang dauert. Sehr rasch wird von der ÖVP die Verschwörungstheorie der FPÖ übernommen. Der Tonfall ist gemäßigter, der Inhalt ähnlich.[483] Die Umdeutung *„der Sanktionen"*, die von Haider als großer Glücksfall empfunden werden, dauert länger. Im ersten Schrecken hält die ÖVP sie für eine Katastrophe. Schüssel will sie durch *„Verständnis der dahinterstehenden Motive"* eindämmen.[484] Nach einigen Wochen „entdeckt" die ÖVP den Wert der „Maßnahmen" und schwenkt auf die Sprachregelung der FPÖ um. Die Motive der Betreiber werden nunmehr totgeschwiegen (Muster 88). Es geht nicht gegen die FPÖ, sondern gegen UNS Österreicher insgesamt. WIR sind bedroht, ein nationaler *„Schulterschluss"* tut Not. Die Stimmung in der Bevölkerung kippt. Eine emotionale Nebelwolke erfasst das Land, „ein von der Regierung angeheizter nationaler Rausch, in dem sich viele innenpolitische Frustrationen an einen endlich gefundenen auswärtigen Feind samt Fünfter Kolonie entladen können" (Günter Traxler).[485]

In dieser Stimmung werden *„die Sanktionen"* zum Hauptthema der Innenpolitik. „Die Politik spielt sich derzeit im Grauschleier der Maßnahmen der 14 ab, und die EU wird zum gemeinsamen Feind von Regierung und Bevölkerung hochstilisiert", meint Bundespräsident Klestil im Mai 2000: „Das ist eine gefährliche Entwicklung."[486] Sie wird von der Regierung nicht gebremst, sondern aktiv geschürt. Der neue demagogische Nebel verhüllt andere Vorhaben. Weitreichende gesetzliche Maßnahmen wie das Militärbefugnisgesetz (neue Eingriffsrechte in die Privatsphäre) werden fast ohne öffentliche Debatte im Eilzugstempo abgefertigt. Der Ton verschärft sich, abwechselnd werden Teile der Bevölkerung als FEINDE diffamiert. Im gesellschaftspolitischen Bereich zeichnen sich autoritäre Tendenzen ab: „gezielte Attacken auf kritisch-liberale Künstler, Intellektuelle, Säuberungsversuche im ORF, aber auch versuchte Entmachtung und Zerschlagung gewerkschaftlicher und sozialpartnerschaftlicher Strukturen" (Hans Rauscher).[487] Schließlich geht die Regierung dazu über, andere EU-Staaten offen zu provozieren. Schüssel lehnt eine Initiative ab, die er selbst vorgeschlagen hat (und leugnet sogar, es habe eine solche Initiative gegeben, Muster 86).[488] Der Höhepunkt vor der Sommerpause ist die Drohung mit einer Volksbefragung – ausgerechnet zu dem Zeitpunkt, wo mit den „Drei Weisen" erstmals ein Prozedere zur Bereinigung der Lage entwickelt wird.

Jeder dieser Schritte verdichtet den demagogischen Nebel. Ende Juni ist eine ideale Situation erreicht. Nach einer Studie der Gesellschaft für Europapolitik und der sozialwissenschaftlichen Studiengesellschaft wussten 88 Prozent der Befragten, dass die EU-14 gegen die Regierung in Wien Sanktionen verhängt hatten. Über ihren konkreten Inhalt wussten allerdings nur fünf Prozent Bescheid. 92 Prozent erklärten, sie hätten von den Maßnahmen nichts gespürt.[489] Keiner weiß etwas, keiner spürt etwas und alle sind erregt – ein Glanzstück demagogischer Führung.

Der Motor dieser Eskalation ist das *„einfache Parteimitglied"* Haider. Haider droht mit Vetos, kündigt Blockaden an, denkt über verspätete Beitrittszahlungen nach und meint, man könne den Vertrag auch *„einmal brechen"*. Bereits Ende April werden Überlegungen zum Austritt Österreichs aus der EU angestellt: *„Was haben wir denn überhaupt noch von der EU-Mitgliedschaft?*

[…] Langsam ist es so, dass Österreich das einzige Land ist, das anständig ist in der EU. Die, die korrupt sind, werden belohnt und das anständige Österreich wird bestraft. Die EU provoziert, dass sich erstmals ein Mitglied einen Austritt aus der EU überlegen muss."[490]

Die ÖVP, vor allem ihr Wirtschaftsflügel, billigt das nicht, aber die EU-kritischen Stimmen werden lauter. Auch andere Vorschläge von Haider werden langsam gutgeheißen. Anfang Juni meint die Außenministerin Ferrero-Waldner, der Druck im Volk könne die Bundesregierung zwingen, die anstehenden EU-Entscheidungen mit einem *„Boykott"* zu belegen.[491]

Coup 2000

Die geplante Volksbefragung ist Haiders gelungenster Coup im ersten Halbjahr 2000. Die Stoßrichtung ist eindeutig: „Mobilisiere die Wähler gegen ein neues Feindbild, bleibe als Nationalheld im Gespräch und lenke von Verlusten bei den kommenden Wahlen durch eine sinnlose Volksbefragung ab." (Bernhard Zimmermann, Chef der Berndorf AG)[492]

Auch das Zusammenspiel mit der ÖVP verläuft zu Haiders Zufriedenheit.[493] Haider äußert die Idee zu einer Volksbefragung erstmals am 19.4.2000. Die ÖVP ist, wie so oft, zuerst dagegen, dann schwankend und benötigt schließlich nur zwei Wochen, um die Volksbefragung im *„Aktionsplan"* der Regierung zu verankern – vorläufig nur als letzten von 18 Punkten (festgelegt im Koalitionsausschuss am 3.5., bekanntgegeben nach der Regierungsklausur am 5.5.).[494] Im nächsten Schritt wird die Volksbefragung in ihrer Wichtigkeit vorgereiht (Mitte Juni), mit anderen EU-kritischen Themen verbunden (der Inhalt der Präambel zur Regierungserklärung interessiert offenbar nicht mehr) und am 4. Juli schließlich (in einer sechsstündigen Sitzung des Koalitionsausschusses) von Haider persönlich durchgesetzt.[495] Sie solle, in Abhängigkeit vom Bericht der

„Weisen" bzw. dem Ende *„der Sanktionen"* am 29. Oktober oder 26. November 2000 durchgeführt werden. Ein neues Niveau an Eskalation ist erreicht. Es wird vom *„Ausland"* erwartungsgemäß als „Provokation" (Belgien), „Erpressung" (Frankreich), „kaum vernünftig" (Dänemark), „falsch" (Deutschland) usw. verstanden.[496] (Die EU-Kommission und viele europäische Zeitungen warnen vor einer „Blockadepolitik" Österreichs.)

Befragen wir *„das Volk"*

Elisabeth Pechmann hat im Mai 2000 (als Kritik) ein Rezept für eine „richtige" Volksbefragung geliefert. Entscheidend sei, so meint sie, der genaue Wortlaut: „Die passende Fragestellung erzeugt nahezu jedes gewünschte Ergebnis. Politiker/innen wissen das. Sie wissen auch, dass die Manipulation am wutblinden Stimmvieh besonders gut funktioniert. Und den praktischen Nebeneffekt hat, Aufmerksamkeit von Sachthemen à la Sparbudget abzulenken".[497] Ihr Rezept sieht so aus:

1. Vermitteln Sie im Vorfeld den Befragten das Gefühl, sie wüssten, worum es geht. Führen Sie dazu eine aufputschende Werbe-Kampagne. „Dazu serviert man griffige Slogans, wie ‚EU-Sanktionen – nein danke!' oder ‚Wollen Sie Vaterlandsverrat und Auslands-Einmischung – oder echte Demokratie?' Jetzt noch die propagandistische Unterstützung durch die üblichen Verdächtigungen von ‚Kronen-Zeitung' bis Bierzelt-Redner – und die Botschaft ist so fest verankert, dass viele ‚Ja' ankreuzen, ohne zu lesen, wofür sie eigentlich votieren."
2. Formulieren Sie die Frage so, „dass sie möglichst amtlich-verbindlich klingt – aber [...]
3. nach Vorliegen des Abstimmungsresultates in jede taktisch nützliche Richtung interpretiert werden kann."

   Die vorliegenden Fragestellungen folgen diesem Rezept. Sie

sind suggestive Sätze, die die Handschrift des großen Meisters verraten. Viele der in Kapitel 2 erwähnten Muster suggestiver Sprache sind hier zu finden, insbesondere Muster 45 (Verknüpfen Sie Dinge, die eigentlich nicht zusammengehören) und 47 (Verwenden Sie Voraannahmen). Sechs unterschiedliche Fragen, die keinen Bezug zueinander haben, werden zu einer einzigen Frage zusammengefasst.[498] Der Bürger darf pauschal mit Ja oder Nein abstimmen. Der Kampf gegen die *„gegen Österreich verhängten Sanktionen"* wird mit einer versteckten Vetodrohung verknüpft – alles, was gefragt wird, soll *„mit geeigneten Mitteln"* sichergestellt werden. Was *„geeignete Mittel"* sind, wird nicht erklärt. Keiner weiß, wofür er stimmt. Haider selbst macht keinen Hehl daraus, was er unter *„geeigneten Mitteln"* versteht und wie er das (positive) Abstimmungsergebnis in seiner Propaganda verwerten wird: *„Selbstverständlich"* sei auch eine *„Veto-Politik"* gemeint.[499]

Beeindruckend sind die Vorannahmen bzw. Unterstellungen in den Fragen 2 bis 5. Sie suggerieren das, was Haider seit Jahren über die EU behauptet. Gefordert werden u.a. *„gleiche Rechte und Pflichten"* für alle EU-Staaten, *„die Rechte aller demokratischen Parteien"*, die *„Grundregeln des Rechtsstaates"* und die *„Menschenrechte der Bürger"*. All diese Dinge sind geltendes EU-Recht. Etwas zu fragen, was selbstverständlich ist, heißt, es in Frage zu stellen. Für die Regierung sind demnach diese Rechte in der EU fragwürdig. Außenministerin Ferro-Waldner interpretiert (im Einklang mit der FPÖ) die Fragen auch als Kritik der Maßnamen der EU-14. Sie hätten nämlich Österreich das *„Grundrecht"* abgesprochen, wie es im Text zur Volksbefragung heißt, *„seine Regierung [...] selbst zu bestimmen"*.[500]

Politisch brisant ist auch Frage 2: *„[...]. die EU als umfassende Gemeinschaft gleichberechtigter Staaten [...] und nicht die Vorherrschaft einiger weniger großer Staaten über die anderen [...]"* – gemeint ist das Kerneuropakonzept von Deutschland und Frankreich, das Österreich bislang unterstützt hat. Die Frage markiert einen bemerkenswerten Wandel in der Europapolitik.[501] Haiders negative Haltung zur EU wird Regierungsstandpunkt, verkleidet in komplizierte Suggestionen. Die Intention dieser Fragestellungen ist es – so der Verfassungsrechtler Heinz Mayr (der die Volksabstimmung in der vorliegenden Form für verfassungswidrig hält) – „wenig Informierte in die Irre zu führen. Die Fragen [...] sprechen die Emotionen an, nicht die Vernunft. Das Ganze verkommt zu einer politischen Wirtshausrauferei"[502] – mit anderen Worten: zu dem, was Demagogen auszeichnet.[503]

Nur ein Zwischenschritt

Die geplante Volksbefragung ist nur ein Zwischenschritt – „ein demagogischer Missbrauch, [der] nur zu einer Eskalierung führen wird" (der Philosoph Rudolf Burger).[504] Die Reise geht weiter, zu neuen Höhen, dichteren Nebeln, stärkeren Trancen. Im Glauben an die Weltverschwörung kann Haider gar nicht anders, als immer neue Eskalations-Schritte zu setzen. Im Juli 2000 plakatiert die FPÖ: *„Wir lassen uns nicht bremsen."* Vordergründig geht es um Reformen, hintergründig um Eskalation. Was passiert mit einem Auto, das sich nicht bremsen lässt?

Im Sommer 2000 ist noch nicht sicher, ob die geplante Volksabstimmung stattfinden wird. Findet sie statt, kann jedes Ergebnis für Haider günstig sein. Stimmen viele mit „Ja", wird Haider dies als Ermunterung auffassen, die EU lahmzulegen: *„Solange die 14 gegen Österreich agieren, gibt es keine gemeinsamen Beschlüsse."*[505] Auch ein (für ihn) schlechter Ausgang kann Wasser auf Haiders Mühlen sein. Das *„Ausländervolksbegehren"* im Jahre 1993 war nach der Zahl der Unterschriften ein großer Misserfolg. Mittelfristig erwies sich jedoch die Mobilisierung der FPÖ-Anhänger als segensreich. *„Der Bonus für die nächsten Wahlen bleibt erhalten"*, gab Andreas Mölzer damals offen zu. *„das ist das taktische Moment."*[506] (Eine ähnliche Wirkung könnte eintreten, sollte keine Volksabstimmung stattfinden.)

Versetzen Sie sich in die Lage von Haider. Welche neuen Eskalations-Schritte würden Sie planen? Was fällt Ihnen ein, um auf diesem erfolgreichen Weg weiterzugehen? Was würden Sie als nächstes unternehmen?

Der Mega-Hype

Die Bevölkerung zu emotionalisieren, kann in kleinen stetigen Dosen, aber auch abrupt, in großen Sprüngen, gelingen. Die Zukunft ist ungewiss, alles Mögliche kann geschehen. Ein wirklicher Demagoge muss auch für plötzliche Entwicklungen gewappnet sein. Politische Weichenstellungen hängen manchmal von kurzfristigen Reaktionen ab, oft innerhalb von Stunden. Das Beste, was Haider zustoßen kann, sind dramatische Entwicklungen im In- und Ausland: ein Mega-Hype, der die Bevölkerung nachhaltig erschüttert, und den er nutzen kann. In einer solchen Situation könnte er seine Qualitäten als Gefühls-Manager der Nation zur vollen Entfaltung bringen.

In der FPÖ werden solche Szenarien diskutiert.[507] In der Zeitschrift „Aula" (Medieninhaber ist der freiheitliche Akademikerverband) fand sich im Jahre 1993 ein bemerkenswerter Aufsatz, publiziert unter dem Pseudonym „Gerd Golznig" – von Insidern Haiders *„Kulturberater"* Andreas Mölzer zugeschrieben. Er trug den Titel *„Zwei Szenarien zur Zukunft Österreichs und der FPÖ"*.

Szenario Eins ist die *„pessimistische Variante"*. Ein FPÖ-Abgeordneter wird wegen nationalsozialistischer Wiederbetätigung verurteilt. Die Weigerung der Parteispitze, sich von ihm zu distanzieren, führt zu Parteiaustritten und zum Niedergang der Freiheitlichen. (Die Angst vor einer solchen Verurteilung dürfte Haider verfolgen. Er hat in den letzten Jahren dutzende Personen geklagt, die ihn in die Nähe zum Nationalsozialismus gestellt haben.) Das Gros der Wähler flüchtet sich in *„Wahlverweigerung und Politikverdrossenheit"*.

Szenario Zwei ist die *„optimistische Variante"*. Sie enthält mehrere Schritte. Am Schluss löst ein Anschlag auf eine freiheitliche Abgeordnete, die lebenslang an den Rollstuhl gefesselt bleibt, *„eine Welle der Abscheu gegenüber der militanten Szene"* und gleichzeitig *„der Sympathie und des Mitleids mit den Freiheitlichen"* aus. Die FPÖ wird nach den Wahlen zweitstärkste Partei, so die Fantasie im Jahre 1993. Haider wird mit der Regierungsbildung beauftragt und schließlich Bundeskanzler.

Muster 100: Bereiten Sie den Mega-Hype vor.

Der Mega-Hype des Jahrhunderts

Es gibt viele historische Beispiele für gelungene Mega-Hypes, die Demagogen schlagartig nach oben spülen, z.B. die Badeni-Krawalle im Jahre 1897, die Karl Hermann Wolf (einen Anhänger Schönerers) zu einem Helden der Deutschnationalen machten.[508] Der größte politische Mega-Hype des 20. Jahrhunderts dürfte der Reichstagsbrand am 27. Februar 1933 gewesen sein. Er brachte die Nationalsozialisten endgültig an die Macht.

Die Hintergründe: Hitler hatte bei den letzten völlig freien Wahlen der Weimarer Republik (6.11.1932) eine Niederlage erlitten (33, 1 Prozent der Stimmen, verglichen mit 37, 4 bei den Wahlen Ende Juli 1932). In der Partei breitete sich Depression aus, zumal Reichspräsident Hindenburg sich stets geweigert hatte, Hitler mit der Regierungsbildung zu beauftragen. Als Anfang Dezember Gregor Strasser, Hitlers rechte Hand, als Vizekanzler gegen den Willen Hitlers in die Regierung Schleicher eintreten will, geriet die Partei in eine ernsthafte Krise. Zum Jahreswechsel schrieb die „Frankfurter Zeitung", „der gewaltige nationalsozialistische Angriff auf den Staat" sei „abgeschlagen".[509]

Hitler kam nicht aus eigenen Stücken und nicht durch

Wahlen an die Macht (ein Mythos, der nachher erschaffen wurde). Hitler kam an die Macht, weil die politische Klasse versagt hat und die Rechtskonservativen zu blind gewesen sind, um seine Gefährlichkeit zu erkennen. Franz von Papen machte Ende Jänner 1933 (gemeinsam mit einer kleinen Gruppe, die im Jänner 1933 plötzlich ins Zentrum der Macht rückte) Hitler zum Reichskanzler. Er schlug alle Warnungen in den Wind und meinte, er würde sich nicht in die Hand Hitlers begeben: „Sie irren sich, wir haben ihn uns engagiert."[510] Papen wollte Hitler durch die Regierungsbeteiligung „zähmen". Alle Posten mit Ausnahme des Kanzlers und zwei weiteren wurden mit Konservativen besetzt. Die neue Koalitions-Regierung besaß keine Mehrheit im Reichstag (248 Abgeordnete von NSDAP und Deutschnationalen bei insgesamt 584). Die Regierung setzte Neuwahlen an. Als Wahltag wurde der 5. März 1933 festgelegt.

Jetzt ging es für die Nationalsozialisten um alles. Sie entfesselten eine wilde Terrorwelle, die Presse wurde geknebelt und in Preußen alle Veranstaltungen der Kommunisten verboten. Die Wahlparole war: *„Angriff gegen den Marxismus"*. Zugleich wurde eine hysterische Angst vor einem kommunistischen Aufstand geschürt.

Eine Woche vor den Wahlen fand das entscheidende Ereignis statt: ein politischer Mega-Hype – der ideale Termin zur Inszenierung eines emotionalen Höhepunktes genau am Wahltag (Muster 80). Am 27.2.1933 ging um 21 Uhr das Reichtagsgebäude in Flammen auf – ein Vorgang von ungeheurer Symbolik.[511] Wer den Brand gelegt hat, ist unter Historikern immer noch umstritten. Die meisten sind der Ansicht, die Nazis selbst hätten den Brand gelegt.[512] Andere vertreten die Meinung, der Holländer Marinus van der Lubbe sei der Täter gewesen (Er war neun Tage vorher in Berlin eingetroffen und wurde am Brandort verhaftet).[513]

Wichtiger als die Ursachen waren die Wirkungen des Brandes. Ohne die Spur eines Beweises wurde von Hitler sofort die

Parole ausgegeben, der Brand sei das Werk einer kommunistischen Verschwörung – eine Behauptung, die in jedem Fall falsch ist (Muster 94). (Sollte im Übrigen Lubbe der Täter gewesen sein, dann war er bloß ein – vermutlich geisteskranker – Einzelgänger und stand mit keiner politischen Gruppierung in Deutschland in Verbindung). Das Schicksal Deutschlands entschied sich innerhalb weniger Stunden. In der selben Nacht wurde eine riesige Verhaftungswelle in Gang gesetzt – die Listen dazu waren von den Nazi vorher erstellt worden. 5.000 führende Oppositionelle wurden verhaftet und in die ersten Konzentrationslager gesteckt, sozialdemokratische Parteihäuser und Verlage besetzt, Zeitungen, die noch nicht verboten waren, ausgeschaltet.

Augenblicklich rollte eine lärmende Propagandawalze los. Den Kommunisten wurden *„genaue Aufmarschpläne"* unterstellt, *„die Einzelterror, Geiselverhaftungen und Erschießungen vorsahen. Dynamitanschläge auf Kirchen sollten vorgenommen werden, Eisenbahnen, Museen zerstört werden."* [514] Bei den Wahlen ging es jetzt um die Verteidigung der christlich-westlichen Kultur vor dem *„Geschwür des Bolschewismus"*.[515]

Noch folgenschwerer war der Eingriff in die Verfassung gleich am nächsten Tag. Im *„psychologisch richtigen Moment"* (so Hitler bei der Sitzung des Kabinetts am Morgen des 28.2.1933)[516] wurde eine *„Notverordnung zum Schutz von Volk und Staat"* aus dem Hut gezaubert und dem Reichspräsidenten vorgelegt. Nach einer dramatischen Darstellung der Ereignisse der letzten Stunden unterschrieb Hindenburg den Akt. Er setzte den Großteil der bürgerlichen Freiheitsrechte außer Kraft. Rechtsstaat und Demokratie wurden auf „legalem" Weg abgeschafft.

Trotz dieser Manöver erlangte die NSDAP am 5. März 1933 nur eine äußerst knappe Mehrheit (NSDAP: 43,9 Prozent, Deutschnationale: 8,0 – SPD und KPD kamen zusammen auf 30,6 Prozent). Alle Abgeordneten der KPD wurden allerdings verhaftet oder flohen. Bei der ersten Sitzung des neuen Reichstags (23.3.) wurde mit der so geschaffenen Mehrheit ein Ermächtigungsgesetz *„zur Behebung der Not von Volk und Reich"* angenommen, mit dem der Reichstag sich selbst überflüssig machte – die Diktatur war etabliert.

Haider 2000

Ein halbes Jahr Regierungsbeteiligung führte für Haider zu zwiespältigen Ergebnissen. Haider wurde zum Medien-Weltstar, allerdings nicht als Robin Hood, sondern als Welt-Bösewicht. Die EU stellt sich ihm ernsthaft entgegen, ein Kanzler Haider erscheint wenig wahrscheinlich. Haider hat in diesem halben Jahr das Klima in Österreich dramatisch verändert. Sein Welt-Bild steht hoch im Kurs. Die Früchte erntet jedoch (vorläufig?) der Regierungs-Partner. Die FPÖ hat bei allen Wahlen im Jahr 2000 verloren, zum Teil sehr deutlich. Die geschätzte Zustimmung zur Partei ist merklich zurückgegangen. Zugleich hat sich die Regierung ein drastisches Sparprogramm verordnet, das alle Bevölkerungsschichten treffen wird. Haider-Wähler werden weiter enttäuscht werden, die erhoffte Erlösung tritt nicht ein.

Was macht Haider, wenn seine Partei weiter Stimmen verliert?

Die zwei Phasen einer Sekte

Sekten durchlaufen typischerweise zwei Phasen.[517] Phase Eins ist die „messianische Phase". Die Sekte lebt ihre Botschaft: die Rettung der Menschheit, das Heil der Welt. Immer mehr Jünger strömen zu. Der Guru badet in wachsender Zustimmung. Sein Bedürfnis nach Macht und Anbetung ist gestillt. Er hofft auf die Erfüllung seiner Pläne. In der Sekte herrscht eine partylike Atmosphäre. Alles erscheint möglich. Die Jünger vertrauen auf das versprochene Heil. Alle fühlen sich vital und stark. Neue Mitglieder strömen zu und werden (vorerst) als etwas Besonderes erachtet. Selbstsicherheit und Ausstrahlung wächst.

Nach einiger Zeit ist der Spaß vorbei. (The party is over.) Die Jünger begreifen, dass das versprochene Heil eine Illusion ist. Die Rettung der Welt findet nicht statt. Die Sekte tritt in eine neue Phase. Kramer und Altstadt nennen sie „apokalyptische Paranoia". In dieser Phase passieren gewöhnlich zwei Dinge:

1. Die Botschaft des Gurus schwenkt vom Optimismus zum Pessimismus. Er spricht vom Weltuntergang.
2. Um dennoch neue Jünger anzulocken, werden seine Versprechungen noch bizarrer. Jetzt verspricht er alles – was die Jünger hören wollen.

In Phase Zwei kämpft die Sekte um ihr Überleben. Die Außen-Welt wird noch bedrohlicher. Die Macht der FEINDE scheint ins Unermessliche zu wachsen. Je sonderbarer die Sekte agiert, desto stärker die Reaktion von außen, die beidseitige Ausgrenzung steigt. Guru und Jünger verstärken ihre Paranoia. Die Bedürfnisse des Gurus nach Anbetung können durch äußere Erfolge und neue Jünger nicht mehr erfüllt werden. Der Guru verlagert seine Energie mehr nach innen. Die Gruppe kapselt sich mehr ab. Die Jünger müssen besonders gehorsam sein. Der Ton wird militaristischer. Die Heilserwartungen werden in eine ferne Zukunft verlegt. Der Spaß ist vorbei: Angst-Wolken durchziehen die Sekte. Endzeit-Stimmung entsteht.

Endzeit

Haider könnte zur „Einsicht kommen, dass Österreich, dass seine Partei, dass vielleicht auch Kärnten ihn gar nicht verdienen. In einer solchen Stimmung wird alles möglich [...] Ein solches Ende wäre nicht schön. Die Isolierung Österreichs würde im Endkampf zunächst noch zunehmen. Man kann sich den Wiener Wahlkampf 2001 ausmalen, wenn eine FPÖ, die sich in die Ecke gedrängt fühlt, die Erfolgsrezepte des 3. Oktober [1999] mit noch mehr Nachdruck anwendet. Man kann sich auch vorstellen, zu welchen Verschwörungstheorien der ‚harte Kern' um Haider greifen wird, wenn die Kreise immer enger werden – eine Endzeitstimmung, die Vorsichtige als Provinzabklatsch der Vorgänge im Weißen Haus im Sommer 1974 rund um den Rücktritt Richard Nixons bezeichnen und weniger Vorsichtige mit den Ereignissen in einem gewissen Bunker des Frühjahrs 1945 in Zusammenhang bringen werden" (der Politologe Anton Pelinka).[518]

Liste der Muster:

1.	**Erfinden Sie ein einfaches Welt-Bild**
1.	Predigen Sie etwas Einfaches.
2.	Teilen Sie die (soziale) Welt in zwei Teile: in DIE WIR und in DIE ANDEREN.
3.	Reduzieren Sie alles auf eine Kern-Botschaft.
4.	Definieren Sie DIE WIR als bedroht.
5.	Definieren Sie DIE ANDEREN als Bedrohung.
6.	Erfinden Sie neue Begriffe für DIE WIR und DIE ANDEREN.
7.	Belegen Sie DIE WIR und DIE ANDEREN mit eindeutigen Eigenschaften.
8.	Bleiben Sie konsequent: Keine Ausnahme im Schwarz-Weiß-Spiel.
9.	Vereinfachen, vereinfachen, vereinfachen.
10.	Ihre Ziel-Gruppe gehört immer zu DEN WIR.
11.	Ändern Sie je nach Bedarf die Zuordnung zu DEN WIR und DEN ANDEREN.
12.	Geben Sie sich selbst die Rolle des SUPER-WIR.
13.	Für SUPER-WIR nur die besten Eigenschaften.
14.	Propagieren Sie ein Selbst-Bild in Kontrast zu DEN ANDEREN.
15.	Geben Sie SUPER-WIR eine Außen-Position.
16.	Geben Sie sich unfehlbar. Geben Sie niemals einen Fehler zu.
17.	Bei Angriffen: Wechseln Sie blitzschnell in die Opfer-Rolle.
18.	Erfinden Sie Sünden-Böcke.
19.	Erklären Sie Ihr Welt-Bild durch (erfundene) Einzel-Fälle.
20.	Vergleichen Sie die Birnen DER ANDEREN mit den Äpfeln DER WIR.
21.	Ignorieren Sie Statistiken, erfinden Sie Zahlen.
22.	Beschränken Sie Ihre Agitation auf wenige Themen.

2.	**Werden Sie zum Gefühls-Manager**
23.	Verwenden Sie eine gefühlvolle Sprache.
24.	Bringen Sie Sach-Probleme auf eine persönliche Ebene.
25.	Polarisieren Sie. Erfinden Sie für alles unüberbrückbare Gegensätze.
26.	Verwenden Sie suggestive Wort-Kombinationen mit hohem Gefühlswert.
27.	Erfinden Sie neue Schimpf-Wörter für DIE ANDEREN.
28.	Führen Sie persönliche Angriffe auf namentlich genannte ANDERE.
29.	Schmähen Sie den Namen Ihres FEINDES.
30.	Verspotten Sie körperliche Merkmale Ihrer FEINDE.
31.	Bezeichnen Sie DIE ANDEREN als Tiere.
32.	DIE WIR und DIE ANDEREN ohne jede weitere Unterscheidung.
33.	Regen Sie Gewalt-Fantasien in Bezug auf DIE ANDEREN an.
34.	Erfinden Sie gewalttätige Ereignisse.
35.	Drohen Sie DEN ANDEREN.
36.	Kein Mitleid mit DEN ANDEREN.
37.	Unterstellen Sie DEN ANDEREN immer schlechte Motive.
38.	Unterstellen Sie DEN ANDEREN jedes Verbrechen.
39.	Kommentieren Sie „Unerfreuliches" für DIE WIR in nüchterner Sach-Sprache.
40.	Verteidigen Sie die Hass-Sprache des SUPER-WIR mit Sach-Sprache.
41.	Reden Sie von DEN WIR in Liebes-Sprache.
42.	Geben Sie herkömmlichen politischen Begriffen eine neue Bedeutung.
43.	Bezeichnen Sie das Tun DER ANDEREN als Missbrauch.
44.	Wiederholen, wiederholen, wiederholen.
45.	Verknüpfen Sie Dinge, die eigentlich nicht zusammengehören.
46.	Propagieren Sie Zwänge. Sprechen Sie von „müssen, sollen, nicht können ..."
47.	Verwenden Sie Vorannahmen, um Ihr Welt-Bild zu predigen.

48.	Erzählen Sie Geschichten.
49.	Verwenden Sie Metaphern, Gleichnisse, bunte Bilder ...
50.	Sprechen Sie Mythen an.
51.	Erfinden Sie Autoritäten und Fakten, um ihre Argumente zu stützen.
52.	Wecken Sie Gefühle durch (erfundene) Zitate.
53.	Setzen Sie gezielt Symbole mit hoher Gefühls-Wirkung ein.
3.	**Schaffen Sie sich eine sektenähnliche Organisation**
54.	Entwerfen Sie für Ihre Organisation ein sektenähnliches Ideal-Bild.
55.	Umgeben Sie sich mit einer kleinen Schar absolut Getreuer.
56.	Fordern Sie Unterwerfung.
57.	Verkündigen Sie Paradoxa.
58.	Verwirklichen Sie in Ihrer Organisation ein Rotations-Prinzip.
59.	Schaffen Sie sich eine schnelle Eingreiftruppe.
60.	Geben Sie sich ein Durchgriffsrecht auf die gesamte Organisation.
61.	Geben Sie sich ein Willens-, Wissens- und Erklärungsmonopol.
62.	Fordern Sie Loyalität. Seien Sie illoyal.
63.	Demütigen Sie Abtrünnige.
64.	Verleihen Sie sich selbst mehrere Image-Bilder. Ignorieren Sie Widersprüche.
65.	Verschleiern Sie eigene Skandale, solange es geht.
66.	Bei drohenden Skandalen: Kritisieren Sie vorbeugend die eigenen Leute.
67.	Bei Ausbruch eines Skandals: Gehen Sie auf Tauchstation.
68.	Drohen Sie mit Rücktritt.
69.	Zur Dämpfung eines Skandals: Setzen Sie symbolische Aktionen.
70.	Verstoßen Sie Skandal-Träger als ANDERE.
71.	Zur Überlagerung eines eigenen Skandals: Skandalisieren Sie DIE ANDEREN.
72.	Trennen Sie das Image des Guru vom Image der Organisation.
73.	Übernehmen Sie keine Verantwortung.

4.	**Führen Sie**
74.	Gleichen Sie sich Ihrer Ziel-Gruppe an.
75.	Klopfen Sie kurze Sprüche mit hohem Aufmerksamkeitswert.
76.	Sprechen Sie Tabus an.
77.	Erregen Sie Aufsehen durch Nazi-Sprüche.
78.	Verbreiten Sie vor einem Angriff Harmonie-Stimmung.
79.	Erheben Sie einen Vorwurf. Kündigen Sie Beweise für später an.
80.	Emotionalisieren Sie termingerecht.
81.	Setzen Sie das Prinzip des Vertrauens (teilweise) außer Kraft.
82.	Erheben Sie lauthals Beschuldigungen.
83.	Lügen Sie.
84.	Nehmen Sie Aussagen Ihrer FEINDE wortwörtlich.
85.	Kündigen Sie zur Bekräftigung Ihrer Argumente eine Klage an.
86.	Dementieren Sie, was Sie wollen.
87.	Bei Angriffen: Gehen Sie sofort zum Gegenangriff über.
88.	Schweigen Sie Argumente Ihrer FEINDE tot.
89.	Ändern Sie willkürlich den Bedeutungs-Rahmen Ihrer Aussagen.
90.	Leugnen Sie jedes Muster.
91.	Werfen Sie den FEINDEN das vor, was Sie gerade tun.
92.	Geloben Sie Besserung.
93.	Unterschreiben Sie jede positive Absichtserklärung.
5.	**Übernehmen Sie die Macht**
94.	Verbreiten Sie Verschwörungs-Mythen.
95.	Planen Sie langfristig eine radikale Änderung des politischen Systems.
96.	Stellen Sie jede moralische Autorität in Frage.
97.	Brechen Sie ungeschriebene Regeln der Demokratie.
98.	Eskalieren Sie.
99.	Bündeln Sie Ihre FEINDE.
100.	Bereiten Sie den Mega-Hype vor.

Anmerkungen

1 Bibliografisches Institut München 1974, 163.

2 Weitere Klagepunkte waren die Aussagen, Haider sei der „Robin Hood der zu kurz Gekommenen“ und bediene die „ewig gestrigen Nazis“. Auch hier wurde die Klage zurückgezogen. Für die Aussage, Haider sei „auf jeden Fall ein politischer Gauner“, wurde das ZDF in erster Instanz am 22.2.2000 verurteilt, weil diese als „beleidigend“ zu werten sei. [Quellen: APA, 23.2.2000; Evangelischer Pressedienst, 24.2.2000 und Berliner Zeitung, 26.2.2000.] Im Juli 2000 billigte das Oberlandesgericht Wien dem ZDF zu, einen Wahrheitsbeweis für den „politischen Gauner“ zu erbringen. Ein langer Prozess ist wahrscheinlich, bei dem laut Anwalt des ZDF „Haiders ganze Vergangenheit aufgerollt wird“; nach Kurier, 24.7.2000.

3 Rede zur Lage der Republik und zur Situation der FPÖ am 12.11.1999 in der Hofburg.

4 Zöchling 1999, 49f.; unter Verweis auf profil Archivmappe Dorothea und Robert Haider, 23.5.1995, Tonbandabschrift (für Dorothea Haider) und Süddeutsche Zeitung – Magazin, 15.12.1995 (für Robert Haider); ähnlich Riedl, Joachim: Der Dominator von Bad Goisern. Über die Versuchungen des jungen H., in Scharsach 2000, 148.

5 Ähnlich bei Ottomeyer 2000, 72 und Karl Danninger in Oberösterreichische Nachrichten, 5.2.2000.

6 profil, 18.2.1985; zitiert nach Platzer 1990, 22; ähnlich bei der Rede in der Hofburg am 12.11.1999.

7 Vgl. dazu Reisigl und Wodak 2000, ch. 12 für rassistisches Denken (als Sonderfall des demagogischen Denkens in der Bedeutung, wie es in diesem Buch verwendet wird). Die Analyse der beiden Autoren bezieht sich auf das „Ausländervolksbegehren“ der FPÖ von 1992 und 1993.

8 Vgl. Reisigl und Wodak 2000, ch. 12.

9 Vgl. Schwagerl 1995, 37ff.

10 Das ist nach meiner Einschätzung der Kern der Erfolge der FPÖ. Darüberhinaus gibt es weitere Gruppen, die die FPÖ unterstützen, z.B. Industrielle, die den Staat umgestalten wollen. Sie leben in keiner Angst-Welt, sehen die Angst-Propaganda der FPÖ allerdings als geeignetes Mittel für ihre Zwecke an.

11 Rede am Ulrichsberg am 7.10.1990; zitiert nach Goldmann u.a. 1992, 21.

12 Kärntner Grenzland Jahrbuch 1989, 100; zitiert nach Fischer und Gstettner 1990, 122.

13 Andreas Mölzer, Kärntner Nachrichten, 31.5.1990; zitiert nach Busch 1992, 55f.

14 Kriemhild Trattnig. Kärntner Grenzland Jahrbuch 1989, 8; zitiert nach Fischer und Gstettner 1990, 116.

15 Rede in Grafenstein, 1.10.1990; zitiert nach Goldmann u.a. 1992, 71f.

16 Wahlkampf-Rede zu Personalvertretungswahlen im öffentlichen Dienst in Allhaming, 14.10.1995; Der Standard, 16.10.1995.

17 z.B. in der TV-Debatte mit Franz Vranitzky, ORF, 21.9.1994.

18 Rede in der Hofburg, 12.11.1999.

19 Plasser, Fritz und Ulram, Peter: Wandel der politischen Konfliktdynamik. Radikaler Rechtspopulismus in Österreich, in Müller u.a. 1995, 480.

20 Kärntner Nachrichten 13.2.1986; zitiert nach Busch 1992, 24.

21 Antrittsrede als Landeshauptmann von Kärnten, profil 23/1989; zitiert nach Goldmann u.a. 1992, 61.

22 Der Standard, 20.6.1991; zitiert nach Stiftung Dokumentationsarchiv 1994, 439.

23 Generalsekretär Peter Westenthaler laut Salzburger Nachrichten, 19.2.2000.

24 Freiheitlicher Pressedienst, 30.5.1994; zitiert nach Tributsch 1994, 281.

25 profil 34/1995.

26 In These XI der „Lorenzer Erklärung", in Aula 10/1989; zitiert nach Busch 1992, 51.

27 Resolution der FPÖ-Burgenland zur „Ausländerfrage", Oktober 1989; zitiert nach Anton Pelinka in Fischer und Gstettner 1990, 43ff.

28 News 17/2000.

29 Kärntner Nachrichten 6.11.1986; zitiert nach Busch 1992, 37.

30 Ebda.

31 So Jörg Haider über die Kritiker des Kärntner Grenzland-Jahrbuches, z.B. Kleine Zeitung, 9.3.1989; zitiert nach Fischer und Gstettner 1990, 109.

32 Rede am Villacher Parteitag 1986; zitiert nach Busch 1992, 46.

33 Mittagsjournal, 22.1.1992; zitiert nach Tributsch 1994, 243.

34 Kärntner Tageszeitung, 19.4.1992; zitiert nach Scharsach 1992, 80.

35 Vgl. zu diesen Begriffen die Haider-Zitate in Tributsch 1994.

36 Platzer 1990, 16.

37 ORF Inlandsreport, 13.11. 1986; zitiert nach Platzer 1990, 12f.

38 Vgl. Reisigl und Wodak 2000, ch. 12, 3 für die Konstruktionsprinzipien rassistischer Denk-Kategorien.

39 Zitiert nach Sattlegger 1992, 15.

40 Am 30.9.1995 in Krumpendorf; zitiert nach Scharsach, Hans-Henning:

Bekenntnis zur sozialen Volksgemeinschaft. Braune Markierungen auf dem Weg – die „Dritte Republik“, in Scharsach 2000, 189.

41 Adorno hat eine solche Figur einmal als „Verbindung von King-Kong und Vorstadtfriseur“ bezeichnet. Adorno, Theodor W.: Die Freud'sche Theorie und die Struktur der faschistischen Propaganda, in ders.: Kritik. Kleine Schriften zur Gesellschaft, Frankfurt 1971, 49; zitiert nach Goldmann u.a. 1992, 130.

42 Vgl. Goldmann u.a. 1992, 46.

43 Vgl. Goldmann u.a. 1992, 128ff. mit Bezug auf Wochenpresse 39/1990.

44 Zitiert nach Januschek, Franz: J. Haider und der rechtspopulistische Diskurs in Österreich, in Tributsch 1994, 303. Vgl. dazu auch Januscheks Analyse von Anspielungen als Muster der FPÖ-Propaganda.

45 ORF Mittagsjournal, 20.10.1995.

46 z.B. Der Standard, 30.9.1999.

47 Pelinka 1995, 140.

48 Vgl. die Interviews in Goldmann u.a. 1992.

49 Freiheitlicher Pressedienst, 1.6.1994; zitiert nach Tributsch 1994, 46.

50 Freiheitlicher Pressedienst, 27.5.1994; zitiert nach Tributsch 1994, 279 und 280.

51 Freiheitlicher Pressedienst, 8.4.1994 und 25.5.1994; zitiert nach Tributsch 1994, 269 und 279.

52 Basta 6/1991; zitiert nach Tributsch 1994, 239.

53 So die Deutung von Krawagna-Pfeifer in Der Standard, 8.2.2000.

54 Das bezieht sich auf Haiders erste Periode als Landeshauptmann von Kärnten. Sein Landes-Gefährt war damals ein BMW 730i, sein Verlust hat Haider geschmerzt. Auf die Frage eines Journalisten drei Wochen nach seiner Abwahl als Landeshauptmann, wie er das Klima im Lande nach dem politischen Wechsel einschätze, kommt er sofort auf sein Auto zu sprechen: „Die Stimmen waren noch nicht ausgezählt, habe ich das Dienstauto schon abgeben müssen“. (Kleine Zeitung, 14.7.1991). Nach Goldmann u.a. 1992, 128.

55 Kurier, 7.10.1989; zitiert nach Sattlegger 1992, 13.

56 profil, 6. 2. 1989, zitiert nach Sattlegger 1992, 13.

57 Die Presse, 28.1.1989; zitiert nach Sattlegger 1992, 13.

58 Vgl. Reisigl und Wodak 2000, ch. 12, zur Schwierigkeit, den Begriff „Ausländer“ ins Englische zu übersetzen.

59 Haider im Konzerthaus in Klagenfurt. 18.9.1990; zitiert nach Goldmann u.a. 1992, 140f.

60 Eine Sammlung von Anti-Ausländer-Parolen der FPÖ hat der TV-Moderator Josef Broukal zusammengestellt. Sie wurde abgedruckt in Falter 35/1994, 15ff. Vgl. auch die detaillierte Analyse in Bailer-Galanda 1995,140ff.

[61] Zitiert nach Matouschek 1999, 29.
[62] Abgebildet in Ottomeyer 2000, 81.
[63] Vgl. die vielen Zitate in Scharsach 1992, Kapitel 5 und 1995, Kapitel 16; die „Resolution zur Ausländerfrage" der FPÖ Burgenland vom Oktober 1989 sowie die Dokumentation von Josef Broukal, a.a.O.
[64] Vgl. die Angaben bei Scharsach 1992, 67ff. und 1995, 206ff. und Gratzer 1998, 83ff.
[65] Neue Kronenzeitung, Oberösterreich-Ausgabe, 24.9.1995.
[66] Zahlen nach Gerhard Marschall, Oberösterreichische Nachrichten, 3.10.1995.
[67] Ebda.
[68] Nach Scharsach 1995, 209.
[69] Kärntner Nachrichten vom 14. 6. 1990; zitiert nach Fischer und Gstettner 1990, 52.
[70] Am 28. 10. 1991; Zitat und Richtigsstellung nach Scharsach 1995, 216.
[71] Ein Originalbild und die Fälschung der FPÖ sind abgebildet in Der Standard, 27.4.2000.
[72] Plasser, Fritz und Ulram, Peter: Wandel, in Müller u.a. 1995, 475.
[73] Ebda, 385.
[74] Ebda, 491 zur Nationalratswahl 1994.
[75] Vgl. Goldmann u.a. 1992, 164ff.
[76] Z.B. das Interview mit Haider in der Neuen Freien Zeitung, 10. 8. 1989 (NFZ-Spezial, IV); zitiert nach Platzer 1990, 28.
[77] Vgl. Fischer u.a. in Fischer und Gstettner 1990, 22 als Kommentar zur „Lorenzer Erklärung".
[78] Steinert 1999.
[79] Vgl. Falkenberg 1997.
[80] Der Sozialpsychologe Klaus Ottomayer in Der Standard, 24.4.1999.
[81] Nach Haslinger 1995, 88.
[82] Vgl. Platzer 1990, 40ff.
[83] Gruber 1988, 142.
[84] Platzer 1990, 23.
[85] Neue Freie Zeitung, 5.2.1987; zitiert nach Platzer 1990, 24.
[86] ORF Inlandsreport, 18.8.1988; zitiert nach Platzer 1990, 25.
[87] Rede in der Hofburg, 12.11.1999.
[88] Ebda.
[89] Die Zeit 6/2000.
[90] Ebda.
[91] Platzer 1990, 47.
[92] Freiheitlicher Pressedienst, 10.1.1999; zitiert nach Czernin 2000, 92.
[93] Scharsach 1992, 61.

[94] Die Studie berücksichtigt sämtliche Parlamentsreden Haiders aus den Legislaturperioden von 1979-1983, sämtliche Artikel und Kommentare, die er von 1973-1983 in Zeitungen und Zeitschriften verfasste, alle Zeitungs- und Zeitschrifteninterviews, die er in diesem Zeitraum gab; weiters Transkripte von ORF-Sendungen aus dem Zeitraum vom 2.6.1980 bis 15.12.1986, aus dem Zeitraum von 8.4.1986 bis 9.3.1987, sowie Transkripte sämtlicher Informationssendungen des ORF, in denen Haider auftrat. Vgl. Gruber 1988, 145.

[95] Gruber 1988, 139.

[96] Belege bei Januschek 1992, 54ff.

[97] täglich Alles, 16.5.1994; zitiert nach Tributsch 1994, 277.

[98] Freiheitlicher Pressedienst, 17.1.1988; zitiert nach Tributsch 1994, 200.

[99] Belege bei Januschek 1992, 54ff.

[100] Freiheitlicher Pressedienst, 16.2.1994; zitiert nach Tributsch 1994, 265.

[101] täglich Alles, 27.4.1994; zitiert nach Tributsch 1994, 273.

[102] Basta 3/1993; zitiert nach Tributsch 1994, 249.

[103] Freiheitlicher Pressedienst, 25.4.1994, zitiert nach Tributsch 1994, 273.

[104] Wiener 4/1993; zitiert nach Tributsch 1994, 249.

[105] Die Presse 13.7.1994. Dieses und die beiden nächsten Zitate nach Scharsarch 1995, 233.

[106] APA, 26.10.1992.

[107] Kurier, 12.9.1994.

[108] Der Standard, 15.9.1997.

[109] News 5/2000.

[110] Freiheitlicher Pressedienst vom 24.6.1987 und vom 10.1.1988 sowie ORF ZiB 1, 10.1.1988. Alle Zitate nach Tributsch 1994, 36.

[111] Z.B. in der Aschermittwochrede am 8.3.2000; Der Standard, 10.3.2000.

[112] Ried im Innkreis, 8.3.2000; zitiert nach Czernin 2000, 126.

[113] Rede bei der Maifeier der FPÖ, ORF ZiB 1, 1.5.1991; zitiert nach Czernin 2000, 77.

[114] Die Presse, 27.9.1990; zitiert nach Scharsach 1992, 214.

[115] Kleine Zeitung, 14.1.1991; zitiert nach Tributsch 1994, 235 und Bailer-Galanda und Neugebauer 1997, 104.

[116] Das Folgende - auch die Zitate - nach Der Standard, 4.11.1997.

[117] ORF ZiB 2, 1.5.1995; zitiert nach Czernin 2000, 86.

[118] Reden in Grafenstein, 1.10.1990, und Klagenfurt, 18.9.1990; zitiert nach Krall 1992, 98f.

[119] Freiheitlicher Pressedienst, 28.10.1993; zitiert nach Tributsch 1994, 262.

[120] Der Standard, 10.1.1994; zitiert nach Tributsch 1994, 264.

[121] profil 41/1990; zitiert nach Krall 1992, 122.

[122] Der Standard, 13.12.1995; zitiert nach Bailer-Galanda und Neugebauer 1997, 103.
[123] Kärntner Nachrichten, 13.1.1994; zitiert nach Bailer-Galanda und Neugebauer 1997, 104.
[124] profil, 25.4.1994; zitiert nach Czernin 2000, 114.
[125] Kleine Zeitung, 23.6.1993; zitiert nach Tributsch 1994, 252.
[126] Nach Scharsach 1992, 216.
[127] Freiheitlicher Pressedienst, 20.4.1988; zitiert nach Tributsch 1994, 207.
[128] Die Presse, 3.10.1988; zitiert nach Tributsch 1994, 219.
[129] Rede in der Hofburg, 12.11.1999.
[130] Der Standard, 2.2.1993; zitiert nach Tributsch 1994, 247.
[131] Der Standard, 3.2.1992; zitiert nach Tributsch 1994, 243.
[132] Scharsach 1992, 217.
[133] Nach Bailer und Neugebauer in Stiftung Dokumentationsarchiv 1994, 388.
[134] Forum, Juni 1995; zitiert nach Scharsach 1995, 242.
[135] Die Presse, 30.3.2000.
[136] profil, Sondernummer, 14.9.1995, 31.
[137] Kurier, 27.1.1993; zitiert nach Czernin 2000, 105.
[138] ORF ZiB 2 2, 30.5.1989; zitiert nach Czernin 2000, 76.
[139] Kurier, 9.10.1994; zitiert nach Scharsach 1995, 236.
[140] profil, 25.1.1995; zitiert nach Scharsach 1995, 236.
[141] Kärntner Tageszeitung, 24.12.1989; zitiert nach Busch 1992, 61.
[142] Vgl. Ottomeyer 2000, 58f.
[143] Oswalt, W.: Die FPÖ – ein Modell für Europa?, in Kirkel, M. und Oswalt, W. (Hg.): Die Rückkehr der Führer. Modernisierter Rechtsradikalismus in Westeuropa, Wien 1989, 81ff.; zitiert nach Platzer 1990, 115.
[144] Haslinger, 1995, 82.
[145] Am 8.2. im Parlament; nach Bailer-Galanda 1995, 159.
[146] profil, 13.2.1995; nach Bailer-Galanda 1995, 160.
[147] Rede im Palais Auersperg, 26.4.1995; zitiert nach Bailer-Galanda 1995, 162.
[148] News, 17.8.1995; zitiert nach Bailer-Galanda 1995, 163.
[149] Interview mit Falter am 23.9.1999, zitiert nach Czernin 2000, 96f.
[150] Freiheitlicher Pressedienst, 6.9.1993; zitiert nach Tributsch 1994, 256.
[151] Kurier, 20.2.2000.
[152] Zöchling 1999, 151f.; mit Verweis auf Haider, Jörg: Die Freiheit, die ich meine, Frankfurt 1993, 74.
[153] Freiheitlicher Pressedienst, 26.11.1987; zitiert nach Tributsch 1994, 195.
[154] ORF Mittagsjournal, 4.11.1987; zitiert nach Tributsch 1994, 193.
[155] Vgl. die vielen Zitate zu diesen Begriffen in Tributsch 1994.

[156] Freiheitlicher Pressedienst, 24.10.1986; zitiert nach Tributsch 1994, 135.
[157] Haider, Jörg Freiheit, 56; zitiert nach Bailer-Galanda 1995, 117.
[158] Arbeiterzeitung, 25.11.1988; zitiert nach Tributsch 1994, 219.
[159] ORF Inlandsreport, 19.7.1991; zitiert nach Goldmann u.a. 1992, 44.
[160] Die Presse, 14.10.1991; zitiert nach Tributsch 1994, 241.
[161] Haider 1994, 94; zitiert nach Czernin 2000, 81.
[162] Vgl. die diesbezüglichen Stichworte in Tributsch 1994.
[163] Czernin 1997, 197.
[164] profil, 18.2.1985; zitiert nach Czernin 2000, 16f.
[165] Freiheitlicher Pressedienst, 2.11.1986; zitiert nach Czernin 2000, 18.
[166] News 22/2000.
[167] Nach Sully 1997, 211f. und Zöchling 1999, 45f.
[168] Zöchling 1999, 204f.
[169] Nach Goldmann u.a. 1992, 176f., mit Verweis auf die berühmte Studie von Sigmund Freud „Massenpsychologie und Ich-Analyse“.
[170] Nach Pelinka 1995, 121.
[171] Das Folgende nach Hamann 2000, 393ff.
[172] Hugo von Hoffmannsthal, Buch der Fremde, Leipzig 1922, 74; zitiert nach Hamann 2000, 407.
[173] Weitere Parallelen von Lueger und Haider diskutiert Pich, Hella: Lueger oder Haider oder Die verführerische Kraft der Shoah, in Scharsach 2000, 270ff.
[174] Vgl. Hamann 2000, 408.
[175] Hamann 2000, 409f., mit Verweis auf S. 116 in „Mein Kampf“ (im zitierten Text schreibt Hamann statt Hitler immer H.). Eine ähnliche Einschätzung der Wirkung Luegers auf Hitler vertritt Kershaw 1998, 67ff.
[176] Vgl. das Stichwort „Reframing“ in Ötsch und Stahl 1997.
[177] Kleine Zeitung vom 17.3.199; zitiert nach Goldmann u.a. 1992, 73.
[178] Rede in Villach, 1. 5. 1990; zitiert nach Goldmann u.a. 1992, 74.
[179] Vgl. Pelinka, Anton: Die Resolution der FPÖ-Burgenland zur „Ausländerfrage“, in Fischer und Gstettner 1990, 46.
[180] Aussage auf einer Pressekonferenz aller drei Kärntner Landesparteiobmänner, ORF ZIB 1, 4.2.1987; zitiert nach Gruber 1988, 141.
[181] Der Standard, 2.2.1993; zitiert nach Tributsch 1994, 247.
[182] News 41/1995.
[183] Vgl. zum Folgenden die Zitate zum Stichwort „Missbrauch“ in Tributsch 1994, 70.
[184] Freiheitlicher Pressedienst, 23.9.1993; zitiert nach Tributsch 1994, 258.
[185] Der Standard, 2.10.1997.
[186] Die Unterschriftenliste ist abgebildet in Ottomeyer 2000, 96.
[187] Klaus Ottomeyer in Der Standard, 24.4.1999. Ähnlich ebda, 30.6.2000.

[188] Lay 1977, 286.
[189] Lochner, Louis (Hg.): Goebbels Tagebücher, Zürich 1948, Eintragung vom 3.1.1940 (Bd.4,2) und vom 8.2.1940 (ebda., 36); zitiert nach Reuth 1995, 695.
[190] Nach Lay 1977, 288ff.
[191] Vgl. Gilligan 1991, Erickson und Rossi 1991, O'Hanlon 1995 und Yapko 1995.
[192] Vgl. das Stichwort „Trance" in Ötsch und Stahl 1997, 200ff.
[193] Gilligan 1991, 46.
[194] Vgl. als Einführung das Stichwort „Milton-Modell" in Ötsch und Stahl 1997, 131ff.
[195] Vgl. O'Hanlon 1995, 73ff.
[196] Vgl. ebda., 139ff.
[197] Rede in der Hofburg, 12.11.1999.
[198] Format 17/2000.
[199] Januschek, Franz: Der Sprachgebrauch in Populismus und Rechtsextremismus, in Reinalter u.a.1998, 316f.
[200] Vgl. Gilligan 1991, 235 und O'Hanlon 1995, 97ff. und 133ff.
[201] Rede in der Hofburg, 12.11.1999.
[202] Zöchling 1999, 205 unter Verweis auf profil 48/1995.
[203] Vgl. Gruber 1988, 143.
[204] ORF Mittagsjournal, 23.8.1990; zitiert nach Tributsch 1994, 229.
[205] Platzer 1990, 30.
[206] Vgl. Haslinger 1995, 128f.
[207] Vgl. Haslinger 1995, 123.
[208] Freiheitlicher Pressedienst, 11.10.1987; zitiert nach Tributsch 1994, 187.
[209] profil, 3.6.1991; zitiert nach Tributsch 1994, 239.
[210] Zöchling 1999, 53. Vgl. Haslinger 1995, 123ff. zu den Mythen der Nationalsozialisten und ihre Fortdauer in der Zweiten Republik.
[211] Platzer 1990, 52.
[212] Die Welt, 27.12.1988; zitiert nach Platzer 1990, 53.
[213] Platzer 1990, 53.
[214] profil, 18.2.1985; zitiert nach Platzer 1990, 54.
[215] Platzer 1990, 54.
[216] Rede in der Hofburg, 12.11.1999.
[217] Das Folgende nach Januschek, Franz: Haider, in Tributsch 1994, 295ff.
[218] Die Beispiele stammen von Januschek, s.o; ergänzt durch eigene Vorschläge.
[219] profil, 23.1.1989; zitiert nach Scharsach 1992, 93.
[220] profil, 2.4.1990; zitiert nach Scharsach 1992, 93.
[221] Der Standard, 8.2.2000.

[222] Worm, Alfred: Widersprechen, auffallen, trendsetten. Jörg Haider – eine schlechte, aber perfekte Inszenierung, in Scharsach 2000, 172f.

[223] Die folgenden Überlegungen beruhen auf Derks 2000, 28ff. Derks nennt diesen Vorgang „Personifikation“: der Prozess, bei dem „etwas“ im ‚inneren Bild‘ zu einer Person gemacht wird.

[224] Zitiert nach Haslinger 1995, 81; ähnlich bei Scharsach 1992, 139.

[225] Vgl. Schwagerl 1995, 70ff. für den Nationalsozialismus.

[226] Vgl. Strasser 1993, 135.

[227] Allport, Gordon, W.: The Nature of Prejudice, 1954; zitiert und referiert nach Scharsach 1995, 199ff.

[228] Ebda., 199.

[229] Ebda., 200.

[230] Eine Fülle von Belegen findet sich in Scharsach 1992 und 1995.

[231] Kurier, 22.2.1992; zitiert nach Scharsach 1992, 224.

[232] Der Standard, 6.10.1995.

[233] Salzburger Nachrichten, 6.10.1995.

[234] Die angeführten Zitate stammen aus „Mein Kampf“, Hitler 1937, 331.

[235] Format 44/1999. In Gratzer 1998 finden sich viele Belege für Parallelen der FPÖ zum Nationalsozialismus der Jahre 1920 – 1933.

[236] Vgl. zum Folgenden Strasser 1993, 122ff., der auch von einem Wandel im „Sehen“ spricht.

[237] Tiroler Tageszeitung, 20.5.1995; zitiert nach Wodak, Ruth: „Echt, anständig und ordentlich“. Wie Jörg Haider und die FPÖ Österreichs Vergangenheit, Gegenwart und Zukunft beurteilen, in Scharsach 2000, 181.

[238] Freiheitlicher Pressedienst, 26.4.1995; zitiert nach Januschek, Franz: Der Sprachgebrauch, in Reinalter u.a. 1998, 317.

[239] ORF ZiB 1, 26.4.1995, zitiert nach Januschek, ebda.

[240] Freiheitlicher Pressedienst, 22.4.1988; zitiert nach Tributsch 1994, 209.

[241] Freiheitlicher Pressedienst, 25.1.1993; zitiert nach Tributsch 1994, 247.

[242] Januschek, Franz: Der Sprachgebrauch, in Reinalter u.a. 1998, 319f.

[243] Vgl. Kramer und Alstad 1993, 65ff. und 85ff.

[244] Vgl. Zöchling 1999, 107ff. und 127ff.

[245] Zöchling 1999, 107f., mit Bezug auf ein Interview mit Gernot Rumpold am 10.6.1999.

[246] Ebda., 127.

[247] Kärntner Tageszeitung, 21.5.1986; nach Zöchling 1999, 137.

[248] Viele Belege finden sich in Scharsach 1992 und 1995.

[249] Nach Zöchling 1999, 180f.

[250] Stiftung Dokumentationsarchiv 1994, 377.

[251] Neue Freie Zeitung, 13.10.1988; zitiert nach Scharsach 1992, 203.

[252] Vgl. Christian Seiler in profil 4/1997.

[253] Details bei Stiftung Dokumentationsarchiv 1994, 380f.
[254] Zöchling 1999, 183.
[255] Zöchling 1999, 188; mit Bezug auf ein Gespräch mit Gernot Rumpold am 10.6.1999.
[256] Nach Scharsach 1992, 203.
[257] Brigitte Bailer und Wolfgang Neugebauer in Stiftung Dokumentationsarchiv 1994, 380.
[258] Nach Scharsach 1992, 192.
[259] Kleine Zeitung, 19.10.1994; zitiert nach Zöchling 1999, 204.
[260] Zöchling 1999, 204 und 207.
[261] News 14/2000. Ähnlich im ORF Report am 11.7.2000.
[262] Scharsach 1992, 37.
[263] profil 4/1997.
[264] Vgl. Kramer und Alstad 1993, 61ff.
[265] Zöchling 1999, 148f.
[266] Falter 23/2000.
[267] Die Presse, 30.11./1.12.1991; zitiert nach Stiftung Dokumentationsarchiv 1994, 382.
[268] profil, 9.3.1992; zitiert nach Scharsach 1992, 201.
[269] Nach Alstad und Kramer 1993, 55ff.
[270] Der Standard, 10.8.1993; zitiert nach Zöchling 1999, 193f.
[271] News 5/1998.
[272] profil, 19/1998.
[273] Der Standard Online, 8.4.2000 sowie Oberösterreichische Nachrichten, 10.4.2000.
[274] Zöchling 1999, 210.
[275] Worm, Alfred: Widersprechen, in Scharsach 2000, 175.
[276] Die Presse, 25.1.1995; zitiert nach Meysels 1995, 193.
[277] Kurier, 5.2.2000.
[278] Orwell 1973, 33.
[279] ORF ZiB 2, 1.5.2000.
[280] News 23/2000.
[281] So waren bei den Nationalratswahlen 1994 43 Prozent der FP-Mandatare „Newcomer" (18 von 42), verglichen mit ca. 31% (16 bzw. 17 von 52) bei der ÖVP und 13 bzw. 17 Prozent (8 bzw. 11 von 63) bei der SPÖ. (Die unterschiedlichen Werte bei der ÖVP und der SPÖ beziehen sich auf die Situation vor und nach der Regierungsbildung.) Quelle: Nick, Rainer: Die Wahl vor der Wahl. Kandidatennominierung und Vorwahlen, in: Müller u.a. 1995, 83ff. Eine noch höhere Rotation gab es bei den Grünen (46%, 6 von 13). Sie begründet sich u.a. aus dem „Reißverschlußprinzip" (zur Geschlechterparität) und aus besonderen Nominierungshürden für

jene Kandidaten, die sich zum wiederholten Male für ein Mandat zum Nationalrat bewerben.

[282] Der Standard, 22.9.1995.

[283] Einen Überblick über die Säuberungsaktionen des Jahres 1998 gibt Gratzer 1998, 68ff.

[284] Vgl. Kramer und Alstad 1993, 90.

[285] Vgl. die Analyse von Christian Seiler in profil 4/1997.

[286] Nach profil 18/1998.

[287] Vgl. Arendt 1996, 787ff.

[288] Bailer und Neugebauer in Stiftung Dokumentationsarchiv 1994, 381ff.

[289] News 46, 1996; zitiert nach Bailer-Galanda und Neugebauer 1997, 115.

[290] Zöchling 1999, 183.

[291] Viele Beispiele sind bei Scharsach 1992 und 1995 angeführt. Ausführlich auch bei Bailer-Galanda 1995, 165ff.

[292] profil, 12.7.1993; zitiert nach Bailer und Neugebauer, in Stiftung Dokumentationsarchiv 1994, 388.

[293] Die Presse, 24.6.2000.

[294] Bailer und Neugebauer, in Stiftung Dokumentationsarchiv 1994, 381.

[295] Zöchling 1999, 190f., mit Bezug auf ein Gespräch mit Gernot Rumpold am 10.6.1999.

[296] Nach Zöchling 1999, 195.

[297] Die Presse, 6.4.1992; zitiert nach Zöchling 1999, 193.

[298] Eine Liste für die Jahre 1986 bis 1994 ist abgedruckt in Stiftung Dokumentationsarchiv 1994, 378ff.

[299] Nach Scharsach 1992, 196ff. und die dort zitierten Quellen, sowie Zöchling 1999, 126.

[300] Nach Krall 1992, 262.

[301] Vgl. Schöffmann 1993, 3ff. (im Anhang dieser Arbeit ist das Protokoll der Aufführung abgedruckt) und Zöchling 1999, 182f.

[302] Hauch, Gabriella: Stammtische und Buberlparteien, in Lechner, Manfred (Hg.): Tagungsband des 4. Österreichischen Zeitgeschichtetages im Mai 1999, Innsbruck 1999; zitiert nach Zöchling 1999, 183.

[303] Riedl, Joachim: Der Dominator, in Scharsach 2000. 146.

[304] Pelinka 1995, 228.

[305] Vgl. dazu die Kriterien von Kramer und Alstad 1993, 57.

[306] Das Folgende aus Hitler 1937, Kapitel 11. Es trägt die Überschrift „Propaganda und Organisation". Ähnliche Gedanken finden sich in der Denkschrift vom 15.12.1932,; zitiert nach Kershaw 1998, 500ff.

[307] Arendt 1996, Teil III.

[308] Vgl. Kershaw 1980, 111ff.

[309] Vgl. Fischer, Michael: Die sektiererischen Grundlagen des rechtsextremen Denkens: der Nationalsozialismus, in Reinalter u.a. 1998, 141f.
[310] Vgl. Gergen 1996 und Goebel und Clermont 1997.
[311] Vgl. Ottomeyer, Klaus: Robin Hood wählt rechts, in Der Standard, 24.4.1999.
[312] Kurier, 26.4.1990; zitiert nach Krall 1992, 114. Ausführlicher zu dieser Rolle Ottomeyer 2000, 10ff.
[313] Vgl. Krall 1992, 57ff.
[314] Nach Ottomeyer 2000, 24ff.
[315] Abgebildet in Ottomeyer 2000, 53.
[316] Nach Ottomeyer 1999, a.a.O.
[317] Das Foto - es handelt sich um eine Fotomontage - ist abgebildet in Ottomeyer 2000, 25.
[318] Vgl. Ottomeyer 2000, 37ff.
[319] Jelinek, Elfriede: Nichts ist mehr wie vorher, in Scharsach 2000, 240.
[320] News 20/1998.
[321] Kurier, 10.5.1998; profil 20/1998 und Der Standard, 13.5.1998.
[322] News 19/98; Oberösterreichische Nachrichten, 14.8.1998.
[323] profil 22/1998.
[324] News 3/1998.
[325] Nach News 19/1998.
[326] Nach profil 21/1998.
[327] News 19/98.
[328] Der Standard, 5.5.1998.
[329] News 19/98.
[330] profil 21/1998.
[313] News 20/1998.
[332] Die Presse, 12.5.1998.
[333] Ebda.
[334] Der Standard, 13.5.1998. Ähnlich in der ORF-Sendung „Zur Sache", 17.5.1998.
[335] Der Standard, 13.5.2000.
[336] Nach Otto Steiner, Wiener Journal, Juni 1998.
[337] ORF Pressestunde, 17.5.2000; nach Der Standard, 18.5.1998.
[338] Ewald Stadler, nach Profil 22/1998.
[339] Vgl. Kershaw 1980, 72ff. für Adolf Hitler.
[340] Die Zeit, 6/2000.
[341] Die Presse, 24.6.2000.
[342] News 22/2000.
[343] Nach profil, Sonderausgabe 14.9.1995, 31. Ähnlich Florian Klenk und Nina Weissensteiner für die Zeitschrift Falter, in Falter 39/1999.

[344] profil 30/2000.
[345] Beim Regierungsheurigen am 12.7.2000, profil 30/2000.
[346] Format 23/2000.
[347] Vgl. Steiner 1999.
[348] Kramer und Alstad 1993, 109f.
[349] Arendt 1996, 792.
[350] Vgl. Kershaw 1980, 65ff.
[351] Baynes (ed): Hitler's Speeches, London 1942, 76; zitiert nach Arendt 1996, 760.
[352] Kolm-Brandstedt, Ernst: Dictatorship and Political Police. The Technique of Control by Fear, London 1945, 178f..; zitiert nach Arendt 1996, 760.
[353] Cohen 1995, 218.
[354] Zöchling 1999, 151.
[355] Vgl. dazu Miller 1962 sowie Krall 1992, Kapitel 5 und Worm, Alfred: Widersprechen, in Scharsach 2000, 170ff.
[356] Vgl. Kramer und Alstad 1993, 110ff. sowie Ottomeyer 2000, 70ff. mit Hinweis auf die Kindheit von Haider.
[357] Vgl. Krall 1992, 179ff.
[358] nach Worm, Alfred: Widersprechen Ö, in Scharsach 2000, 179.
[359] nach Worm, a.a.O., 169ff.
[360] Zöchling 1999, 16.
[361] Zöchling 1999, 48; mit Bezug auf ein Gespräch mit Thomas Huemer am 21.4.1999.
[362] Zöchling 1999, 65; mit Bezug auf ein Gespräch mit Günther Winkler am 1.7.1999.
[363] Die ganze Woche 27/1991; zitiert nach Zöchling 1999, 71f.
[364] Zöchling 1999, 178.
[365] Ein namentlich nicht genannter „langjähriger Wegbegleiter Haiders", nach News 5/2000.
[366] Der Standard, 2.2.2000.
[367] Der Standard, 20.11.1999.
[368] Nach Kramer und Alstad 1993, 107ff.
[369] Vgl. Krall 1992, 180f. und Pelinka 1995, 118.
[370] Vgl. Karl Danninger in Oberösterreichische Nachrichten, 5.2.2000.
[371] profil 5/1998.
[372] Zöchling 1999, 185; mit Bezug auf ein Gespräch mit Gernot Rumpold am 10.6.1999.
[373] Vgl. Ötsch und Stahl 1997, Stichworte „Angleichen" und „Spiegeln", im Englischen „pacen" oder „pacing".
[374] Riedl, Joachim: Der Dominator, in: Scharsach 2000, 158.
[375] Riedl, Joachim, ebda. Ähnlich Zöchling 1999, 95.

[376] Vgl. Meysels 1995, 131ff. über Haiders Wandlungsfähigkeit vor Auslandspublikum.

[377] Das Folgende nach Worm, Alfred: Widersprechen, in: Scharsach 2000, 175ff.

[378] Ebda, 177.

[379] Goldmann u.a. 1992, 177.

[380] Zöchling 1999, 149.

[381] Salzburger Nachrichten, 20/21.5.2000.

[382] Der Standard, 6.6.2000.

[383] Ein Wiener FPÖ-Gemeinderat, nach Die Presse, 11.5.2000.

[384] Zöchling 1999, 162. Ich versage mir zusätzliche Beispiele und verweise auf Scharsach 1992 und 1995, Januschek 1992 sowie Czernin 2000, wo viele einschlägige Sprüche zu finden sind. Eine gute Quelle ist auch die Zeitschrift „Zur Zeit", die u.a. von Haiders „Kulturberater" Andreas Mölzer gemanagt wird.

[385] Die Presse, 11.5.2000.

[386] Vgl. zu Folgendem die Analyse von Januschek, Franz: J. Haider, in Tributsch 1994, 328ff. Januschek formuliert auch interessante Alternativen, wie man Haider bei dieser Debatte wirkungsvoll entgegentreten hätte können.

[387] tv-media 40/1996.

[388] Z.B. in einem Flugblatt der österreichischen NSDAP zur Wahl am 24.4.1932, dokumentiert in Schausberger, Franz: Ins Parlament, um es zu zerstören, Wien 1995, Dokumente, 21f.; zitiert nach Gratzer 1998, 18.

[389] tv-media 40/1996.

[390] Vgl. zum Folgenden die Analysen in Müller u.a. 1995.

[391] Christian Schaller und Andreas Vretscha in Müller u.a. 1995, 218.

[392] Vgl. Weber 1995, 199ff. zu der Art, wie in der „Kronenzeitung" Kampagnen designt und durchgeführt werden.

[393] Vgl. Plasser, Fritz u.a. in Müller u.a. 1995, 237ff.

[394] APA 25.6. und 28.6.1999; Der Standard, 29.6.1999.

[395] profil 3/1997.

[396] In der Sprachphilosophie spricht man vom „Principle of Charity", das jedem Verstehen zugrundeliegen muss. Ein klassischer Text stammt von Donald Davidson, neben Quine der berühmteste amerikanische Vertreter der analytischen Philosophie (Inquiries into Truth and Interpretation, Clarendon Press, Oxford 1984).

[397] z.B. am 22.2.2000 in ORF ZiB 2 gegen Johannes Fischer; im Wortlaut dokumentiert in Falter 9/2000.

[398] Ottomeyer 2000, 76.

[399] Ebda.

[400] Zitiert nach Ottomeyer 2000, 77.
[401] Das Folgende nach Der Standard, 8. und 9.2.2000, Kurier, 9.2.2000 und die zitierten ORF-Sendungen.
[402] Nach Die Zeit 8/2000.
[403] Nach profil 30/2000.
[404] Die Presse, 10.5.2000.
[405] Der Standard, 6.6.2000.
[406] Hans Martin Prinzhorn in Der Standard, 2.6.2000.
[407] Falter 21/2000.
[408] Falter 22/2000.
[409] In Bezug auf die Nicht-Auskunft der FPÖ, aus welchen Gründen Theresia Zierler und Peter Sichrovsky zu Generalsekretären bestellt wurden; Die Presse, 3.5.2000.
[410] profil 6/2000.
[411] Kurier und Der Standard vom 17.12.1993; zitiert nach Stiftung Dokumentationsarchiv 1994, 461.
[412] Bailer-Galanda 1995, 157ff. mit Bezug auf Neue Freie Zeitung, 22.12.1993.
[413] Der Standard, 22.3.2000.
[414] Der Standard, 4.2.2000.
[415] In einem Interview, ORF ZIB 2; nach Falter 28/2000.
[416] Riedl, Joachim: Der Dominator, in Scharsach 2000, 166.
[417] Vgl. Wilson 2000, 375.
[418] Wilson 2000, 14.
[419] Aschermittwochsrede 2000 in Ried, Kurier, 10.3.2000.
[420] Kurier, 4.6.1994; zitiert nach Stiftung Dokumentationsarchiv 1994, 458.
[421] Vgl. Wilson 2000, 77f.
[422] Der französische Rundfunkjournalist Thierry de Segonzac, nach Wilson 2000, 78.
[423] z.B. am 22.1.1998. Ähnlich am 19.12.1996. Dokumentiert unter www.parlinkom.gv.at.
[424] Die Informationen und Zitate zu Ewald Stadler aus Format 7/1998.
[425] Vgl. Bailer-Galanda 1995, 153.
[426] Scharsach, Hans-Henning: Gewalt von rechts. Österreichs gefährlichste Neonazis kamen aus der FPÖ, in Scharsach 2000, 212f.
[427] Ebda., 212.
[428] Neue Freie Zeitung, 22.12.1993; zitiert nach Bailer-Galanda 1995, 158.
[429] Kurier, 13.7.1993 und Neue Freie Zeitung, 14.7.1993; zitiert nach Stiftung Dokumentationsarchiv 1994, 409.
[430] Nicht alle Verschwörungstheorien sind Mythen. Natürlich gibt es tatsächlich Verschwörungen. Ein Beispiel ist die P2-Verschwörung in den 70er

und 80er Jahren in Italien, in die über 900 Personen (Regierungsbeamte, Offiziere, Nachrichtendienste, Medien, Industrie und Banken) verwickelt waren. Die Verschwörung hielt sich zehn Jahre und wurde dann durch Bloßstellung und Gerichtsurteile gesprengt. Vgl. Wilson 2000, 273ff.

431 z.B. Kurt Diemann, Autor einer regelmäßigen Kolumne, in Zur Zeit, 10/2000.

432 Zitiert nach Fischer und Gstettner 1990, 116.

433 Nach Petri, Franco: Der Weltverschwörungsmythos. Ein Kaleidoskop politischer Esoterik, in Reinalter u.a. 1998, 195ff.

434 Nach Herzinger, Richard: Das ungeschriebene Gesetz Europas. Der Auftieg Haiders stellt den Grundkonsens westlicher Demokratien in Frage, in Scharsach 2000, 257ff., mit Bezug auf Benoist, Alain de: Aus rechter Sicht. Eine Anthologie zeitgenössischer Ideen, Tübingen 1984.

435 Herzinger, Richard, a.a.O., 258.

436 Scharsach, Hans-Henning: Bekenntnisse, in Scharsach 2000, 206.

437 Ähnlich Zöchling 1999, 152. Das Folgende nach Stiftung Dokumentationsarchiv 1994, 409ff., mit Bezug auf die Broschüre „Weil das Land sich ändern muß!“, a.a.O., und Haider, Jörg: Die Freiheit, die ich meine, Frankfurt 1993.

438 Vgl. Platzer 1990, 18.

439 Vgl. Lay 1977, 146.

440 Haider 1994, 116; zitiert nach Stiftung Dokumentationsarchiv 1994, 424. Ausführlich dazu bei Ottomeyer 2000, 61ff.

441 Freiheitlicher Pressedient, 28.10.1993; zitiert nach Tributsch 1994, 262.

442 Kleine Zeitung, 11.1.1988; zitiert nach Tributsch 1994, 203.

443 nach Pelinka 1995, 128. Vgl. auch Meysels 1995, 65.

444 Die Presse, 27.10.1992; zitiert nach Stiftung Dokumentationsarchiv 1994, 453.

445 profil 28/2000. Kabas hat diese Äußerung später – aufgrund einer Klage der Wiener Caritas – widerrufen. Nach profil 28/2000.

446 Neujahrstreffen 1993; zitiert nach Meysels 1995, 67.

447 Kleine Zeitung, 23.6.1993; zitiert nach Tributsch 1994, 252.

448 Der Kurier, 6.2.2000 mit Bezug auf ein früher erfolgtes Interview in der Presse. Vgl. auch Salzburger Nachrichten, 5.2.2000.

449 APA, 7.3.1995; zitiert nach Czernin 2000, 119.

450 Rede in der Hofburg, 12.11.1999.

451 Vgl. Rainer Bauböck in Der Standard, 12./13.2.2000.

452 News 2/1998.

453 Der Standard, 18.2.1994; zitiert nach Stiftung Dokumentationsarchiv 1994, 461.

[454] Bailer-Galanda und Neugebauer 1997, 112f. mit Bezug auf Neues Volksblatt, 3.10.1996.

[455] profil 6/2000.

[456] Orwell 1973, 35, 40, 64 und 75.

[457] Die beiden Zitate stammen aus Format und News im April 2000; zitiert nach Die Presse, 3.5.2000.

[458] O'Hanlon 1995, 115.

[459] Der Standard, 8./9.2.2000.

[460] Nach Arendt 1996, 740 kleiden alle totalitären Ideologien ihre Aussagen in „die Form einer unfehlbaren, allwissenden Voraussage". Der Massenführer irrt nie. Seine „Unfehlbarkeit gilt nicht so sehr als Zeichen einer überlegenen Intelligenz als vielmehr eines Bündnisses mit den unfehlbar erlässlichen Kräften der Geschichte oder der Natur."

[461] Freiheitlicher Pressedienst, 10.1.1998 und ORF Mittagsjournal, 24.9.1990; zitiert nach Tributsch 1994, 202 und 230.

[462] Format 5/1998.

[463] News 17/2000.

[464] Arendt 1996, 666 (Fußnote 15), sowie 763 und 855.

[465] Ähnliche Proteste, in abgeschwächter Form, gab es nach den Nationalratswahlen 1999. Spätestens seit damals war politischen Beobachtern klar, dass eine Regierungsbeteiligung der FPÖ zu Reaktionen der anderen EU-Ländern führen würde. Bereits 1995 meinte Lucian O. Meysels: „Österreich könnte zum Paria in Brüssel und Straßburg werden"; Meysels 1995, 177.

[466] News 6/2000.

[467] Kurier, 2.2.2000.

[468] News 6/2000.

[469] Kurier, 2.2.2000.

[470] ORF Pressestunde, 30.1.2000; zitiert nach Oberösterreichische Nachrichten, 31.1.2000.

[471] Dieser Mythos enthält viele der angeführten Muster, z.B.: blitzschneller Wechsel in die Opfer-Rolle (Muster 17), Erfindung von Sünden-Böcken (18), Umdeutung von Sach-Problemen auf Personen (24), Vorwurf des Missbrauchs (43), Geschichten erzählen (48), Vorwurf ohne Beweise (79), wilde Beschuldigungen (82), Gegenangriff (87), Totschweigen der Argumente DER ANDEREN (88), Untergraben moralischer Autoritäten (96), Verletzung ungeschriebener Regeln der Demokratie (97).

[472] profil 6/2000.

[473] Der Standard, 7.2.2000.

[474] Der Standard, 8.2.2000.

[475] Der Spiegel 5/2000; zitiert nach Stiftung Dokumentationsarchiv 2000.

[476] Die Presse, 29.2.2000; zitiert nach Stiftung Dokumentationsarchiv 2000, sowie Scheidel, Herbert: Gedächtnis, Erinnerung, Archiv, in Der Standard, 13.7.2000.

[477] Zur Zeit 7a/2000; zitiert nach Dokumentationsarchiv 2000.

[478] Hitler 1937, 129.

[479] Die freiheitliche Sicherheitssprecherin Helene Partik-Pablé laut Freiheitlichem Pressedienst, 22.5.2000.

[480] Der Standard, 16.5.2000.

[481] News 21/2000. Ähnlich FPÖ-Generalsekretärin Theresia Zierler laut Freiheitlichem Pressedienst, 24.5.2000.

[482] Nach Katharina Krawagna-Pfeifer in Der Standard, 25.5.2000.

[483] Z.B. ÖVP-Generalsekretärin Rauch-Kallat laut Der Standard, 12.4.2000.

[484] Peter Michael Lingens in profil 17/2000.

[485] Der Standard, 7.6.2000.

[486] News 18/2000.

[487] Der Standard, 4.7.2000.

[488] nach Werner A. Perger in Die Zeit 24/2000.

[489] Stichprobe: 1000 Wahlberechtigte; nach Kurier, 6.7.2000.

[490] News 16/2000.

[491] Der Standard, 8.6.2000.

[492] Format 28/2000.

[493] Vgl. den Zeitplan in Der Standard, 5.7.2000.

[494] Vgl. Der Standard, 9.5.2000.

[495] Der Standard, 5.7.2000.

[496] Kleine Zeitung, 6.7.2000.

[497] Der Standard, 8.5.2000.

[498] Zitiert in Der Standard, 13.7.2000. Vgl. zum Folgenden die Analyse in Format 28/2000, News 27/2000 sowie von Hans Rauscher in Format 24/2000 und Der Standard, 7.7.2000.

[499] profil 28/2000.

[500] profil 29/2000.

[501] Thomas Mayer in Der Standard, 6.7.2000.

[502] News 27/2000.

[503] Ähnlich Alfred Payerleitner in Kurier, 6.7.2000.

[504] Format 28/2000.

[505] ORF Report, 4.7.2000.

[506] In der bundesdeutschen Rechtsgazette Junge Freiheit vom März 1993; zitiert nach ebda.

[507] Das Folgende nach Scharsach 1995, 243 unter Bezug auf Aula 6/1993.

[508] Vgl. Hamann 2000, 378ff. und Carsten 1977, 23ff.

[509] Frankfurter Zeitung, 1.1.1933; zitiert nach Reuth 1995, 246.

[510] Lutz Graf Schwersin von Krosigk: Es geschah in Deutschland, Tübingen und Stuttgart 1951, 147; zitiert nach Kershaw 1998, 521.

[511] Vgl. Cullen 1995, 242ff.

[512] Vgl. Bahar und Kugel 1999 sowie dies.: Der Reichstagsbrand – „ein Zeichen Gottes". Neue Hinweise auf eine selbstinszenierte Aktion der Nazis, in Neue Zürcher Zeitung, Internationale Ausgabe, 19./20.8.1995. Kugel 1998 argumentiert, Marinus van der Lubbe sei über längere Zeit hinweg vom Hellseher Hanussen hypnotisiert worden. (Hanussen wurde einige Wochen nach dem Reichstagsbrand von einem SA-Kommando ermordet.)

[513] Vgl. Kershaw 1998, 579ff.

[514] Alfred Rosenberg im Völkischen Beobachter, 1.3.1933; wiederabgedruckt in Rosenberg 1936, 76.

[515] Vgl. Kershaw 1998, 583.

[516] Akten der Reichskanzlei, Regierung Hitler, 128; zitiert nach Kershaw 1998, 582.

[517] Das Folgende nach Kramer und Alstad 1993, 77ff.

[518] Falter 18/2000.

Haider light im Internet

www. haiderlight.at

Sie finden hier:

- eine Datenbank der hundert Muster demagogischer Politik (erreichbar mit Volltextsuche),
  - erweitert durch zusätzliche Beispiele und
  - neue Muster,
- ein Diskussionsforum für LeserInnen,
- eine Sammlung von Reaktionen auf dieses Buch.

Literatur

Arendt, Hannah: Elemente und Ursprünge totaler Herrschaft. Antisemitismus, Imperialismus, totale Herrschaft, 5. Auflage, Piper, München 1996.

Bahar, Alexander und Kugel, Wilfried: Der Reichstagsbrand. Neue Aktenfunde entlarven die NS-Täter, Kulturbox (1933-1999). Das Archiv, www.zib.de/projekte/kulturbox-archiv/brand/bahar-kugel.htm, 1999. (download am 1.5.2000).

Bailer-Galanda, Brigitte und Neugebauer, Wolfgang: Haider und die Freiheitlichen in Österreich, Elefanten Press, Berlin 1997.

Bailer-Galanda, Brigitte: Haider wörtlich. Führer in die Dritte Republik, Löcker Verlag, Wien 1995.

Benz, Wolfgang (Hg.): Rechtsextremismus in Deutschland. Voraussetzungen, Zusammenhänge, Wirkungen, Fischer Taschenbuch Verlag, Frankfurt am Main, 1994.

Busch, Thomas, Fasching, Rosina und Pillwein, Christian: Im rechten Licht. Ermittlungen in Sachen Haider-FPÖ, Edition Sandkorn, 2. Auflage, Linz 1992.

Carsten, F.L.: Faschismus in Österreich. Von Schönerer zu Hitler, Wilhelm Fink Verlag, München 1977.

Cohen, David: Lexikon der Psychologie, Namen-Daten-Begriffe, Wilhelm Heyne Verlag, München 1995

Cullen, Michael S.: Der Reichstag. Parlament, Denkmal, Symbol, be.bra Verlag, Berlin-Brandenburg 1995.

Czernin, Hubertus (Hg.): Wofür ich mich meinetwegen entschuldige. Haider, beim Wort genommen, Czernin Verlag, Wien 2000.

Czernin, Hubertus: Der Haider-Macher. Franz Vranitzky und das Ende der alten Republik, Ibera & Molden, Wien 1997.

Derks, Lucas: Das Spiel sozialer Beziehungen. NLP und die Struktur zwischenmenschlicher Erfahrung. Mit einem Geleitwort von Wolfgang Walker und einem NLP-Glossar von Walter Ötsch, Klett-Cotta, Stuttgart 2000.

Ebner, Sandra: Selbstdarstellung von Politikern im Wahlkampf. Eine Analyse der Strategie von Regierungsparteien und Opposition im Nationalratswahlkampf 1994 anhand der Wahlspots und Nachrichtensendungen im Fernsehen, Diplomarbeit an der Universität Salzburg, 1995.

Egger, de Compo Marianne: Wähler ohne Eigenschaften. Rechtsruck oder Unterhaltungsdemokratie?, Nausner & Nausner, Graz und Wien 2000.

Erickson, Milton H., Rossi, Ernest L. und Rossi, Sheila, L.: Hypnose. Induktion – Psychotherapeutische Anwendung – Beispiele, 3. Auflage, Pfeiffer, München 1991.

Falkenberg, Susanne: Populismus und Populistischer Moment im Vergleich zwischen Frankreich, Italien und Österreich. Dissertation, Universität Duisburg 1997. (www.ub.uni-duisburg.de/diss/diss9705).

Fischer, Gero und Wölflingseder, Maria (Hg.): Biologismus, Rassismus, Nationalismus. Rechte Ideologien im Vormarsch, Promedia, Wien 1995.

Fischer, Gero und Gstettner, Peter (Hg.): "Am Kärntner Wesen könnte diese Republik genesen". An den rechten Rand Europas: Jörg Haiders "Erneuerungspolitik", Drava Verlag, Klagenfurt 1990.

Gergen, Kenneth J.: Das übersättigte Selbst. Identitätsprobleme im heutigen Leben, Carl-Auer, Heidelberg 1996.

Gilligan, Stephen: Therapeutische Trance. Das Prinzip Kooperation in der Ericksonschen Hypnotherapie, Carl Auer, Heidelberg 1991.

Goebel, Johannes und Clermont, Christoph: Die Tugend der Orientierungslosigkeit, Volk&Welt, Berlin 1997.

Goldmann, Harald, Krall, Hannes und Ottomeyer, Klaus: Jörg Haider und sein Publikum. Eine sozialpsychologische Untersuchung, Drava Verlag, 2. Auflage, Klagenfurt 1992.

Gratzer, Christian: Der Schoß ist fruchtbar noch. NSDAP (1920 – 1933) – FPÖ (1986 – 1998). Kontinuitäten, Parallelen, Ähnlichkeiten, Grünalternative Jugend, Wien 1998.

Gruber, Helmut: Der kleine Mann und die alten Parteien. Ergebnisse einer Untersuchung zum Sprachgebrauch J. Haiders 1973-1987, Journal für Sozialforschung, 28 (19), 1988, S. 137 - 145.

Hamann, Brigitte: Hitlers Wien. Lehrjahre eines Diktators, 3. Auflage, Piper Verlag, München 2000.

Haslinger, Josef: Politik der Gefühle. Ein Essay über Österreich. Überarbeitete Neuausgabe, Fischer Taschenbuch Verlag, Frankfurt 1995.

Heinsohn, Gunnar: Warum Auschwitz? Hitlers Plan und die Ratlosigkeit der Nachwelt, Rowohlt Taschenbuch Verlag, Reinbeck bei Hamburg 1995.

Hitler, Adolf: Mein Kampf, 275.-276.Tausend, Zentralverlag der NSDAP, München 1937.

Januschek, Franz: Rechtspopulismus und NS-Anspielungen am Beispiel des österreichischen Politikers Jörg Haider, 2. Auflage, Veröffentlichung des Duisburger Instituts für Sprach- und Sozialforschung, Duisburg 1992.

Kershaw, Ian: Hitler. 1889-1936, 2. Auflage, Deutsche Verlagsanstalt, Stuttgart 1998.

Kershaw, Ian: Der Hitler-Mythos. Volksmeinung und Propaganda im Dritten Reich, Deutsche Verlagsanstalt, Stuttgart 1980.

Krall, Hannes: Die Inszenierung des Politischen. Eine sozialpsychologische Analyse am Beispiel des Jörg Haider, Dissertation an der Universität Klagenfurt, 1992.

Kramer, Joel and Alstad, Diana: The Guru Papers. Masks of Authoritarian Power, Frog, Berkeley California 1993.

Kugel, Wilfried: Hanussen. Die wahre Geschichte des Hermann Steinschneider, Grupello Verlag, Düsseldorf 1998.

Lay, Rupert: Manipulation durch Sprache, 4. Auflage, Wirtschaftsverlag Langen-Müller/Herbig, München 1977.

Matouschek, Bernd Michael: „Die österreichische Nation eine ideologische Missgeburt?“ Argumentations- und Diskursanalyse eines Club II, Diplomarbeit an der Universität Wien, 1989.

Matouschek, Bernd Michael: Böse Worte? Sprache und Diskriminierung. Eine praktische Anleitung zur Erhöhung der "sprachlichen Sensibilität" im Umgang mit den Anderen, Grüne Bildungswerkstatt Minderheiten, Wien 1999.

Meysels, Lucian O.: Unheilige Allianzen. Wer ebnet Jörg Haider den Weg?, Edtion Vabene, Wien-Klosterneuburg 1995.

Miller, Alice: Das Drama des begabten Kindes und die Suche nach dem wahren Selbst, Suhrkamp, Frankfurt 1962.

Müller, Wolfgang C., Plasser, Fritz und Ulram, Peter A. (Hg.): Wählerverhalten und Parteienwettbewerb. Analysen zur Nationalratswahl 1994, Signum Verlag, Wien 1995.

O'Hanlon, William H.: Eckpfeiler. Grundlegende Prinzipien der Therapie und Hypnose Milton Ericksons, 2. Auflage, Iskopress, Salzhausen 1995.

Orwell, George:1984, 21. Auflage, Diana Verlag, Zürich 1973.

Ottomeyer, Klaus: Die Haider-Show. Die Psychopolitik der Haider-FPÖ, Drava Verlag, Klagenfurt 2000.

Ötsch Walter und Stahl, Thies: Das Wörterbuch des NLP. Das NLP-Enzyklopädie-Projekt, Junfermann, Paderborn 1997.

Pelinka, Peter: Das Ende der Seligkeit. Wohin steuert Österreich?, Kremayer & Scheriau, Wien 1995.

Plasser, Fritz, Ulram, Peter A. und Ogris. Günther (Hg.): Wahlkampf und Wählerentscheidung. Analysen zur Nationalratswahl 1995, Signum Verlag, Wien 1996.

Platzer, Sabine: Untersuchung des Sprachverhaltens von Jörg Haider in Interviews, Diplomarbeit an der Universität Innsbruck, 1990.

Reinalter, Helmut, Petri, Franko und Kaufmann, Rüdiger (Hg.): Das Weltbild des Rechtsextremismus. Die Strukturen der Entsolidarisierung, Studien Verlag, Innsbruck und Wien 1998.

Reisigl, Martin and Wodak, Ruth (eds.): The Semiotics of Racism, Passagen Buch, Wien 2000.

Reuth, Ralf Georg: Goebbels. Eine Biographie, 3. Auflage, Piper, München 1995.

Rosenberg, Alfred: Blut und Ehre, 11. Auflage, 76.-80.Tausend, Zentralverlag der NSDAP, München 1936.

Sattlegger, Kurt: Der Erfolg der Haider-FPÖ und die Defizite des österreichischen Parteiensystems, Diplomarbeit an der Universität Wien 1992.

Scharsach, Hans-Henning (Hg): Haider. Österreich und die rechte Versuchung, Rowohlt Taschenbuch Verlag, Reinbeck bei Hamburg 2000.

Schasarch, Hans-Henning: Haider's Clan. Wie Gewalt entsteht, Orac Verlag, Wien-München-Zürich 1995.

Schasarch, Hans-Henning: Haider's Kampf, 8. Auflage, Orac Verlag, Wien 1992.

Schöffmann, Ines: Neuere Aspekte der Haider-Inszenierung als faschistische Männerphantasie. Eine Studie über modernisierten Rechtsradikalismus, Diplomarbeit an der Universität Klagenfurt, 1993.

Schwagerl, Joachim, H.: Rechtsextremes Denken. Merkmale und Methoden, Fischer Taschenbuch Verlag, Frankfurt 1995.

Steinert, Hans: Populismus. Politik, Darsteller, ihr Publikum und seine Mobilisierung, International Politics and Society, 4/1999.

Stiftung Dokumentationarchiv des österreichischen Widerstandes (Hg.): Handbuch des österreichischen Rechtsextremismus, Deuticke,Wien 1994.

Stiftung Dokumentationsarchiv des österreichischen Widerstandes (Hg.): Rechtsextremismus in Österreich nach 1945, Österreichischer Bundesverlag, Wien 1979.

Stiftung Dokumentationsarchiv des Österreichischen Widerstandes: Neues von ganz rechts. Online-Dokumentation, Wien 2000, www.doew.at/neuesvre.html (download am 14.7.2000).

Strasser, Peter: Tiere sehen dich an – der Blick des Hasses, in Manuskripte 121a/1993, 117-136.

Sully, Melanie, A.: The Haider Phenomenon, Columbia University Press, New York 1997.

Tributsch, Gudmund (Hg): Schlagwort Haider. Ein politisches Lexikon seiner Aussprüche von 1986 bis heute, Falter Verlag, Wien 1994.

Weber, Stefan: Nachrichtenkonstruktion im Boulevardmedium. Die Wirklichkeit der „Kronen-Zeitung", Passagen Verlag, Wien 1995.

Wilson, Robert Anton: Das Lexikon der Verschwörungstheorien. Verschwörungen, Intrigen, Geheimbünde, Eichborn, Frankfurt 2000.

Yapko, Michael D.: Essentials of Hypnosis, Brunner/Mazel, New York 1995.

Zöchling, Christa: Haider. Licht und Schatten einer Karriere, 2. Auflage, Molden Verlag, Wien 1999.

Namenregister